12 sermões sobre o Filho de Deus | JESUS, O SALVADOR

Spurgeon

CHARLES .H.

hagnos

© Editora Hagnos Ltda.

1ª edição: setembro de 2024

Tradução: Paulo Sartor Jr.
Revisão: Luiz Werneck Maia (copidesque) e Ana Maria Mendes (provas)
Capa: Rafael Brum
Diagramação: Letras Reformadas
Editor: Aldo Menezes
Coordenador de produção: Mauro Terrengui
Impressão e acabamento: Imprensa da Fé

As opiniões, interpretações e conceitos emitidos nesta obra são de responsabilidade de quem a escreveu e não refletem necessariamente o ponto de vista da Hagnos.

As notas de rodapé deste livro foram inseridas para clarificar palavras, expressões e personagens, além de contextualizar o leitor sobre aspectos históricos e culturais.

Todos os direitos desta edição reservados à
Editora Hagnos Ltda.
Rua Geraldo Flausino Gomes, 42, conj. 41
CEP 04575-060 — São Paulo, SP
Tel.: (11) 5990-3308

E-mail: hagnos@hagnos.com.br | Home page: www.hagnos.com.br

Editora associada à Associação Brasileira de Direitos Reprográficos (ABDR)

Dados Internacionais de Catalogação na Publicação (CIP)

Spurgeon, Charles H.
Jesus o Salvador : 12 sermões sobre o Filho de Deus / Charles H. Spurgeon. – São Paulo : Hagnos, 2024.

ISBN 978-85-7742-564-8

1. Jesus Cristo – Sermões I. Título

24-3650 CDD 232

Índices para catálogo sistemático:
1. Jesus Cristo – Sermões

Angélica Ilacqua CRB-8/7057

SUMÁRIO

Prefácio 5

1. Cristo, o fim da lei 9

2. Cristo, aquele que venceu Satanás 29

3. Cristo, aquele que venceu o mundo 51

4. Cristo, o criador de todas as coisas novas 73

5. Cristo, aquele que destruiu a morte 95

6. Cristo, o triunfante..119

7. Cristo, o que busca e salva o perdido 139

8. Cristo, o Salvador da parte de Deus 159

9. Cristo, o poderoso Salvador 175

10. Cristo, o Salvador real 195

11. Cristo, o pastor dos cordeiros 211

12. Cristo, o Salvador de que você precisa......................233

Sobre o autor..255

PREFÁCIO

A CADA semana, Charles Haddon Spurgeon (1834-1892), considerado "o príncipe dos pregadores", nutria sua igreja, o Metropolitan Tabernacle, em Londres, Inglaterra, com o néctar da Palavra de Deus. Seus sermões inspiradores são um manancial de excelente erudição bíblica e um bálsamo para o coração. Em *Jesus, o Salvador*, selecionamos doze desses sermões inspirativos sobre o Filho de Deus.

1. *Cristo, o fim da lei:* esse sermão aborda como Jesus é o cumprimento da lei e o objetivo final dela. Ele mostra que a lei revela o pecado e a necessidade de um salvador, e que Jesus, ao cumprir a lei, oferece a justiça que ela exige. Através de sua obediência e sacrifício, Jesus encerra a maldição da lei, trazendo salvação pela graça a todos que creem.
2. *Cristo, aquele que venceu Satanás:* esse sermão analisa a primeira profecia do evangelho em Gênesis 3:15, onde é dito que a semente da mulher (Cristo) esmagaria a cabeça da serpente (Satanás). Aborda como Jesus, desde seu nascimento até sua ressurreição, derrotou o poder de Satanás, trazendo redenção para a humanidade. Também trata da contínua batalha espiritual e da vitória final em Cristo.
3. *Cristo aquele que venceu o mundo:* Jesus venceu o mundo não só em termos espirituais, mas também em um sentido prático, mostrando como viver uma vida de vitória sobre as tentações e os desafios mundanos. Esse sermão destaca a paz que Cristo oferece aos seus seguidores e como, através dele, os crentes podem superar as adversidades do mundo.

4. *Cristo, o criador de todas as coisas novas:* esse capítulo explora a ideia de que Jesus faz novas todas as coisas. Ele renova vidas, corações e até mesmo a criação. Através de Cristo, as pessoas experimentam uma nova vida, livre do pecado e cheia de esperança e transformação contínua.
5. *Cristo, aquele que destruiu a morte:* focado na vitória de Jesus sobre a morte através de sua ressurreição, esse sermão celebra a ressurreição de Cristo como a garantia da vida eterna para os crentes. Jesus destruiu o poder da morte e, com isso, trouxe a esperança da ressurreição e da vida eterna.
6. *Cristo, o triunfante:* Jesus é apresentado como o triunfante, aquele que venceu todas as batalhas espirituais e físicas. Esse sermão enfatiza a vitória de Cristo sobre todos os inimigos e como essa vitória é compartilhada com seus seguidores, garantindo-lhes segurança e esperança.
7. *Cristo, o que busca e salva o perdido:* aborda o ministério de Jesus em buscar e salvar os perdidos. Destaca sua compaixão, misericórdia e a missão de resgatar aqueles que estão afastados de Deus. Jesus é retratado como o Bom Pastor que vai atrás da ovelha perdida.
8. *Cristo, o Salvador da parte de Deus:* Jesus é apresentado como o Salvador enviado por Deus, cumprindo as promessas proferidas no Antigo Testamento. Esse sermão enfoca a missão divina de Cristo e a confirmação de sua divindade e messianismo, mostrando que Ele é o cumprimento das profecias e o Salvador designado por Deus.
9. *Cristo, o poderoso Salvador:* fala sobre o poder de Jesus para salvar completamente aqueles que se aproximam de Deus através dele. Jesus tem o poder de transformar vidas, perdoar pecados e dar uma nova direção aos que o seguem. Esse sermão destaca a eficácia e a suficiência do sacrifício de Cristo.
10. *Cristo, o Salvador real:* esse sermão reafirma a realidade da salvação em Cristo. Ele é o Salvador real que se relaciona pessoalmente com os crentes, transformando a vida deles de maneira tangível e prática.

Destaca a presença contínua de Jesus na vida dos crentes e sua ajuda constante por meio do Espírito Santo.
11. *Cristo, o pastor dos cordeiros:* focado em Jesus como o pastor que cuida ternamente de seus seguidores, especialmente dos mais jovens e vulneráveis. Esse sermão destaca a liderança amorosa e protetora de Cristo e sua dedicação em guiar e proteger seu rebanho.
12. *Cristo, o Salvador de que você precisa:* conclui destacando que Jesus é o Salvador necessário para todos. Ele atende a todas as necessidades humanas, sejam espirituais, emocionais ou físicas. O sermão convida os ouvintes a reconhecerem sua necessidade de Cristo e a aceitarem sua oferta de salvação.

Desfrute dessas reflexões abençoadoras extraídas diretamente da Palavra inspirada de Deus e aplicadas de forma sobrenatural ao seu coração. Que elas tenham tanto impacto em sua vida quanto tiveram na mente e no coração dos ouvintes de Spurgeon no século 19.

Boa leitura!

Aldo Menezes
Editor

1

CRISTO, O FIM DA LEI

Porque Cristo é o fim da lei, para justiça de todo aquele que crê.
ROMANOS 10:4

VOCÊS lembram que falamos no último domingo de manhã sobre "os dias do Filho do homem" (Lucas 17:22). Oh, que todo domingo daqui em diante seja um dia assim, no sentido mais espiritual! Que nos esforcemos para fazer de cada Dia do Senhor um dia dele, pensando muito em Jesus, alegrando-nos muito nele, trabalhando para Ele e que, por meio de nossas orações cada vez mais insistentes, a reunião do povo possa ser para Ele. Podemos não ter muitos domingos juntos — a morte pode em breve nos separar; porém, enquanto pudermos nos reunir como uma assembleia cristã, nunca esqueçamos que a presença de Cristo é a nossa principal necessidade, e oremos por ela e supliquemos ao Senhor que conceda essa presença sempre em demonstrações de luz, vida e amor!

Sinto-me cada vez mais convicto de que todo momento de pregação deve ser para salvar almas. Identifico-me intimamente com Paulo quando disse: "O desejo do meu coração e a oração a Deus por Israel é para que eles sejam salvos" (Romanos 10:1). Temos tido tantas pregações, mas comparativamente falando, tão pouca crença em Jesus, e se não houver crença nele, nem a lei nem o evangelho serviram ao seu propósito, e nosso trabalho foi totalmente em vão. Alguns de vocês ouviram, e ouviram de novo, mas não creram em Jesus. Se o evangelho não tivesse chegado aos seus ouvidos, vocês não seriam culpados de recusá-lo (2Pedro 2:21).

"Porventura não ouviram?", questiona o apóstolo Paulo. "Sim, verdadeiramente", mas ainda assim, "nem todos obedeceram ao evangelho" (Romanos 10:18; 16). Até este momento, não houve nenhum ouvir com o ouvido interior, nem nenhuma obra da fé no coração, no caso de muitos a quem amamos. Queridos amigos, será sempre assim? Quanto tempo durará isso? Não chegará em breve o fim desta recepção dos meios exteriores[1] e rejeição da graça interior? Sua alma não se aproximará em breve de Cristo para a salvação presente? Raie! Raie, ó dia celestial, sobre os que se encontram nas trevas, pois nossos corações estão partidos por causa deles.

A razão pela qual muitos não vêm a Cristo não é porque não são sinceros, nem atenciosos e desejosos de serem salvos, mas porque não podem tolerar o caminho de salvação de Deus: "[...] eles têm zelo de Deus, mas não segundo o conhecimento" (Romanos 10:2). Pela nossa exortação, nós os levamos tão longe no caminho que eles desejam obter a vida eterna, contudo, "não se sujeitaram à justiça de Deus" (Romanos 10:3). Prestem atenção: "se sujeitam", pois é necessária a sujeição. A pessoa orgulhosa quer salvar-se, acredita que pode fazê-lo e não desistirá da missão até descobrir a sua própria impotência devido a fracassos infelizes. Salvação pela graça, a ser implorada *in forma pauperis*[2], a ser pedida como um benefício

---

[1] Os "meios exteriores" (também chamados de sacramentos) são meios da graça (formas visíveis pelas quais os cristãos recebem bênçãos especiais). Eles variam de acordo com a tradição cristã; porém, nas igrejas evangélicas, são considerados apenas dois: batismo e ceia do Senhor.

[2] Termo jurídico em latim; significa que a pessoa carente está dispensada de honorários e custas de um processo. Aqui, Spurgeon diz que o ser humano é "carente" para pleitear a salvação, e, por isso, ela é oferecida e deve ser aceita gratuitamente.

não merecido da graça gratuita e imerecida, é isso que a mente carnal não aceitará tanto quanto puder resistir.

Rogo ao Senhor para que opere a fim de que alguns de vocês sejam incapazes de resistir. E, oh!, oro para que, enquanto tento apresentar Cristo como o fim da lei nesta manhã, Deus abençoe alguns corações para que eles vejam o que Cristo fez, e percebam que é incomparavelmente melhor do que qualquer coisa que possam fazer, e que vejam o que Cristo consumou, e fiquem cansados das próprias obras nas quais labutaram por tanto tempo sem que dessem qualquer fruto até hoje.

Talvez agrade ao Senhor encantá-los com a perfeição da salvação que há em Jesus. Como diria John Bunyan[3]: "Talvez isso possa deixá-los com água na boca", e quando um apetite sagrado começa, não demorará muito para que o banquete seja desfrutado. Pode ser que quando virem as vestes de ouro forjado, as quais Jesus tão generosamente concede às almas nuas, eles joguem fora seus trapos imundos aos quais agora seguram tão firmemente.

Falarei sobre duas coisas esta manhã, conforme o Espírito de Deus me ajudar. A primeira é: Cristo em conexão com a lei — Ele é "o fim da lei, para justiça"; e em segundo lugar, nós mesmos em conexão com Cristo "de todo aquele que crê, Cristo é o fim da lei, para justiça".

I

Primeiro, então, *Cristo em conexão com a lei*. A lei é aquilo que, como pecadores, acima de todas as coisas, temos razões para temer, pois o aguilhão da morte é o pecado, e a força do pecado é a lei (1Coríntios 15:56). A lei lança sobre nós chamas devoradoras, pois nos condena, e em termos

---

[3] John Bunyan (1628-1688) foi um escritor e pregador puritano inglês. Foi o autor de *O Peregrino* (São Paulo: Hagnos, 2024), uma alegoria cristã bastante popular entre países de língua inglesa.

solenes nos designa um lugar entre os malditos, como está escrito: "Maldito seja aquele que não confirmar todas as palavras desta lei, para cumpri-las" (Deuteronômio 27:26). No entanto, que estranha fascinação! Como a fascinação que atrai o mosquito para a vela que queima suas asas, os seres humanos, por natureza, voam para a lei em busca de salvação, e não podem ser afastados dela.

A lei não pode fazer outra coisa senão revelar o pecado e pronunciar a condenação sobre o pecador, e ainda assim não podemos afastar os seres humanos dela, mesmo que lhes mostremos como Jesus se coloca docemente entre eles e a lei. Eles estão tão apaixonados pela esperança da lei que se apegam a ela quando não há nada a que se apegar; eles preferem o Sinai ao Calvário, embora o Sinai não tenha nada para eles além de trovões e trombetas de advertência do julgamento vindouro (Êxodo 19:16). Oh!, que por algum tempo vocês ouçam ansiosamente enquanto eu apresento Jesus, meu Senhor, para que vocês vejam a lei nele.

Ora, o que nosso Senhor tem a ver com a lei? Ele tem tudo a ver com ela, pois Ele é o fim para o objetivo mais nobre, a saber, para a justiça. Ele é o "fim da lei". O que isto significa? Penso que significa três coisas: primeiro, que Cristo é o propósito e objetivo da lei; segundo, que Ele é o cumprimento dela; e, terceiro, Ele é o término dela.

Primeiro, então, nosso Senhor Jesus Cristo é o propósito e objetivo da lei. Ela nos foi dada para nos levar a Ele. A lei é nosso tutor para nos levar a Cristo (Gálatas 3:24), ou melhor, nosso ajudante para nos conduzir à escola de Jesus. A lei é a grande rede na qual os peixes são presos para que possam ser retirados do elemento do pecado. A lei é o vento tempestuoso que leva as almas ao porto de refúgio. A lei é o policial que encerra os seres humanos na prisão por seus pecados, encarcerando-os todos sob condenação, a fim de que possam recorrer somente à graça gratuita de Deus para libertação. Este é o objetivo da lei: esvazia para que a graça possa preencher e fere para que a misericórdia possa curar.

Nunca foi a intenção de Deus para nós, como seres humanos caídos, que a lei fosse considerada como um caminho de salvação, pois um caminho de salvação ela nunca poderá ser. Se o ser humano nunca tivesse caído, se sua natureza tivesse permanecido como Deus a criou, a lei teria sido muito útil para ele, mostrando-lhe o caminho em que deveria andar, e, ao guardá-lo, ele teria vivido, pois "o homem que fizer estas coisas por elas viverá" (Levítico 18:5). Mas desde que o ser humano caiu, o Senhor não lhe propôs um caminho de salvação pelas obras, pois Ele sabe que isso é impossível para uma criatura pecadora.

A lei já foi quebrada, e seja o que for que o ser humano faça, ele não reparará o dano que já causou; portanto, ele está sem uma causa quanto à esperança de mérito. A lei exige perfeição, mas o ser humano já ficou aquém dela e, sendo assim, deixe-o fazer o melhor que puder. Ele não poderá realizar o que é absolutamente essencial. A lei pretende levar o pecador à fé em Cristo, mostrando a impossibilidade de qualquer outro caminho. É o cão negro que leva as ovelhas ao pastor, o calor escaldante que leva o viajante à sombra da grande rocha numa terra deserta.

Vejam como a lei se adapta a isso, pois antes de tudo mostra ao ser humano o seu pecado. Leia os Dez Mandamentos e trema ao lê-los (Êxodo 20:2-17). Quem pode colocar seu próprio caráter lado a lado com as duas tábuas dos preceitos divinos sem se convencer imediatamente de que ficou muito aquém do padrão? Quando a lei chega à alma, é como a luz em um quarto escuro, revelando a poeira e a sujeira que antes não eram percebidas. É o teste que detecta a presença do veneno do pecado na alma. "Outrora eu estava vivo sem a lei", disse o apóstolo Paulo, "mas quando o mandamento veio, o pecado reviveu, e eu morri" (Romanos 7:9). Nossa decência desaparece completamente quando a lei sopra sobre ela.

Olhem para os mandamentos, eu digo, e lembrem-se de como eles são amplos, como são espirituais, como são abrangentes. Eles não apenas tocam o agir exterior, mas mergulham no motivo interior e lidam com o coração, a mente e a alma. Há um significado mais profundo nos mandamentos do que aparece em sua superfície. Contemplem suas profundezas e vejam como é terrível a santidade que eles exigem. Ao compreenderem o que a lei exige, vocês perceberão como estão longe de cumpri-la e como o pecado abunda onde vocês pensavam que havia pouco ou nada dele. Vocês se consideravam ricos e abastados em bens e que não precisavam de nada (Apocalipse 3:17), mas quando a lei quebrada o visita, sua falência espiritual e penúria total o encaram. Uma balança precisa descobre o peso falso, e esse é o primeiro efeito da lei sobre a consciência humana.

A lei também mostra o resultado e o dano do pecado. Olhem os tipos[4] da antiga dispensação mosaica e vejam como eles pretendiam levar os seres humanos a Cristo, fazendo-os ver sua condição impura e sua necessidade de uma purificação que somente Ele pode dar. Cada tipo apontava para nosso Senhor Jesus Cristo. Se as pessoas eram afastadas por causa de doenças ou impureza, elas eram levadas a ver como o pecado as separava de Deus e de seu povo (Levítico 13:1-46); e quando eram trazidas de volta e purificadas com ritos místicos nos quais havia lã escarlate, hissopo e coisas semelhantes, elas eram levadas a ver como só poderiam ser restauradas por Jesus Cristo, o grande Sumo Sacerdote.

Quando a ave era morta para que o leproso pudesse ficar limpo, era apresentada a necessidade de purificação pelo sacrifício de uma vida (Levítico 14:1-32). Todas as manhãs e todas as noites, um cordeiro morria para falar da necessidade diária de perdão, para que Deus pudesse habitar conosco (Êxodo 29:38-42). Às vezes nos criticam por falarmos demais sobre sangue, mas sob o Antigo Testamento o sangue parecia ser tudo, e não apenas se falava nele, mas era, de fato, apresentado aos olhos. O que o apóstolo Paulo nos diz em Hebreus?

---

[4] Os chamados "tipos bíblicos" são pessoas, eventos e instituições do AT que se acredita, na teologia cristã, prefigurar pessoas, eventos e instituições do NT.

> Pelo que nem o primeiro testamento foi dedicado sem sangue. Pois quando Moisés anunciou cada preceito a todo o povo segundo a lei, ele tomou o sangue dos novilhos e dos bodes, com água, lã purpúrea e hissopo e aspergiu tanto ao próprio livro como a todo o povo, dizendo: 'Este é o sangue do testamento que Deus tem ordenado para vós'. Além disso, ele aspergiu com sangue tanto o tabernáculo como todos os vasos do ministério. E quase todas as coisas, segundo a lei, se purificam com sangue; e sem derramamento de sangue não há remissão (Hebreus 9:18-22).

O sangue estava no véu, e no altar, nas cortinas e no chão do tabernáculo; era impossível a alguém não o ver. Estou determinado a fazer meu ministério ter o mesmo caráter e a borrifá-lo cada vez mais com o sangue da expiação. A abundância de sangue outrora pretendia mostrar claramente que o pecado nos poluiu de tal forma que, sem uma expiação, não podemos nos aproximar de Deus: devemos nos achegar por meio do sacrifício ou não conseguiremos fazê-lo. Somos tão intrinsecamente inaceitáveis que, a menos que o Senhor nos veja com o sangue de Jesus sobre nós, Ele nos destruirá. A antiga lei, com seus símbolos e figuras, expunha muitas verdades sobre o nosso eu e o Salvador que viria, com a intenção de cada um deles pregar Cristo. Se algum deles ficasse aquém dele, perderia a intenção e o desígnio da lei. Moisés conduz a Josué, e a lei termina em Jesus.

Voltando nossos pensamentos para a lei moral ao invés da lei cerimonial, pretendia-se ensinar aos seres humanos sua total insuficiência. Ela lhes mostra como estão aquém do que deveriam ser, e também lhes mostra, quando olham cuidadosamente, como é totalmente impossível para eles atingir o padrão. A santidade que a lei exige, ninguém pode alcançar por si mesmo. "O teu mandamento é excessivamente amplo" (Salmos 119:96). Se alguém diz que pode cumprir a lei, é porque não sabe o que é a lei. Se ele imagina que algum dia poderá subir ao céu pelas encostas trêmulas do Sinai, certamente nunca deve ter visto aquela montanha em chamas.

Guardar a lei! Ah, meus irmãos, enquanto ainda estamos falando sobre ela, nós a estamos quebrando; enquanto fingimos que podemos cumprir sua letra, estamos quebrando seu espírito, pois o orgulho quebra a lei tanto quanto a luxúria ou o assassinato. "Quem pode trazer uma coisa limpa da imunda? Ninguém" (Jó 14:4), "como pode ser limpo aquele que é nascido de uma mulher?" (Jó 25:4). Não, alma, você não pode ajudar-se nisso, pois como somente pela perfeição você pode viver pela lei, e como essa perfeição é impossível, você não pode encontrar ajuda na aliança das obras. Na graça há esperança, mas no que diz respeito à nossa dívida, não há nenhuma esperança, pois não merecemos nada além da ira. A lei nos diz isso, e quanto mais cedo soubermos que é assim, melhor, pois mais cedo voaremos para Cristo.

A lei também nos mostra a nossa grande necessidade — a nossa necessidade de purificação, purificação com a água e com o sangue. Ela nos revela nossa imundície, e isso naturalmente nos leva a sentir que devemos ser lavados dela, se quisermos nos aproximar de Deus. Portanto, a lei nos leva a aceitar Cristo como a única pessoa que pode nos purificar e nos tornar aptos a permanecer além do véu na presença do Altíssimo (Lucas 23:45).

A lei é o bisturi do cirurgião que extirpa a carne orgulhosa para que a ferida possa ser curada. A lei por si só apenas varre e levanta o pó, mas o evangelho borrifa água limpa sobre ele, e tudo fica bem no aposento da alma. A lei mata, o evangelho vivifica; a lei despe, e então Jesus Cristo entra e veste a alma com beleza e glória.

Todos os mandamentos e todos os tipos nos direcionam a Cristo, se apenas prestarmos atenção à sua intenção evidente. Eles nos afastam do eu, nos afastam da falsa base da justiça própria e nos levam a saber que somente em Cristo nosso auxílio pode ser encontrado. Então, antes de tudo, Cristo é o fim da lei, no sentido de que Ele é o seu grande propósito.

E agora, *em segundo lugar*, Ele é o cumprimento da lei. É impossível para qualquer um de nós ser salvo sem justiça. O Deus do céu e da terra, por necessidade imutável, exige justiça de todas as suas criaturas. Ora, Cristo veio para nos dar a justiça que a lei exige, mas que ela nunca concede. No capítulo que temos diante de nós lemos sobre "a justiça que é pela fé" (Romanos 10:6), que também é chamada de "justiça de Deus", e lemos sobre aqueles que "não serão envergonhados" (Romanos 10:11) porque são justos por crerem, "porque com o coração o homem crê para a justiça" (Romanos 10:10).

O que a lei não poderia fazer, Jesus fez. Ele fornece a justiça que a lei pede, mas não pode produzir. Que justiça incrível deve ser aquela que é tão ampla, profunda, extensa e elevada quanto a própria lei. O mandamento é excessivamente amplo, mas a justiça de Cristo é tão ampla quanto o mandamento e vai até o fim dele. Cristo não veio para tornar a lei mais branda, ou para tornar possível à nossa obediência trincada e danificada ser aceita como uma espécie de compromisso. A lei não é obrigada a reduzir seus termos, como se originalmente tivesse pedido demais; ela é santa, justa e boa (Romanos 7:12), e não deve ser alterada nem um iota ou um traço de letra (Mateus 5:18), e isso nem pode ser feito.

Nosso Senhor dá à lei tudo o que ela exige, não uma parte, pois isso seria uma admissão de que ela poderia, justamente, ter se contentado com menos no início. A lei reivindica obediência completa sem nenhuma mancha ou marca, falha ou defeito, e Cristo introduziu uma justiça como essa e a dá ao seu povo. A lei exige que a justiça seja sem omissão do dever e sem comissão do pecado, e a justiça que Cristo introduziu é tal que, por causa dela, o grande Deus aceita seu povo e o considera sem mancha, ou vinco ou qualquer coisa assim.

A lei não ficará satisfeita sem obediência espiritual, e meras conformidades externas não serão satisfatórias. Mas a obediência do Senhor foi tão profunda quanto ampla, pois seu zelo em fazer a vontade daquele que o enviou o consumiu. Ele mesmo diz: "Eu me deleito em fazer a tua vontade, ó meu Deus; sim, a tua lei está dentro do meu coração" (Salmos 40:8). Ele coloca tal justiça sobre todos os que creem. "Pela obediência de um muitos serão feitos justos" (Romanos 5:19), justos plenamente, perfeitos em Cristo.

Alegramo-nos em vestir a dispendiosa veste de linho branco que Jesus preparou, e sentimos que podemos permanecer vestidos com ela diante da majestade do céu sem hesitar. Isto é algo para refletir, queridos amigos. Somente como justos podemos ser salvos, mas Jesus Cristo nos torna justos e, portanto, somos salvos. É justo aquele que crê nele, assim como Abraão creu em Deus e isso lhe foi imputado como justiça (Gênesis 15:6). "Portanto, agora nenhuma condenação há para os que estão em Cristo Jesus" (Romanos 8:1), porque eles são feitos justos em Cristo.

Sim, o Espírito Santo, pela boca de Paulo, desafia todas as pessoas, anjos e demônios, a lançar qualquer acusação contra os eleitos de Deus, já que Cristo morreu. Ó lei, quando você exige de mim uma justiça perfeita, eu, sendo alguém que crê, apresento-a a você, pois através de Cristo Jesus, a fé me é imputada como justiça. A justiça de Cristo é minha, pois sou um com Ele pela fé, e este é o nome pelo qual Ele será chamado: "O Senhor Nossa Justiça" (Jeremias 23:6).

Jesus cumpriu assim as exigências originais da lei, mas vocês sabem, irmãos, que desde que quebramos a lei, há outras exigências. Para a remissão dos pecados passados, é pedido agora algo mais do que obediência presente e futura. Sobre nós, por causa dos nossos pecados, a maldição foi pronunciada e uma penalidade foi imposta. Está escrito que Ele, "de maneira nenhuma, inocenta o culpado" (Números 14:18), mas cada transgressão e iniquidade terá seu justo castigo e recompensa. Aqui, então, admiremos que o Senhor Jesus Cristo é o fim da lei quanto à penalidade. Essa maldição e penalidade são coisas terríveis para se pensar, mas Cristo acabou com todo o seu mal e, assim, nos livrou de todas as consequências do pecado.

No que diz respeito a cada um que crê, a lei não exige penalidade e não profere maldição. Aquele que crê pode apontar para o Grande Fiador

(Hebreus 7:22) no madeiro do Calvário e dizer: "Veja aí, ó lei, aí está a vindicação da justiça divina que eu ofereço a você. Jesus derramando o sangue do seu coração, de suas feridas, e morrendo em meu favor é a minha resposta às suas reivindicações, e sei que serei liberto da ira por meio dele". As reivindicações da lei, tanto as que foram quebradas como as que não foram, Cristo atendeu: tanto as exigências positivas quanto as penais são satisfeitas nele. Esta foi uma tarefa digna de um Deus, e eis que o Deus encarnado a cumpriu. Ele acabou com a transgressão, pôs fim aos pecados, expiou a iniquidade e trouxe a justiça eterna. Toda a glória seja ao seu nome!

Além disso, não apenas a penalidade foi paga, mas Cristo deu grande e especial honra à lei ao fazer isso. Atrevo-me a dizer que, se toda a raça humana tivesse guardado a lei de Deus e nenhuma das pessoas a tivesse quebrado, a lei não estaria numa posição de honra tão esplêndida como está hoje, quando o ser humano Cristo Jesus, que também é o Filho de Deus, prestou reverência a ela. O próprio Deus, encarnado, em sua vida, e ainda mais em sua morte, revelou a supremacia da lei; Ele mostrou que nem mesmo o amor nem o poder soberano podem deixar de lado a justiça.

Quem dirá uma palavra contra a lei à qual o próprio Legislador se submete? Quem dirá agora que é muito severa quando aquele que a fez se submete às suas penalidades? Porque Ele foi ser humano pleno e nosso representante legal (Colossenses 1:18), o Senhor exigiu de seu próprio Filho perfeita obediência à lei (Mateus 5:17,18), e o Filho se curvou voluntariamente a ela sem uma única palavra, não aceitando nenhuma exceção à sua tarefa. "Sim, a tua lei é o meu deleite" (Salmos 40:8), diz Ele, e provou que assim é, reverenciando-a até o fim. Oh, maravilhosa lei sob a qual até Emanuel serve! Ó lei incomparável, cujo jugo até mesmo o Filho de Deus não despreza suportar, mas, estando decidido a salvar seus escolhidos, foi concebido sob a lei, viveu e morreu sob ela, "obediente até a morte, e morte de cruz" (Filipenses 2:8).

A estabilidade da lei também foi assegurada por Cristo. Só pode permanecer aquilo que se provou ser justo, e Jesus provou que a lei o é, magnificando-a e tornando-a honrosa. Ele diz: "Não penseis que eu vim destruir a lei ou os profetas; eu não vim para destruir, mas para cumprir. Porque na verdade eu vos digo: 'Até que passem o céu e a terra, um iota ou um traço de letra, não passará da lei, até que tudo seja cumprido'" (Mateus 5:17,18).

Terei que lhes mostrar como Ele pôs fim à lei em outro sentido, mas quanto ao estabelecimento dos princípios eternos do certo e do errado, a vida e a morte de Cristo alcançaram isso para sempre. "Estabelecemos a lei", disse Paulo, "não anulamos a lei pela fé" (Romanos 3:31). A lei é provada como santa e justa pelo próprio evangelho da fé, pois o evangelho em que a fé crê não altera ou rebaixa a lei, mas nos ensina como ela foi totalmente cumprida.

Agora, a lei permanecerá firme para todo o sempre, pois, mesmo para salvar o eleito, Deus não a alterará. Ele tinha um povo escolhido (1Pedro 2:9), amado e ordenado para a vida (Atos 13:48), mas não o salvaria às custas de um princípio de justiça. Eles eram pecadores, e como poderiam ser justificados a menos que a lei fosse suspensa ou alterada? Então, a lei foi alterada? Parecia que deveria ser assim para que o ser humano fosse salvo, mas Jesus Cristo veio e nos mostrou como a lei poderia permanecer firme como uma rocha, e ainda assim os remidos poderiam ser salvos com justiça pela misericórdia infinita.

Em Cristo, vemos tanto a misericórdia quanto a justiça brilhando completamente, e ainda assim nenhuma delas eclipsando a outra em qualquer grau. A lei tem tudo o que sempre pediu, como deveria ter, e ainda assim o Pai de todas as misericórdias vê todos os seus escolhidos salvos como Ele determinou que deveriam ser através da morte de seu Filho. Assim, tentei mostrar-lhes como Cristo é plenamente o cumprimento da lei. Que o Espírito Santo abençoe esse ensinamento!

E agora, *em terceiro lugar*, Ele é o fim da lei no sentido de que Ele é o término dela. Ele a terminou em dois sentidos. Em primeiro lugar, o seu povo não está sujeito a ela como uma aliança de vida. "Não estais debaixo da lei, mas debaixo da graça" (Romanos 6:14). A antiga aliança, conforme feita com nosso pai Adão, era: "Faça isto e você viverá". Ele não cumpriu sua ordem e, consequentemente, não viveu, nem nós vivemos nele, uma vez que em Adão todos morreram (1Coríntios 15:22). A antiga aliança foi quebrada, e por isso fomos condenados, mas agora, tendo sofrido a morte em Cristo, não estamos mais sob ela, mas estamos mortos para ela (Romanos 7:6).

Irmãos, neste exato momento, embora nos alegremos em praticar boas obras, não buscamos vida através delas, não esperamos obter o favor divino por nossa própria bondade, nem mesmo manter-nos no amor de Deus por qualquer mérito nosso. Escolhidos, não pelas nossas obras (Efésios 2:9), mas segundo a vontade eterna e o prazer de Deus (Efésios 1:9), chamados, não pelas obras, mas pelo Espírito de Deus, desejamos continuar nesta graça e não voltar mais à escravidão da antiga aliança.

Desde que depositamos a nossa confiança numa expiação fornecida e aplicada pela graça através de Cristo Jesus, não somos mais escravos, mas filhos (Gálatas 4:7); não trabalhamos para sermos salvos, mas já fomos salvos, e trabalhamos porque somos salvos. Nem aquilo que fazemos, nem mesmo aquilo que o Espírito de Deus opera em nós, é para nós o fundamento e a base do amor de Deus para conosco, visto que Ele nos amou desde o início porque Ele quis nos amar (Efésios 1:4-5), por mais indignos que fôssemos; e Ele ainda nos ama em Cristo, e olha para nós não como somos em nós mesmos, mas como somos em Cristo, lavados em seu sangue e cobertos por sua justiça. Vocês não estão sob a lei: Cristo os tirou da escravidão servil de uma aliança condenatória e os fez receber a adoção de filhos, de modo que agora vocês clamam: Aba, Pai (Gálatas 4:5,6).

Novamente, Cristo é o fim da lei, pois não estamos mais sob a sua maldição. A lei não pode amaldiçoar aquele que crê, ela não sabe como fazê-lo; ela o abençoa, sim, e ele será abençoado, pois, como a lei exige justiça e olha para o crente em Cristo, e vê que Jesus lhe deu toda a justiça que ela exige, a lei é obrigada a declará-lo abençoado. "Abençoado é aquele cuja transgressão é perdoada, cujo pecado é coberto. Abençoado é o homem a quem o Senhor não imputa a iniquidade, e em cujo espírito não há malícia" (Salmos 32:1,2). Oh, a alegria de ser redimido da maldição da lei por Cristo, "fazendo-se ele próprio maldição por nós", como está escrito: "Maldito é todo aquele que for pendurado em um madeiro" (Gálatas 3:13).

Vocês, meus irmãos, entendem o doce mistério da salvação? Vocês já viram Jesus ficando no seu lugar para que vocês pudessem ficar no lugar dele? Cristo acusado, Cristo condenado, Cristo levado para morrer e Cristo ferido pelo Pai até a morte, e então vocês foram inocentados, justificados, libertos da maldição porque a maldição se esgotou no seu Redentor. Vocês estão autorizados a desfrutar da bênção porque a justiça que era dele é agora transferida para vocês, para que vocês possam ser abençoados pelo Senhor para todo o sempre.

Vamos realmente triunfar e nos alegrar nisso para sempre. Por que não deveríamos? E, no entanto, alguns do povo de Deus ficam sob a lei quanto aos seus sentimentos e começam a temer que, por estarem conscientes do pecado, não sejam salvos, embora esteja escrito: "Ele justifica o ímpio" (Romanos 4:5). Quanto a mim, adoro viver perto do Salvador de um pecador. Se minha posição diante do Senhor dependesse do que sou em mim mesmo e das boas obras, e da retidão que eu pudesse exercer, certamente teria que me condenar mil vezes por dia. Mas fugir disso e dizer: "Eu creio em Jesus Cristo e, portanto, a justiça é minha", é paz, descanso, alegria e o começo do céu!

Quando alguém atinge esta experiência, seu amor por Jesus Cristo começa a arder e ele sente que, se o Redentor o libertou da maldição da lei, ele não continuará no pecado, mas se esforçará para viver em novidade de vida. Não somos de nós mesmos, fomos comprados por um preço (1Coríntios 7:23) e, portanto, devemos glorificar a Deus em nossos corpos e em nossos espíritos, que são do Senhor. Isso é o que temos a dizer sobre Criso em relação à lei.

II

Agora, em segundo lugar, *nós mesmos em conexão com Cristo* — pois "Cristo é o fim da lei, para todo aquele que crê". Agora, prestem atenção no ponto "para todo aquele que crê": aí está a ênfase. Veja, homem, mulher: você crê? Nenhuma pergunta mais importante pode ser feita sob o céu. "Você crê no Filho de Deus?" E o que é crer? Não é apenas aceitar um conjunto de doutrinas e dizer que este ou aquele credo é seu, e imediatamente colocá-lo na prateleira e esquecê-lo. Crer é confiar, fiar-se, depender, contar com alguém, descansar.

Você crê que Jesus Cristo ressuscitou dos mortos? Você crê que Ele esteve no lugar do pecador e sofreu, o justo pelo injusto? (1Perdro 3:18). Você crê que Ele é capaz de salvar plenamente aqueles que se achegam a Deus por meio dele? E você, portanto, coloca todo o peso e ênfase da salvação de sua alma sobre Ele, sim, somente sobre Ele? Ah, então, Cristo é o fim da lei, para sua justiça, e você é justo. Na justiça de Deus, você está vestido, se crer. Não adianta apresentar mais nada se você não crê, pois nada adiantará. Se a fé estiver ausente, falta o essencial: sacramentos, orações, leituras da Bíblia, ouvir o evangelho, você pode amontoá-los juntos, tão altos quanto as estrelas, em uma montanha como o alto Olimpo, mas eles são todos meros joios se a fé não estiver lá. É o fato de você crer ou não crer que deve resolver a questão. Você desvia o olhar de si mesmo para Jesus em busca de justiça? Se você faz isso, Ele é o fim da lei para você.

Agora, observem que não há nenhuma questão levantada sobre o caráter anterior, pois está escrito: "Cristo é o fim da lei, para justiça de todo aquele que crê". "Mas, Senhor, esta pessoa, antes de crer, era uma perseguidora e injuriosa; ela se enfurecia e se encolerizava contra os santos e os arrastava para a prisão e buscava seu sangue." Sim, querido amigo, e essa é a mesma pessoa que escreveu estas palavras pelo Espírito Santo: "Cristo é o fim da lei, para justiça de todo aquele que crê". Portanto, se eu me dirigir a alguém aqui esta manhã cuja vida foi contaminada com todos os pecados e manchada com todas as transgressões que podemos conceber, ainda assim digo a tal pessoa: lembre-se de que "toda espécie de pecado e blasfêmia se perdoará aos homens" (Mateus 12:31).

Se você crê no Senhor Jesus Cristo, suas iniquidades serão apagadas, pois o sangue de Jesus Cristo, o querido Filho de Deus, nos purifica de todo pecado (1João 1:7). Esta é a glória do evangelho: é um evangelho pecadores, boas-novas de bênção não para aqueles que não têm pecado, mas para aqueles que o confessam e abandonam. Jesus veio ao mundo não para recompensar os sem pecado, mas para buscar e salvar o que estava perdido (Lucas 19:10), e aquele, estando perdido e longe de Deus, que se aproxima dele por meio de Cristo, e crê nele, encontrará isso.

Ele é capaz de conceder justiça aos culpados. Ele é o fim da lei, para a justiça de todo aquele que crê e, portanto, da pobre prostituta que crê, do bêbado de longa data que crê, do ladrão, do mentiroso e do escarnecedor que crê, daqueles que anteriormente se excediam no pecado, mas agora o abandonam e confiam em Cristo. Mas não sei se preciso mencionar casos como esses; para mim, o fato mais maravilhoso é que Cristo é o fim da lei, para a justiça para mim, pois creio nele. Eu sei em quem tenho crido e estou convencido de que Ele é poderoso para guardar o que lhe confiei até àquele dia (2Timóteo 1:12).

Outro pensamento surge do texto, e é que nada é dito a título de qualificação quanto à força da fé. Jesus é o fim da lei, para justiça de todo aquele que crê, seja ele um Pequena Fé[5] ou um Grande Coração[6]. Jesus protege tanto a retaguarda quanto a vanguarda. Não há diferença entre pessoas que creem quanto à justificação. Enquanto houver uma conexão entre você e Cristo, a justiça de Deus será sua. O elo pode ser como uma película fina, um fio de uma aranha de fé trêmula, mas se percorrer todo o caminho do coração até Cristo, a graça divina pode e irá fluir ao longo da linha mais tênue.

É maravilhoso quão fino pode ser o fio elétrico que transportará a corrente elétrica. Podemos precisar de um cabo para transportar uma mensagem através do mar, mas isso é para a proteção do fio elétrico, o fio que realmente transporta a mensagem é uma coisa fina. Se a sua fé for do tipo de semente de mostarda (Mateus 17:20), se for apenas tal que toque com tremor a orla das vestes do Salvador (Marcos 5:25-29), se você puder apenas dizer: "Senhor, eu creio! Ajude a minha incredulidade" (Marcos 9:24), se for apenas a fé do Pedro que afunda (Mateus 14:22-36), ou da Maria que chora (João 20:11-18), mas se for fé em Cristo, Ele será o fim da lei, para a justiça, tanto para você quanto para o principal dos apóstolos.

Se for assim, então, amados amigos, todos nós que cremos somos justos. Crendo no Senhor Jesus Cristo, obtivemos a justiça que aqueles que seguem as obras da lei desconhecem. Não estamos completamente santificados, quisera Deus estivéssemos; não estamos livres do pecado em nossos membros, embora o odiemos, mas ainda assim, aos olhos de Deus, somos verdadeiramente justos, e sendo qualificados pela fé, temos paz com Deus (Romanos 5:1). Venham, olhem para cima, vocês que creem, que estão

---

[5] Ou Pouca Fé [*Little Faith*, no original]; é um personagem de *O Peregrino*, de John Bunyan.
[6] Ou Bom Coração [*Greatheart*, no original]; é um personagem de *A Peregrina*, de John Bunyan.

sobrecarregados com um sentimento de pecado. Enquanto vocês se punem e lamentam seus pecados, não duvidem de seu Salvador nem questionem sua justiça.

> Embora em nós mesmos deformados sejamos,
> E maltrapilhos como as tendas de Quedar pareçamos,
> No entanto, quando tuas belezas vestimos,
> Belos como as cortes de Salomão nos tornamos.

Agora, observem que a conexão do nosso texto nos assegura que, sendo justos, somos salvos, pois, "se confessares com a tua boca o Senhor Jesus, e creres em teu coração que Deus o ressuscitou dentre os mortos, tu serás salvo" (Romanos 10:9). Quem é justificado é salvo, ou qual seria o benefício da justificação? Sobre você que crê, Deus pronunciou o veredito de "salvo", e ninguém o reverterá. Você está salvo do pecado, da morte e do inferno, você está salvo agora mesmo, com uma salvação presente: "[Ele] nos salvou e nos chamou com uma santa vocação" (2Timóteo 1:9). Sinta a alegria disso neste momento. "Amados, agora somos filhos de Deus." (1João 3:2).

E agora terei terminado quando disser apenas mais isso: se alguém aqui pensa que pode salvar a si mesmo e que sua própria justiça será suficiente diante de Deus, eu imploraria afetuosamente que não insultasse seu Salvador. Se a sua justiça é suficiente, por que Cristo veio aqui para resolver isso? Você poderia, por um momento, comparar sua justiça com a justiça de Jesus Cristo? Que semelhança existe entre você e Ele? É tanta quanto a que há entre uma formiga e um arcanjo. Não, nem tanto: tanto quanto entre a noite e o dia, ou o inferno e o céu. Oh, se eu tivesse uma justiça própria a qual ninguém pudesse criticar, eu a abandonaria voluntariamente para ter a justiça de Cristo, mas como não tenho nenhuma, me alegro ainda mais por ter a do meu Senhor.

Quando George Whitefield[7] pregou pela primeira vez para carvoeiros em Kingswood, perto de Bristol, ele pôde ver quando seus corações começaram a ser tocados ao ver os sulcos claros feitos pelas lágrimas que escorriam por suas bochechas de carvão. Ele viu que eles estavam recebendo o evangelho e escreveu em seu diário: "Como esses pobres carvoeiros não tinham justiça própria, eles glorificaram-se naquele que veio para salvar publicanos e pecadores". Bem, Whitefield, isso é verdade para os carvoeiros, mas é igualmente verdade para muitos de nós aqui, que podemos não ter tido rostos negros de carvão, mas tínhamos corações negros de pecado. Podemos verdadeiramente dizer que também nos alegramos em rejeitar a nossa própria justiça e considerá-la como escória e esterco para que possamos ganhar a Cristo (Filipenses 3:8) e ser encontrados nele. Nele está nossa única esperança e única confiança.

Por fim, rejeitar a justiça de Cristo significa perecer eternamente, porque Deus não aceitaria vocês ou sua pretensa justiça quando vocês recusaram a justiça real e divina que Ele coloca diante de vocês em seu Filho. Se vocês pudessem subir aos portões do céu, e um anjo lhes dissesse: "Que direito você tem de entrar aqui?", e vocês respondessem: "Eu tenho minha própria justiça", então ser admitido significaria que sua justiça estaria no mesmo nível que a do próprio Emanuel. Isso é possível? Vocês acham que Deus algum dia permitirá que tal mentira seja ratificada? Ele permitirá que a falsa justiça de um pobre e miserável pecador passe lado a lado com o ouro fino da perfeição de Cristo? Por que a fonte estava cheia do sangue, se você não precisa se lavar? Cristo é algo supérfluo? Ah, não pode ser. Vocês devem ter a justiça de Cristo ou ser injustos, e sendo injustos, vocês não serão salvos, e não sendo salvos, vocês permanecerão perdidos para todo o sempre.

---

[7] George Whitefield (1714-1770) foi um clérigo e evangelista anglicano inglês. Foi um dos fundadores do metodismo e do movimento evangélico na Grã-Bretanha e nas colônias inglesas norte-americanas.

Quê? Será que tudo chegou a isso, então, que devo crer no Senhor Jesus Cristo para a justiça e ser feito justo pela fé? Sim, é isso: é tudo. Quê? Confiar somente em Cristo e então viver como eu quiser? Você não pode viver em pecado depois de ter confiado em Jesus, pois o ato de fé traz consigo uma mudança de natureza e uma renovação de sua alma. O Espírito de Deus que o leva a crer também mudará o seu coração. Você falou em "viver como quiser", você gostará de viver de forma muito diferente do que vive agora. As coisas que você amava antes de sua conversão, você odiará quando crer, e as coisas que você odiava, você amará.

Ora, você está tentando ser bom e tem grandes fracassos porque seu coração está alienado de Deus, mas quando você receber a salvação através do sangue de Cristo, seu coração amará a Deus e então você guardará seus mandamentos e eles não serão mais pesados para você. Uma mudança de coração é o que você deseja, e você nunca a conseguirá, exceto através do pacto da graça. Não há uma palavra sobre conversão na antiga aliança; devemos olhar para a nova aliança para isso, e aqui está: "Então, eu aspergirei água limpa sobre vós, e ficareis limpos; de toda a vossa imundícia, e de todos os vossos ídolos vos purificarei. Um novo coração também vos darei, e um novo espírito eu colocarei dentro de vós, e eu tirarei o coração de pedra da vossa carne, e vos darei um coração de carne. E eu colocarei o meu espírito dentro de vós, e vos farei andar nos meus estatutos, e guardareis os meus juízos, e os fareis" (Ezequiel 36:25-27). Esta é uma das maiores promessas da aliança, e o Espírito Santo a realiza nos escolhidos.

Oh, que o Senhor gentilmente os persuada a crer no Senhor Jesus Cristo, e que essa promessa e todos os outros compromissos da aliança sejam cumpridos em sua alma. O Senhor abençoe vocês! Espírito de Deus, envie sua bênção sobre estas minhas pobres palavras por amor de Jesus. Amém!

SERMÃO PROFERIDO EM 1876.

2

CRISTO, AQUELE QUE VENCEU SATANÁS

*E eu colocarei inimizade entre ti e a mulher, e entre a tua semente
e a sua semente; ela ferirá a tua cabeça, e tu lhe ferirás o calcanhar.*
GÊNESIS 3:15

ESTA é a primeira pregação do evangelho que foi proferida na face desta terra. Foi realmente um discurso memorável, com o próprio Senhor como pregador, e toda a raça humana e o príncipe das trevas como ouvinte. Deve ser digna de nossa mais sincera atenção.

Não é notável que esta grande promessa do evangelho tenha sido entregue logo após a transgressão? Até agora nenhuma sentença havia sido pronunciada contra nenhum dos dois transgressores humanos, mas a promessa foi feita sob a forma de uma sentença pronunciada contra a serpente. A mulher ainda não havia sido condenada a trabalhos dolorosos, ou o homem a um trabalho exaustivo, ou mesmo o solo à maldição dos espinhos e cardos. Verdadeiramente "a misericórdia triunfa sobre o juízo" (Tiago 2:13). Antes de o Senhor ter dito: "Pó tu és pó, e ao pó tu retornarás" (Gênesis 3:19), Ele teve o prazer de dizer que a semente da mulher deveria ferir a cabeça da serpente. Alegremo-nos, então, na célere misericórdia de Deus, que nas primeiras vigílias da noite do pecado veio até nós com palavras reconfortantes.

Essas palavras não foram ditas diretamente a Adão e Eva, mas foram dirigidas claramente à própria serpente, e isso como forma de punição a ela pelo que havia feito. Foi um dia de triunfo cruel para ela: a máxima alegria que sua mente sombria é capaz de sentir o encheu, pois ela havia satisfeito sua malícia e saciado seu rancor. Ela havia, no pior sentido, destruído uma parte das obras de Deus. Ela introduziu o pecado no jovem mundo, carimbou a raça humana com sua própria imagem e ganhou novas forças para promover a rebelião e multiplicar a transgressão e, portanto, sentiu aquele tipo de alegria que um demônio pode conhecer quando carrega um inferno dentro de si mesmo.

Deus, porém, intervém, assume a briga pessoalmente, e faz com que ela caia em desgraça no mesmo campo de batalha no qual obteve um sucesso temporário. Ele diz ao dragão (Apocalipse 12:9) que Ele mesmo se encarregará de lidar com ele, esta briga não será entre a serpente e o ser humano, mas entre Deus e a serpente. Deus diz, em palavras solenes: "Eu colocarei inimizade entre ti e a mulher, e entre a tua semente e a sua semente", e Ele promete que surgirá na plenitude dos tempos (Gálatas 4:4) um vencedor, que, embora sofra, ferirá em uma parte vital o poder do mal e esmagará a cabeça da serpente. Esta foi, ao que me parece, uma mensagem de misericórdia ainda mais reconfortante para Adão e Eva, porque eles teriam certeza de que o tentador seria punido, e como essa punição envolveria bênçãos para eles, a vingança devida à serpente seria a garantia de misericórdia para eles mesmos.

Talvez, no entanto, ao fazer a promessa assim indiretamente, o Senhor quisesse dizer: "Não faço isso por causa de vocês, ó homem e mulher caídos, nem por causa de seus descendentes, mas por causa de meu próprio nome e honra, para que não seja profanado e blasfemado entre os espíritos caídos. Comprometo-me a reparar o dano causado pelo tentador, para que meu nome e minha glória não sejam diminuídos entre os espíritos imortais [isto é, os anjos] que olham para esse episódio".

Tudo isto seria muito humilhante, mas ao mesmo tempo confortador para os nossos pais, se pensassem nisso, visto que a misericórdia concedida por causa do amor de Deus é sempre, para a nossa perturbada compreensão, mais segura do que qualquer favor que nos possa ser prometido por causa de nós mesmos. A soberania e a glória divinas proporcionam-nos um fundamento mais forte de esperança do que de mérito, mesmo que se suponha que o mérito exista.

Agora, devemos notar que aqueles que creram primeiro permaneceram nesta primeira pregação do evangelho. Isto foi tudo o que Adão recebeu por revelação e tudo o que Abel recebeu. Esta estrela solitária brilhou no céu de Abel, ele olhou para ela e creu. À sua luz, ele soletrou "sacrifício" e, portanto, trouxe os primogênitos de seu rebanho e os colocou sobre o altar, e provou em sua própria pessoa como a semente da serpente odiava a semente da mulher, pois seu irmão o matou pelo seu testemunho (Gênesis 3:1-8). Embora Enoque, o sétimo desde Adão, tenha profetizado a respeito da segunda vinda de Jesus (Judas 1:14,15), contudo, ele não parece ter proferido nada de novo a respeito da primeira vinda, de modo que esta promessa permaneceu como a única palavra de esperança da humanidade.

A tocha que ardeu dentro dos portões do Éden pouco antes de o ser humano ser expulso iluminou o mundo para todos os que creem até que o Senhor se agradou em dar mais luz e renovar e ampliar a revelação de sua aliança, quando Ele falou a seu servo Noé (Gênesis 6:11—9:19). Aqueles antigos pais que viveram antes do dilúvio alegraram-se com a linguagem misteriosa do nosso texto e, apoiando-se nela, morreram na fé. Não pensem, irmãos, que foi uma revelação insuficiente, pois, se considerarem atentamente, ela é maravilhosamente cheia de significado.

Se estivesse em meu coração lidar com ela como uma doutrina esta manhã, acho que poderia ter mostrado a vocês que ela contém todo o evangelho. Dentro dela se encontra, como um carvalho dentro de uma bolota, todas as grandes verdades que constituem o evangelho de Cristo.

Observem que aqui está o grande mistério da encarnação. Cristo é aquela semente da mulher de que se fala aqui, e há uma sugestão não obscura de como essa encarnação seria efetuada. Jesus não nasceu segundo a maneira comum dos filhos humanos. Maria foi encoberta pela sombra do Espírito Santo, e "o santo" (Lucas 1:35) que dela nasceu era, quanto à sua humanidade, apenas a semente da mulher (Gálatas 4:4), como está escrito: "Eis que, uma virgem conceberá e dará à luz um filho e chamará seu nome Emanuel" (Isaías 7:14). A promessa ensina claramente que o libertador nasceria de uma mulher e, considerada cuidadosamente, também prenuncia o método divino da concepção e nascimento do Redentor.

A doutrina das duas sementes também é claramente ensinada aqui: "Eu colocarei inimizade entre ti e a mulher, e entre a tua semente e a sua semente". Evidentemente haveria no mundo uma semente da mulher do lado de Deus contra a serpente e uma semente da serpente que deveria estar sempre do lado do mal, assim como está até hoje. Tanto a igreja de Deus quanto a sinagoga de Satanás existem. Vemos um Abel e um Caim, um Isaque e um Ismael, um Jacó e um Esaú; aqueles que nasceram segundo a carne, sendo filhos de seu pai, o Diabo, pois eles praticam suas obras (João 8:44), mas aqueles que nasceram de novo (João 3:3), nascidos segundo o Espírito (João 3:6), segundo o poder da vida de Cristo, são assim em Cristo Jesus a semente da mulher, e lutam de forma intensa contra o dragão e sua semente.

Aqui também a grande realidade dos sofrimentos de Cristo é claramente predita: "Tu lhe ferirás o calcanhar". Encontramos nessas palavras toda a história das dores do Senhor, de Belém ao Calvário. "Ela ferirá a tua cabeça": aí está a interrupção do poder real de Satanás (Lucas 10:8), aí está a purificação do pecado (1João 1:7), aí está a destruição da morte pela ressurreição (2Timóteo 1:10), aí está o levar cativo o cativeiro na ascensão (Efésios 4:8), aí está a vitória da verdade no mundo através da descida do Espírito (Atos 10:44), e aí está a glória dos últimos dias em que

Satanás será preso (Apocalipse 20:2), e aí está, por último, o lançamento do maligno e de todos os seus seguidores no lago de fogo (Apocalipse 20:10).

O conflito e a vitória estão nestas poucas palavras prolíficas. Elas podem não ter sido totalmente compreendidas pelos que as ouviram pela primeira vez, mas para nós, elas estão agora cheias de luz. O texto, a princípio, parece uma pederneira, dura e fria, mas faíscas voam abundantemente, pois chamas ocultas de amor e graça infinitos estão ocultas dentro dela. Com esta promessa de um Deus gracioso, devemos nos alegrar muitíssimo.

Não sabemos o que nossos primeiros pais entenderam disso, mas podemos ter certeza de que eles obtiveram grande conforto. Eles devem ter entendido que não deveriam ser destruídos naquele momento, porque o Senhor havia falado de uma "semente". Eles devem ter raciocinado que deveria ser necessário que Eva vivesse, se deveria haver uma semente dela. Eles também compreenderam que, se aquela semente vencesse a serpente e ferisse sua cabeça, isso significaria algo bom para eles: eles não poderiam deixar de ver que havia algum grande e misterioso benefício a ser-lhes conferido pela vitória que sua semente conquistaria sobre o instigador de sua ruína. Eles prosseguiram com fé nisso e foram confortados nas dores de parto e no trabalho, e não duvido que tanto Adão quanto sua esposa, pela fé nisso, tenham entrado no descanso eterno.

Esta manhã, pretendo tratar esse texto de três maneiras. Primeiro, observaremos os seus fatos; em segundo lugar, consideraremos a experiência dentro do coração de cada crente que corresponde a esses fatos; e depois, em terceiro lugar, o encorajamento que o texto e a sua conexão como um todo nos proporcionam.

I

Os fatos. São quatro os fatos, e chamo sua atenção para eles. O primeiro é que a inimizade foi instigada. O texto começa: "Eu colocarei inimizade entre ti e a mulher". Elas foram muito amigas; a mulher e a serpente tinham conversado. Eva pensou na época que a serpente era sua amiga; e ela era tão amiga dela que seguiu seu conselho contra os preceitos de Deus, e estava disposta a crer em coisas ruins sobre o grande Criador porque a serpente perversa e astuta havia insinuado tal coisa. Ora, quando Deus falou, aquela amizade entre a mulher e a serpente já havia chegado ao fim, pois ela acusou a serpente diante de Deus e disse: "A serpente me enganou e eu comi" (Gênesis 3:13).

Até aqui, tudo bem. A amizade dos pecadores não dura muito; eles já começaram a brigar, e agora o Senhor entra e graciosamente aproveita a briga que havia começado, e diz: "Vou levar está discórdia muito mais longe, colocarei inimizade entre você e a mulher.". Satanás contava com os descendentes dos seres humanos como seus aliados, mas Deus romperia esta aliança com o inferno e suscitaria uma semente que deveria guerrear contra o poder satânico.

Assim, temos aqui a primeira declaração de Deus de que Ele estabelecerá um reino rival para se opor à tirania do pecado e de Satanás, de que Ele criará nos corações de uma semente escolhida uma inimizade contra o mal, para que eles lutem contra ele, e com muitas lutas e dores vençam o príncipe das trevas. O Espírito divino alcançou amplamente este plano e propósito do Senhor, combatendo o anjo caído por meio de um ser humano glorioso: tornando o ser humano inimigo e vencedor de Satanás. A partir daquele momento, a mulher deveria odiar o maligno, e não duvido que ela assim o fez. Ela tinha motivos de sobra para fazê-lo, e sempre que ela pensava nele, seria com infinito pesar por ter dado ouvidos à sua conversa maliciosa e enganosa.

A semente da mulher também sempre teve inimizade contra o maligno. Não me refiro à semente carnal, pois Paulo nos diz: "Os que são filhos da carne, estes não são filhos de Deus, mas os filhos da promessa são considerados como semente" (Romanos 9:8). Não se trata da semente carnal do homem e da mulher, mas sim da semente espiritual, sim, Cristo Jesus e aqueles que estão nele. Onde quer que você os encontre, eles odeiam a serpente com um ódio mortal. Se pudéssemos, destruiríamos de nossas almas toda obra de Satanás, e deste nosso pobre mundo aflito, arrancaríamos todo mal que ele plantou.

Aquela semente da mulher, aquela que é o Glorioso — pois Deus não fala de sementes, como se fossem muitas, mas de *semente,* que é um (Gálatas 3:16) —, vocês sabem como Ele abominava o Diabo e todos os seus ardis. Havia inimizade entre Cristo e Satanás, pois Ele veio para destruir as obras do Diabo (1João 3:18) e libertar aqueles que estão sob sua escravidão (Lucas 4:18). Para esse propósito Ele nasceu, para esse propósito Ele viveu, para esse propósito Ele morreu, para esse propósito Ele foi para a glória, e para esse propósito Ele voltará, para que onde quer que Ele encontre seu adversário e suas obras, os destrua totalmente entre os filhos dos homens.

Esta inimizade entre as duas sementes foi o início do plano de misericórdia, o primeiro ato no espetáculo da graça. Da semente da mulher foi dito desde então: "Tu amas a justiça e odeias a perversidade; portanto Deus, teu Deus, te ungiu com o óleo da alegria sobre teus companheiros" (Salmos 45:7).

Depois vem a segunda profecia, que também se tornou realidade, a saber, a vinda do vencedor. A semente da mulher, por promessa, lutará pela causa e se oporá ao dragão. Essa semente é o Senhor Jesus Cristo. O profeta Miqueias disse: "Mas tu, Belém Efrata, embora sejais pequena entre os milhares de Judá, de ti sairá para mim aquele que é governador em Israel, e cujas saídas tem sido desde os tempos antigos, desde a eternidade. Portanto, ele os entregará, até o tempo em que tiver dado à luz aquela que está de parto" (Miqueias 5:2,3).

A ninguém menos que ao bebê que nasceu em Belém da bendita virgem podem as palavras da profecia se referir. Foi ela quem concebeu e deu à luz um filho, e é a respeito de seu filho que cantamos: "Para nós um menino é nascido, para nós um filho é dado: e seu nome será chamado Maravilhoso, Conselheiro, O poderoso Deus, O Pai eterno, O Príncipe de Paz" (Isaías 9:6). Na memorável noite de Belém, quando os anjos cantavam no céu, a semente da mulher apareceu (Lucas 2:6-20), e assim que Ele viu a luz, a antiga serpente, o Diabo (Apocalipse 12:9), entrou no coração de Herodes, se possível para matá-lo (Mateus 2:16), mas o Pai o preservou e não permitiu que ninguém pusesse as mãos sobre Ele.

Assim que Jesus entrou publicamente em cena, trinta anos depois, Satanás o encontrou frente a frente. Você conhece a história da tentação no deserto e como ali a semente da mulher lutou com aquele que era mentiroso desde o início (João 8:44). O Diabo o atacou três vezes com toda a artilharia de bajulação, malícia, astúcia e falsidade, mas o incomparável vencedor permaneceu ileso e expulsou seu inimigo do campo de batalha (Mateus 4:1-11).

Então, nosso Senhor estabeleceu seu reino, e chamou um e outro a Ele e levou a guerra ao território do inimigo. Em muitos lugares, Ele expulsou demônios. Ele falou ao espírito mau e imundo e disse: "Eu te ordeno: sai dele" (Marcos 9:25), e o demônio foi expulso. Legiões de demônios voaram diante dele: procuraram esconder-se em porcos para escapar do terror de sua presença. "Vieste aqui atormentar-nos antes do tempo?" (Mateus 8:28,29), foi o seu grito quando o Cristo que operava maravilhas os desalojou dos corpos que eles atormentavam. Sim, e Ele tornou seus próprios discípulos poderosos contra o maligno, pois em seu nome eles expulsavam demônios, até que Jesus disse: "Eu vi Satanás cair como um relâmpago do céu" (Lucas 10:28).

Depois veio um segundo conflito pessoal, pois presumo que as tristezas do Getsêmani foram em grande parte causadas por um ataque pessoal de Satanás, pois nosso Mestre disse: "Esta é a vossa hora, e o poder das trevas" (Lucas 22:53). Ele disse também: "Vem o príncipe deste mundo" (João 14:30). Que luta grande foi essa! Embora Satanás não tivesse nada em

Cristo, ele procurou, se possível, afastá-lo de completar seu grande sacrifício, e ali nosso Mestre suou como se fossem grandes gotas de sangue, caindo no chão, na agonia que lhe custou lutar com o demônio (Lucas 22:44). Foi então que nosso Vencedor começou a última luta de todas e venceu até ferir a cabeça da serpente. Ele também não terminou até que despojou principados e potestades e os expôs publicamente (Colossenses 2:15).

> Agora a hora das trevas passou,
> Cristo assumiu seu poder reinante;
> Eis o grande acusador expulso
> de seu trono para reinar não mais.

O conflito de nosso glorioso Senhor continua em sua semente. Pregamos Cristo crucificado, e cada sermão abala as portas do inferno. Trazemos pecadores a Jesus pelo poder do Espírito, e cada convertido é uma pedra derrubada do muro do poderoso castelo de Satanás. Sim, e chegará o dia em que em toda parte o Maligno será vencido e as palavras de João em Apocalipse serão cumpridas: "E o grande dragão foi precipitado, aquela antiga serpente, chamada de Diabo, e Satanás, que engana todo o mundo; ele foi lançado à terra, e os seus anjos foram lançados com ele. E eu ouvi uma alta voz dizendo no céu: 'Agora chegou a salvação, e a força, e o reino do nosso Deus, e o poder do seu Cristo; porque o acusador de nossos irmãos é derrubado, o qual os acusava dia e noite diante de nosso Deus'" (Apocalipse 12:9,10).

Assim, o Senhor Deus, nas palavras do nosso texto, prometeu um vencedor que deveria ser a semente da mulher, e entre Ele e Satanás haveria guerra para todo o sempre com: esse vencedor veio, o filho nasceu; e, embora o dragão esteja irado com a mulher e faça guerra contra o remanescente de sua semente, os que guardam o testemunho de Jesus Cristo (Apocalipse 12:17), ainda assim a batalha é do Senhor (1Samuel 17:47), e a vitória recai sobre aquele cujo nome é Fiel e Verdadeiro, que com justiça julga e guerreia (Apocalipse 19:11).

O terceiro fato que aparece no texto, embora não exatamente nessa ordem, é que o calcanhar do nosso Vencedor deveria ser ferido. Vocês precisam que eu explique isso? Vocês sabem como, durante toda a sua vida, o calcanhar dele, isto é, sua parte inferior, sua natureza humana, foi perpetuamente submetido a sofrimento. Ele carregou nossas doenças e tristezas (Isaías 53:4,5). Mas os ferimentos vieram principalmente quando, tanto no corpo quanto na mente, toda a sua natureza humana foi levada a agonizar, quando sua alma estava extremamente triste até à morte (Mateus 26:38), e seus inimigos traspassaram suas mãos e seus pés e Ele suportou a vergonha e a dor da morte por crucificação.

Olhem para o seu Mestre e seu Rei na cruz, todo manchado de sangue e poeira! Ali estava seu calcanhar cruelmente ferido. Quando descem aquele corpo precioso e o envolvem em linho branco e especiarias e o colocam no túmulo de José de Arimateia (Marcos 15:42-47), eles choram ao manusear aquele invólucro em que a deidade havia habitado, pois ali novamente Satanás havia ferido seu calcanhar. Não foi apenas porque Deus o feriu, "embora agradou ao Pai feri-lo" (Isaías 53:10), mas o Diabo lançou mão de Herodes, e de Pilatos, e de Caifás, e dos judeus, e dos romanos, todos eles suas ferramentas contra aquele que ele sabia ser o Cristo, de modo que foi ferido pela antiga serpente. Isso é tudo, no entanto!

É apenas o seu calcanhar, e não a sua cabeça, que está ferido! Pois eis que o Vencedor se levanta novamente, o ferimento não foi mortal nem contínuo. Embora Ele morra, ainda assim é tão breve o intervalo em que Ele repousa no túmulo que seu corpo santo não sofreu corrupção (Atos 2:25-31), e Ele sai perfeito e gracioso em seu aspecto humano, levantando-se de seu túmulo como de um sono revigorante depois de um dia de trabalho sem descanso! Oh, o triunfo daquela hora! Assim como Jacó ficou manco de sua coxa quando venceu o anjo, Jesus conserva apenas uma cicatriz no calcanhar, o qual Ele leva aos céus como sua glória e beleza. Diante do trono, Ele parece um cordeiro que foi morto (Apocalipse 5:6), mas no poder de uma vida sem fim, Ele vive para Deus (Romanos 6:10).

Depois vem o quarto fato, a saber, que enquanto seu calcanhar estava sendo ferido, Ele deveria ferir a cabeça da serpente. A figura representa o dragão infligindo um ferimento no calcanhar do vencedor, mas, no mesmo instante, o próprio Vencedor, com o mesmo calcanhar, esmaga fatalmente a cabeça da serpente. Por seus sofrimentos, Cristo derrotou Satanás, pelo calcanhar que foi ferido Ele pisou na cabeça que planejou a ferida.

> Eis que pelos filhos do inferno Ele morre;
> Mas enquanto entre a terra e os céus paira,
> Um golpe fatal no príncipe deles desfere,
> E triunfa sobre os poderes abaixo.

Meus irmãos, eu estava prestes a dizer que, embora Satanás não esteja morto — quisera Deus ele estivesse —, e embora ele não esteja convertido, e nunca o será, nem a maldade de seu coração jamais será expulsa dele, ainda assim, Cristo feriu sua cabeça de tal forma que ele falhou completamente em seu objetivo. Ele pretendia tornar a raça humana cativa do seu poder, mas ela foi redimida do seu jugo de ferro. Deus libertou muitos, e chegará o dia em que Ele limpará toda a terra do rastro viscoso da serpente, para que o mundo inteiro esteja cheio dos louvores de Deus.

O Diabo pensou que este mundo seria a arena de sua vitória sobre Deus e o bem, mas, muito pelo contrário, já é o maior palco da sabedoria, amor, graça e poder divinos. Mesmo o próprio céu não é tão resplandecente de misericórdia como a terra, pois foi aqui que o Salvador derramou seu sangue, o que não pode ser dito nem mesmo das cortes do Paraíso acima. Além disso, ele pensou, sem dúvida, que quando desencaminhou nossa raça e trouxe a morte sobre ela, ele prejudicara a obra do Senhor de modo efetivo. Ele se alegrou porque todos passariam sob o frio selo da morte e seus corpos apodreceriam no sepulcro. Ele não havia estragado a obra de seu grande Senhor?

Deus pode fazer do ser humano uma criatura interessante, com veias entrelaçadas e nervos, tendões e músculos, e Ele pode colocar em suas narinas o fôlego de vida (Gênesis 2:7). Contudo, "Ah", diz Satanás, "eu infundi nele um veneno que o tornará de volta ao pó de onde foi tirado." Mas agora, eis que nosso Vencedor, cujo calcanhar foi ferido, ressuscitou dos mortos e nos deu a promessa de que todos os seus seguidores ressuscitarão dos mortos também.

Assim Satanás é frustrado, pois a morte não reterá um osso, nem um pedaço de osso, de alguém que pertencia à semente da mulher. Ao som da trombeta do arcanjo, eles surgirão da terra e do mar (1Tessalonicenses 4:16), e este será o seu grito: "Ó morte, onde está o teu aguilhão? Ó sepultura, onde está a tua vitória?" (1Coríntios 15:55). Satanás, sabendo disso, já sente que pela ressurreição sua cabeça será quebrada. Glória ao Cristo de Deus por isso!

De inúmeras outras maneiras o Diabo foi vencido por nosso Senhor Jesus, e assim será sempre até que seja lançado no lago de fogo (Apocalipse 20:10).

II

Vejamos agora *nossa experiência e como ela corresponde a estes fatos*. Ora, irmãos e irmãs, éramos por natureza, todos quantos fomos salvos, herdeiros da ira, assim como os outros. Não importa quão piedosos foram nossos pais: o primeiro nascimento não nos trouxe vida espiritual, pois a promessa não é para aqueles que nascem do sangue, ou da vontade da carne, ou da vontade do homem, mas apenas para aqueles que nasceram de Deus (João 1:13). "O que é nascido da carne é carne" (João 3:6); não é possível torná-lo outra coisa, e ali ele permanece; e a carne, ou mente carnal, permanece na morte, "não é sujeita à lei de Deus, nem de fato, pode ser" (Romanos 8:7). Aquele que nasce neste mundo apenas uma vez e não sabe nada sobre o novo nascimento deve colocar-se entre a semente da serpente, pois somente pela regeneração podemos saber que somos a verdadeira semente.

Como Deus trata conosco, que somos seus chamados e escolhidos? Ele se dispõe a nos salvar, e como Ele opera para esse fim? A primeira coisa que Ele faz é vir até nós com misericórdia e colocar inimizade entre nós e a serpente. Essa é a primeira obra da graça. Houve paz entre nós e Satanás uma vez: quando ele nos tentava, nós cedíamos; em tudo o que ele nos ensinava, acreditávamos; éramos seus escravos voluntários. Mas talvez vocês, meus irmãos, possam se lembrar de quando, antes de tudo, começaram a se sentir inquietos e insatisfeitos, os prazeres do mundo não os agradavam mais, todo o suco parecia ter sido retirado da maçã[1] e vocês não tinham mais nada além do duro miolo, do qual vocês não poderiam se alimentar de forma alguma.

Então, de repente, vocês perceberam que estavam vivendo em pecado e que estavam infelizes com isso, e embora não conseguissem se livrar do pecado, vocês o odiaram e lamentaram com suspiros por ele, choraram e gemeram. No fundo do seu coração, vocês não permaneceram mais do lado do mal, pois começaram a clamar: "Ó miserável homem que eu sou! Quem me livrará do corpo desta morte?" (Romanos 7:24).

Vocês já estavam, desde os tempos antigos, no pacto da graça, ordenados para serem a semente da mulher, e agora o decreto começou a se manifestar na vida concedida a vocês e operar em vocês. O Senhor, em infinita

---

[1] A fruta que tradicionalmente é vista como sendo o fruto proibido do jardim do Éden.

misericórdia, derramou a vida divina em sua alma. Vocês não sabiam, mas lá estava ela: uma centelha do fogo celestial, a semente viva e incorruptível que permanece para sempre (1Pedro 1:23). Vocês começaram a odiar o pecado e gemeram sob ele como se estivesse sob um jugo que esfola: cada vez mais ele os sobrecarregava, e vocês não conseguiam suportá-lo; vocês odiavam só de pensar nele. Assim foi com vocês: é assim agora? Ainda existe inimizade entre vocês e a serpente? Na verdade, vocês são cada vez mais inimigos declarados do mal e reconhecem isso de bom grado.

Depois veio o vencedor, isto é, "Cristo em vós, a esperança da glória" (Colossenses 1:27). Vocês ouviram falar dele e entenderam a verdade sobre Ele, e pareceu uma coisa maravilhosa que Ele fosse seu substituto e ocupasse seu lugar, posição e condição, suportasse seu pecado e toda sua maldição e punição, e que Ele desse sua justiça, sim, e Ele mesmo, para vocês, para que vocês pudessem ser salvos. Ah, então vocês viram como o pecado pode ser derrotado, não viram? Assim que seu coração entendeu Cristo, vocês viram que o que a lei não podia fazer, na medida em que era fraca pela carne, Cristo foi capaz de realizar, e que o poder do pecado e de Satanás sob o qual vocês estavam em cativeiro, e que agora detestam, poderia e seria quebrado e destruído porque Cristo veio ao mundo para vencê-lo.

A seguir, vocês se lembram de como foram levados a ver a ferida no calcanhar de Cristo e a ficar maravilhados e observar o que a inimizade da serpente havia feito nele? Vocês não começaram a sentir, vocês mesmos, o calcanhar ferido? O pecado não os atormentou? Só de pensar nisso vocês não ficam irritados? Seu próprio coração não se tornou um incômodo para vocês? Satanás não começou a tentá-los? Ele não injetou pensamentos blasfemos e exortou vocês a tomar medidas desesperadas? Ele não lhes ensinou a duvidar da existência de Deus, e da misericórdia de Deus, e da possibilidade de sua salvação, e assim por diante? Esta foi a mordidela dele no seu calcanhar.

Ele ainda continua com seus velhos truques. Ele se preocupa com quem não consegue devorar com uma alegria maliciosa. Seus amigos mundanos não começaram a irritar vocês? Eles não o ignoraram porque viram algo em você tão estranho e esquisito ao gosto deles? Eles não imputaram sua conduta ao fanatismo, ao orgulho, à obstinação, à intolerância e coisas do gênero? Ah, esta perseguição é a semente da serpente começando a descobrir a semente da mulher e a continuar a antiga guerra. O que Paulo diz? "Como naquele tempo, aquele que era nascido segundo a carne perseguia o que havia nascido do Espírito, o mesmo se dá hoje" (Gálatas 4:29).

A verdadeira santidade é algo antinatural e estranho para eles, e eles não conseguem suportá-la. Embora não haja fogueiras com estacas em Smithfield, nem torturas na Torre de Londres[2], ainda assim a inimizade do coração humano para com Cristo e sua semente é exatamente a mesma, e muitas vezes se manifesta com "escárnios e açoites cruéis" (Hebreus 11:36) que são muito duros para corações ternos aguentarem. Bem, este é o seu calcanhar sendo ferido em solidariedade ao ferimento do calcanhar da gloriosa semente da mulher.

Mas, irmãos, vocês sabem algo sobre o outro fato, a saber, que vencemos, pois a cabeça da serpente está esmagada em nós? Como vocês dizem? O poder e o domínio do pecado não estão esmagados em vocês? Vocês não sentem que não podem pecar porque nasceram de Deus? Alguns pecados que já dominaram vocês não os incomodam mais. Conheci um homem culpado de falar palavrões e, desde o momento de sua conversão, ele nunca teve qualquer dificuldade no assunto. Conhecemos um homem que foi arrancado da embriaguez, e a cura pela graça divina foi maravilhosa e completa. Conhecemos pessoas libertas de uma vida impura, e elas

---

[2] Smithfield, em Londres, e a Torre de Londres foram locais em que houve torturas e execuções, incluindo de alguns cristãos dissidentes da Igreja Anglicana estatal.

imediatamente se tornaram castas e puras porque Cristo desferiu tantos golpes no antigo dragão que ele não teria poder sobre elas a esse respeito.

A semente escolhida pecará e lamentará isso, mas os salvos não são escravos do pecado, seu coração não busca essas coisas, eles têm que dizer às vezes: "O mal que não quero fazer, esse eu faço" (Romanos 7:19), mas eles ficam infelizes quando isso acontece. Eles concordam de coração com a lei de Deus de que ela é boa (1Timóteo 1:8), e suspiram e clamam para que possam ser ajudados a obedecê-la, pois não estão mais sob a escravidão do pecado, o poder e o domínio reinantes da serpente estão esmagados neles.

Eles são quebrados da seguinte maneira: a culpa do pecado se foi. O grande poder da serpente reside no pecado não perdoado. Ela clama: "Eu os tornei culpados, os coloquei sob maldição". "Não", dizemos, "fomos libertos da maldição e agora somos abençoados, pois está escrito: 'Abençoado é aquele cuja transgressão é perdoada, cujo pecado é coberto'" (Salmos 32:1). Não somos mais culpados, pois quem acusará os escolhidos de Deus de alguma coisa? Visto que Cristo justificou, quem é o que condenará? (Romanos 8:33,34). Aqui está um golpe violento na cabeça do antigo dragão, do qual ele nunca se recuperará.

Muitas vezes o Senhor também nos permite saber o que é vencer a tentação e, assim, esmagar a cabeça do demônio. Satanás nos seduz com muitas iscas; ele estudou bem nossos pontos fracos, conhece a fraqueza da carne, mas muitas e muitas vezes, bendito seja Deus, nós o frustramos completamente para sua vergonha eterna! O Diabo deve ter se sentido pequeno naquele dia quando tentou derrubar Jó, arrastou-o para um monturo, roubou-lhe tudo, cobriu-o de feridas e ainda assim não conseguiu fazê-lo ceder (Jó 1—2:10).

Jó venceu quando clamou: "Ainda que ele me mate, contudo eu confiarei nele" (Jó 13:15). Um homem fraco derrotou um demônio que podia levantar o vento e derrubar uma casa e destruir a família que estava festejando nela. Mesmo ele sendo o Diabo, e príncipe coroado das potestades do ar, ainda assim o pobre patriarca enlutado sentado no monturo e coberto de feridas, sendo uma das sementes da mulher, através da força da vida interior, conquistou a vitória sobre ele.

> Vós, filhos de Deus, oponham-se à sua ira,
> Resistam, e ele irá embora:
> Assim nosso querido Senhor o enfrentou
> E sozinho o derrotou.

Além disso, queridos irmãos, temos a esperança de que o próprio pecado que há em nós será destruído. Chegará o dia em que estaremos sem mácula ou ruga, ou qualquer coisa semelhante (Efésios 5:27); e estaremos diante do trono de Deus (Apocalipse 7:15), sem ter sofrido nenhum dano causado pela queda e por todas as maquinações de Satanás, pois "eles estão sem culpa diante do trono de Deus" (Apocalipse 14:5). Que triunfo será esse! "O Senhor esmagará em breve a Satanás debaixo de vossos pés" (Romanos 16:20). Quando Ele tiver feito vocês perfeitos e livres de todo pecado, como Ele fará, vocês realmente terão ferido a cabeça da serpente.

E ferirá a cabeça dele pela ressurreição também (1Coríntios 6:14), quando Satanás vir vocês subirem da sepultura como alguém que foi perfumado em um banho de especiarias, quando ele vir vocês surgirem à imagem de Cristo, com o mesmo corpo que foi semeado na corrupção e na fraqueza, ressuscitado na incorrupção e em poder (1Coríntios 15:35-55), então sentirá um desgosto infinito e saberá que sua cabeça está ferida pela semente da mulher.

Devo acrescentar que, toda vez que qualquer um de nós é útil na salvação de almas, repetimos, por assim dizer, o ferimento na cabeça da serpente. Quando você for, querida irmã, entre aquelas pobres crianças, e apanhá-las nas sarjetas, onde são presas de Satanás, onde ele encontra a matéria-prima para ladrões e criminosos, e quando através de seus meios, pela graça de Deus, os pequenos errantes se tornam filhos do Deus vivo, então você, na sua medida, fere a cabeça da antiga serpente. Peço para que você não a poupe. Quando, ao pregarmos o evangelho, desviamos os pecadores do erro dos seus caminhos, para que escapem do poder das trevas, novamente ferimos a cabeça da serpente.

Sempre que, de qualquer forma, vocês forem abençoados para ajudar a causa da verdade e da retidão no mundo, vocês também, que já estiveram sob o poder dela, e mesmo agora às vezes têm de sofrer com as mordidelas em seu calcanhar, vocês pisam na cabeça dela. Em todas as libertações e vitórias, vocês vencem e provam que a promessa é verdadeira: "Tu pisarás o leão e a víbora; esmagarás debaixo dos pés o leãozinho e o dragão. Porque ele pôs o seu amor sobre mim, portanto eu o livrarei; eu o colocarei no alto, porque ele conheceu o meu nome" (Salmos 91:13).

III

Falemos um pouco sobre *o encorajamento* que nosso texto e contexto nos proporcionam, pois me parece abundante.

Quero que vocês, irmãos, exerçam fé na promessa e sejam confortados. O texto evidentemente encorajou muito Adão. Não creio que tenhamos dado importância suficiente à conduta de Adão depois que o Senhor falou com ele. Observem a prova simples, mas conclusiva, que ele deu de sua fé. Às vezes, uma ação pode ser muito pequena e sem importância e, no entanto, assim como uma palha mostra para que lado sopra o vento, pode revelar imediatamente, se for refletida, todo o estado da mente do ser humano.

Adão agiu com fé de acordo com o que Deus disse, pois lemos: "E Adão chamou o nome de sua mulher Eva [ou Vida], porque ela foi a mãe de todos os viventes" (Gênesis 3:20). Ela não era mãe, mas como a vida viria através dela em virtude da semente prometida, Adão marca sua plena convicção na verdade da promessa, embora na época a mulher não tivesse dado à luz. Lá estava Adão, recém-saído da terrível presença de Deus, o que mais ele poderia dizer? Ele poderia ter dito como o profeta: "Minha carne treme com temor de ti" (Salmos 119:120), mas mesmo assim ele se vira para sua cúmplice, enquanto ela fica ali também tremendo, e ele a chama de Eva, mãe da vida que ainda estava por vir a existir.

Foi uma declaração grandiosa do Pai Adão: isso o eleva em nossa estima. Se tivesse sido deixado sozinho, teria murmurado ou pelo menos se desesperado, mas não, a sua fé na nova promessa deu-lhe esperança. Ele não pronunciou nenhuma palavra de queixa contra a condenação de cultivar com dificuldade o solo ingrato, nem da parte de Eva houve uma palavra de queixa pelas dores designadas à maternidade; cada um deles aceitou a sentença bem merecida com o silêncio que denota a perfeição de sua resignação; a sua única palavra é cheia de fé simples.

Não havia crianças em quem depositar suas esperanças, e ainda levaria muito anos até que a verdadeira semente nascesse; ainda assim, Eva será a mãe de todos os viventes, e ele a chama assim. Exerça fé, meu irmão, na revelação muito mais ampla que Deus lhe deu, e sempre extraia dela o máximo conforto. Faça questão, sempre que receber uma promessa de Deus, de tirar tudo o que puder dela; se você cumprir essa regra, será maravilhoso o conforto que você obterá. Alguns seguem o princípio de extrair o mínimo possível da Palavra de Deus. Acredito que tal plano seja o caminho adequado em relação à palavra de um homem; sempre entenda no mínimo, porque é isso que ele quer dizer; mas a Palavra de Deus deve ser entendida ao máximo, pois Ele fará muito mais do que você pede ou até mesmo pensa (Efésios 3:20).

Observem, a título de encorajamento adicional, que podemos considerar a nossa recepção da justiça de Cristo como uma parcela da derrocada final do Diabo. O versículo 21 de Gênesis 3 diz: "Também para Adão e para sua mulher fez o Senhor Deus túnicas de peles e os vestiu". Um ato muito condescendente, atencioso e instrutivo do amor divino! Deus ouviu o que Adão disse à sua esposa e viu que ele cria, e então Ele veio e deu--lhe o tipo da justiça perfeita, que é a porção daquele que crê: Ele o cobriu com vestes duradouras.

Não mais folhas de figueira, que eram um mero arremedo, mas uma vestimenta bem ajustada, obtida através da morte de uma vítima; o Senhor traz essa vestimenta e coloca sobre ele, e Adão não poderia mais dizer: "Estou nu", pois Deus o havia vestido. Agora, amados, vamos tirar da promessa que nos foi dada a respeito da vitória de nosso Senhor sobre o Diabo, este único item e nos alegrarmos nele, pois Cristo nos livrou do poder da serpente que abriu nossos olhos e nos disse que estávamos nus (Gênesis 3:7), cobrindo-nos da cabeça aos pés com uma justiça que nos adorna e protege, para que estejamos confortáveis no coração e belos aos olhos de Deus, e não tenhamos mais vergonha.

Além disso, como forma de encorajamento na busca por uma vida cristã, eu diria aos jovens: esperem que sejam atacados. Se vocês passaram por problemas por ser cristãos, sejam encorajados por isso; não se arrependam ou temam, mas regozijem-se nesse dia e saltem de alegria (Lucas 6:23), pois este é o sinal constante da aliança. Ainda existe inimizade entre a semente da mulher e a semente da serpente, e se vocês não experimentaram nada disso, podem começar a temer estar do lado errado. Agora que vocês sofrem dores atrozes sob o escárnio do sarcasmo e da opressão, regozijem-se e triunfem, pois agora vocês são participantes da gloriosa semente da mulher na ferida do calcanhar dele.

Ainda mais encorajamento vem disso: seu sofrimento como cristão não é trazido sobre vocês por causa de vocês mesmos; vocês são parceiro da grande semente da mulher; vocês são coligados a Cristo.

Vocês não devem pensar que o Diabo se preocupa muito com vocês: a batalha é contra Cristo em vocês. Ora, se vocês não estivessem em Cristo, o Diabo nunca os incomodaria. Quando vocês estavam sem Cristo no mundo, vocês poderiam ter pecado como quisessem; seus parentes e colegas de trabalho não teriam ficado nem um pouco entristecidos com vocês; eles prefeririam ter se juntado a vocês nisso; mas agora, a semente da serpente odeia Cristo em vocês. Isto exalta os sofrimentos da perseguição a uma posição muito acima de todas as aflições comuns.

Ouvi falar de uma mulher que fora condenada à morte nos tempos da rainha Mary[3] e, antes que chegasse a hora de ser queimada, nasceu-lhe um filho e ela chorou de tristeza. Um adversário perverso, que estava por perto, disse: "Como você suportará morrer pela sua religião se grita desse jeito?". "Ah", disse ela, "agora sofro em minha própria pessoa como mulher, mas então não sofrerei, mas Cristo sofrerá em mim". Essas palavras não foram vãs, pois ela suportou seu martírio com paciência exemplar e subiu em sua carruagem de fogo em santo triunfo para o céu. Se Cristo estiver em você, nada o desanimará, mas você vencerá o mundo, a carne e o Diabo pela fé.

Por último, resistamos ao Diabo sempre com a crença de que ele recebeu um golpe fatal na cabeça. Estou inclinado a pensar que a maneira de Lutero rir do Diabo foi muito boa[4], pois ele é digno de vergonha e desprezo eternos. Certa vez, Lutero jogou um tinteiro em sua cabeça quando ele o tentava muito, e embora o ato em si pareça bastante absurdo, ainda assim foi um verdadeiro tipo do que aquele grande reformador foi durante

---

[3] Mary I ou Maria I (1516-1558) foi rainha reinante da Inglaterra e Irlanda de 1553 até sua morte, além de rainha consorte da Espanha e dos domínios dos Habsburgo como esposa do rei Felipe II a partir de 1556. É lembrada por suas tentativas enérgicas de reverter a Reforma Inglesa que começara no reinado de seu pai, Henrique VIII. Ela executou 280 religiosos dissidentes na fogueira.

[4] Há duas citações de Lutero sobre rir do Diabo: (1) "Muitas vezes rio de Satanás, e não há nada que o deixe tão irritado como quando eu o ataco na cara e lhe digo que, através de Deus, sou mais do que páreo para ele". (2) "A melhor maneira de expulsar o Diabo, se ele não ceder aos textos das Escrituras, é zombar dele e escarnecê-lo, pois ele não suporta o desprezo."

toda a sua vida, pois os livros que ele escreveu foram verdadeiramente um arremesso de tinteiro na cabeça do demônio.

É isso que temos que fazer: devemos resistir-lhe por todos os meios (Tiago 4:7). Façamos isso com coragem e digamos-lhe que não temos medo dele na sua cara. Digam-lhe que se lembre da cabeça ferida, que ele tenta cobrir com uma coroa de orgulho, ou com uma capa de um papa, ou com uma toga de um doutor infiel. Nós o conhecemos e vemos a ferida mortal que ele carrega. Seu poder se foi, ele está travando uma batalha perdida, está lutando contra a Onipotência. Ele se colocou contra o juramento do Pai, contra o sangue do Filho encarnado, contra o poder eterno e a Divindade do Espírito bendito, todos os quais estão empenhados na defesa da semente da mulher no dia da batalha. Portanto, irmãos, sejam firmes em resistir ao maligno, sejam fortes na fé, dando glória a Deus:

> É por teu sangue, Cordeiro imortal,
> que teus exércitos esmagam o tentador;
> É por tua palavra e nome poderosos
> que eles ganham a batalha e a reputação.
>
> Regozijai-vos, oh céus; que cada estrela
> brilhe com novas glórias ao redor do céu:
> Santos, enquanto cantais a guerra celestial,
> Elevem ao alto o nome do seu Libertador.

SERMÃO PROFERIDO EM 1876.

3

CRISTO, AQUELE QUE VENCEU O MUNDO

Tende bom ânimo, eu venci o mundo.
João 16:33

QUANDO essas palavras foram ditas, nosso Salvador estava prestes a deixar seus discípulos para ser morto por causa deles. Sua grande ansiedade era que eles não ficassem muito abatidos pelas provações que lhes sobreviriam. Desejava preparar-lhes a mente para as pesadas tristezas que os aguardavam, enquanto os poderes das trevas e as pessoas do mundo exerciam sobre Ele a sua vontade. Agora observem, amados, que nosso Senhor Jesus, em quem habita a sabedoria infinita, conhecia todas as fontes secretas de conforto e todas as fontes sagradas de consolação no céu e sob o céu, e ainda assim, para consolar seus discípulos, não falou de mistérios celestiais nem de segredos escondidos no íntimo de Deus, mas falou de si mesmo.

Não nos ensina Ele, então, que não há bálsamo para o coração como Ele mesmo, e nenhum consolo de Israel comparável à sua pessoa e à sua obra? Se até mesmo um Barnabé divino, um filho primogênito da consolação[1] como o próprio Senhor, deve apontar para o que Ele mesmo fez para que possa fazer com que seus seguidores tenham bom ânimo, então quão sábio deve ser para os ministros pregar muito sobre Jesus como forma de encorajamento aos aflitos do Senhor, e quão prudente é para os enlutados olharem para Ele em busca do conforto de que necessitam.

"Tende bom ânimo", disse Ele, "eu" — algo sobre Ele mesmo — "venci o mundo". Então, amados, em todos os momentos de depressão de espírito, apressem-se para o Senhor Jesus Cristo! Sempre que os cuidados desta vida o sobrecarregarem e o seu caminho parecer difícil para os seus pés cansados, voem para o seu Senhor! Pode haver outras fontes de consolo, mas elas nem sempre servirão perfeitamente. Nele, porém, habita uma tal plenitude de conforto que, seja no verão, seja no inverno, os rios de conforto estão sempre fluindo! Em sua posição elevada ou inferior, e de qualquer lugar de onde seu problema possa surgir, vocês podem recorrer imediatamente a Ele, e descobrirão que Ele fortalece as mãos cansadas e firma os joelhos fracos (Hebreus 12:12).

Uma observação adicional sugere que o Senhor Jesus deve ser mais do que um ser humano pelo tom que Ele assumiu. Há certas pessoas que negam a Divindade de nosso Senhor e ainda assim pensam bem de Jesus como ser humano. Na verdade, elas proferiram muitas coisas altamente elogiosas a respeito do caráter dele. Mas eu me pergunto por que não lhes ocorre que haja muita suposição, presunção, orgulho, egoísmo e todo aquele estilo de loucura neste ser humano, se Ele não é nada mais do que

---

[1] Barnabé é o apelido dado a um cristão judeus cipriota chamado José, companheiro de Paulo (Atos 4:36). Nessa passagem, é dito que esse apelido significa "filho da consolação". Spurgeon atribui aqui essa alcunha ao Senhor Jesus como sendo o "filho da consolação" por excelência.

um ser humano! Pois qual ser humano bom, a quem vocês gostariam de imitar, diria aos outros: "Tende bom ânimo, eu venci o mundo"? Isso é demais para um mero ser humano dizer!

O Senhor Jesus Cristo frequentemente falava sobre si mesmo e sobre suas ações, recomendando-se a seus discípulos de maneiras que um homem comum e humilde jamais poderia fazer. O Senhor certamente era manso e humilde de coração (Mateus 11:29), mas nenhum ser humano assim se vangloriaria disso para os outros. Há uma inconsistência aqui que ninguém pode explicar, exceto aqueles que creem que Ele é o Filho de Deus! Compreenda que ele é divino, coloque-o em sua verdadeira posição falando da excelência de sua divindade aos seus discípulos, e então você pode compreender seu modo de falar, sim, torna-se infinitamente apropriado e belo. Negue sua divindade, e eu, por exemplo, sou completamente incapaz de entender como as palavras diante de nós, e outras semelhantes a elas, poderiam ter saído de seus lábios, pois ninguém ousaria dizer que ele era arrogante! Bem-aventurado és tu, ó Filho do homem, tu também és Filho de Deus e, portanto, não apenas nos falas com a ternura compassiva de um irmão, mas com a autoridade majestosa do Unigênito do Pai! Divinamente condescendentes são tuas palavras: "Eu venci o mundo".

Se vocês olharem para esta afirmação de Jesus sem os olhos da fé, ela não tem uma aparência extraordinária? Como poderia o homem traído de Nazaré dizer: "Eu venci o mundo"? Podemos imaginar Napoleão falando assim quando esmagou as nações sob os seus pés e moldou o mapa da Europa à sua vontade. Podemos imaginar Alexandre falando assim quando saqueou os palácios da Pérsia e levou seus antigos monarcas cativos. Mas quem é este que fala assim? É um galileu que veste roupas de camponês e se associa com os pobres e os pecadores!

Ele não tem riqueza, nem posição secular, nem honra entre as pessoas, e ainda assim fala de ter vencido o mundo! Ele está prestes a ser traído por seu próprio seguidor vil (Mateus 26:14-16), que o entregará nas mãos de seus inimigos, e será levado ao julgamento e à morte, e ainda assim Ele diz: "Eu venci o mundo". Ele está olhando para sua cruz com toda a sua vergonha e para a morte que dela resultava, e ainda assim Ele diz: "Eu venci o mundo".

Ele não tinha onde reclinar a cabeça (Lucas 9:28). Ele não tinha um discípulo que pudesse defendê-lo, pois Ele acabara de dizer: "vós sereis dispersos, cada homem para o que é seu, e me deixareis só" (João 16:32). Ele seria acusado de blasfêmia e sedição e levado perante o juiz, e não encontraria ninguém que se importasse com sua geração (Isaías 53:8). Ele deveria ser entregue a soldados brutais para ser escarnecido, maltratado e cuspido! (Lucas 18:32). Suas mãos e pés seriam pregados na cruz (Lucas 23:33) para que Ele morresse a morte de um criminoso, e ainda assim Ele disse: "Eu venci o mundo".

É incrível, mas é verdade! Ele não falou de acordo com a perspectiva carnal, nem segundo o que se vê. Devemos usar a ótica da fé aqui e olhar através do véu: então veremos não apenas a desprezada forma física do Filho do homem, mas a alma interior, nobre e conquistadora que transformou a vergonha em honra e a morte em glória! Que o Espírito Santo de Deus nos ajude a olhar além das aparências e ver a essência, e ver de que forma maravilhosa a morte vergonhosa foi a vestimenta grosseira que ocultou a vitória incomparável dos olhos quase cegos do ser humano carnal!

Durante as duas últimas manhãs do domingo, falei de nosso Senhor Jesus Cristo: primeiro, como o fim da lei e, segundo, como aquele que venceu a antiga serpente. Agora, passamos a falar dele como aquele que venceu o mundo. Dirigindo-se aos seus discípulos, Ele disse: "Tende bom ânimo, eu venci o mundo."

Ora, o que é este mundo do qual Ele fala? E como Ele o venceu? E que há nisso para nos animar?

I

O que é este mundo ao qual Ele se refere? Dificilmente conheço uma palavra que seja usada com tantos sentidos como esta palavra "mundo". Se vocês abrirem suas Bíblias, encontrarão a palavra "mundo" usada de maneiras muito diferentes, pois há um mundo que Cristo fez: "Ele estava no mundo, e o mundo foi feito por ele" (João 1:10), isto é, o mundo físico. Há um mundo que Deus amou tanto que deu seu Filho unigênito, para que todo o que nele crê não pereça (João 3:16). Existem diversas formas desse significado favorável. Além disso, há um mundo, o mundo aqui referido, que "jaz no maligno" (1João 5:19) — um mundo que não conhece Cristo, mas que se opõe cada vez mais a Ele: um mundo pelo qual Ele diz que não ora (João 17:9) e um mundo que Ele não deseja que amemos: "Não ameis o mundo, e nem as coisas que estão no mundo" (1João 2:15).

Sem entrar nesses vários significados e nuances, que são muito abundantes, digamos apenas que mal sabemos como definir o que aqui se quer dizer com tantas palavras, embora saibamos muito bem o que se quer dizer. As Escrituras não nos dão definições, mas usam a linguagem de maneira popular, pois falam às pessoas comuns. "O mundo" é muito equivalente à "semente da serpente", da qual falamos no domingo passado. O mundo aqui significa a personificação visível daquele espírito do mal que estava na serpente e que agora opera nos filhos da desobediência (Efésios 2:2). É a forma humana da mesma força maligna com a qual nosso Senhor lutou quando venceu o Diabo. Significa o poder do mal na massa não regenerada da humanidade, a energia e o poder do pecado que habita naquela parte do mundo que permanece na morte e jaz no maligno. O Diabo é o deus deste mundo (2Coríntios 4:4) e o príncipe deste mundo (Efésios 2:2), e, portanto, aquele que é amigo deste mundo é inimigo de Deus! (Tiago 4:4).

O mundo é o oposto da igreja. Há uma igreja que Cristo redimiu e escolheu do mundo e separou para si mesmo dentre os seres humanos. E destes renovados pelo poder da graça divina, Ele diz: "Vocês não são do mundo, assim como eu não sou do mundo" (João 17:16), e novamente: "porque não sois do mundo, antes eu vos escolhi do mundo, por isso é que o mundo vos odeia" (João 15:19). Ora, o restante da humanidade não compreendida entre os escolhidos, os remidos, os chamados, os salvos, é chamado de mundo. Destes, nosso Senhor disse: "Ó Pai justo, o mundo não te conheceu" (João 17:25). E João disse: "O mundo não nos conhece, porque não o conheceu" (1João 3:1).

Este é o poder que demonstra uma inimizade mortal contra Cristo e contra seus escolhidos; por isso é chamado de "o presente mundo maligno" (Gálatas 1:4), enquanto o reino da graça é chamado de "o mundo vindouro" (Hebreus 6:5). Este é o mundo do qual se diz: "O que é nascido de Deus vence o mundo" (1João 5:4).

Vocês verão que "o mundo" inclui os próprios ímpios, bem como a força do mal neles, mas os distingue, não como criaturas nem mesmo como pessoas que pecaram, mas como não regenerados, carnais e rebeldes e, portanto, como personificações vivas de um poder maligno que opera contra Deus; e assim lemos sobre "o mundo dos ímpios" (2Pedro 2:5).

Talvez eu deva acrescentar que, da existência de seres humanos não convertidos e da prevalência do pecado neles, surgiram certos costumes, modas, máximas, regras, modos, maneiras, forças, tudo o que compõe o que é chamado "o mundo", e há também certos princípios, desejos, concupiscências, governos e poderes que também constituem uma parte da coisa maligna chamada "o mundo". Jesus diz: "O meu reino não é deste mundo" (João 18:36). Tiago fala sobre nos mantermos "sem manchas do mundo" (Tiago 1:27). João diz: "O mundo passa, e a sua concupiscência" (1João 2:17); e Paulo diz: "Não sede conformados com este mundo, mas sede transformados" (Romanos 12:2).

Além disso, posso dizer que a atual constituição e arranjo de todas as coisas neste estado decaído podem ser compreendidos no termo "mundo", pois tudo ficou sob a vaidade por causa do pecado (Romanos 8:20), e as coisas não estão hoje de acordo com o plano original do Altíssimo, tal como foi concebido para o ser humano na sua inocência. Eis que há provações e problemas surgindo de nossa própria existência nesta vida, da qual é dito: "No mundo tereis tribulações" (João 16:33). A muitos filhos de Deus sobrevieram fome, doenças, sofrimento, crueldade e várias formas de mal que não pertencem ao mundo vindouro, nem ao reino que Cristo estabeleceu, mas que lhes sobrevêm porque estão neste presente mundo mau, que se tornou assim porque a raça dos seres humanos caiu sob a maldição e consequência do pecado.

Ora, o mundo é tudo isso junto, esse grande conglomerado de maldade entre os seres humanos, esse mal que habita aqui e ali e em todos os lugares onde quer que os seres humanos estejam espalhados — isso é o que chamamos de "mundo". Cada um de nós sabe o que é isso melhor do que podemos dizer a qualquer outra pessoa, e talvez enquanto estou explicando, eu esteja mais confundindo do que esclarecendo.

Vocês sabem exatamente o que o mundo significa para alguns de vocês. Na forma externa, pode ser apenas a sua própria família pequena, mas sua influência vai muito além disso. O seu mundo real pode estar confinado à sua própria casa, mas os mesmos princípios entram no círculo doméstico que permeia reinos e estados. Para outros, o mundo tem uma grande extensão, pois eles necessariamente se encontram com ímpios nos negócios, e devemos fazer isso, a menos que queiramos sair completamente do mundo, o que não faz parte do plano de nosso Senhor, pois Ele diz: "Eu não oro para que tu os tires do mundo" (João 17:15).

Para alguns que contemplam toda a humanidade e são chamados a considerar cuidadosamente a todos porque devem ser mensageiros de Deus para eles, o mundo inclui as tendências malignas da mente humana, o espírito das ações dos homens contra Deus em todas as nações e épocas — todos esses elementos contribuem para a compreensão de "mundo".

Seja o que for, é algo de onde certamente virão tribulações, Cristo nos diz isso. Podem vir na forma de provação material de uma maneira ou de outra; podem vir na forma de tentação que nos atinge violentamente por parte de nossos semelhantes; podem vir na forma de perseguição em maior ou menor grau, de acordo com a nossa posição, mas virão: "No mundo tereis tribulações" (João 16:33).

Somos peregrinos num país inimigo (1Pedro 2:11), e o povo da terra onde permanecemos não é nosso amigo e não nos ajudará na nossa peregrinação ao céu. Todas as pessoas espirituais do mundo são nossas amigas, mas, como nós, elas estão no mundo, mas não fazem parte dele. Do reino deste mundo, do qual Satanás é senhor (2Coríntios 4:4), devemos esperar uma oposição feroz, contra a qual devemos lutar até a vitória, se quisermos entrar no descanso eterno (Hebreus 4:11).

II

Agora, isso me leva ao tópico mais interessante, em segundo lugar: *como Cristo venceu o mundo?* E nós respondemos: primeiro Ele o fez por meio de sua vida; depois, por meio de sua morte; e, finalmente, por meio de sua ascensão e reinado.

Primeiro, Cristo venceu o mundo em sua vida. Este é um estudo maravilhoso: a vitória do mundo na vida de Cristo. Acredito que aqueles primeiros trinta anos, dos quais sabemos tão pouco, foram uma preparação maravilhosa para o seu conflito com o mundo. Mesmo que estivesse confinado à carpintaria, obscuro e desconhecido do grande mundo exterior, ainda assim, na verdade, Ele não foi apenas se preparando para a batalha, mas estava começando a vencê-la.

Na paciência que o fez esperar a hora, vemos o amanhecer da vitória. Quando temos a intenção de fazer o bem e vemos o mal e o pecado triunfantes em todos os lugares, ficamos ansiosos para começar: mas suponhamos que não fosse a vontade do grande Pai que nos envolvêssemos imediatamente na briga, quão grande seria a força com que o mundo nos tentaria para avançarmos antes do nosso tempo? Uma transgressão da disciplina pode ser causada por excesso de zelo, e isso viola a lei da obediência tanto quanto a estupidez ou a preguiça o fariam.

Era considerado culpado o soldado romano que, estando o exército com ordens para que nenhum homem desferisse um golpe na ausência do líder, mesmo assim avançava e matava um gaulês; o ato era de bravura, mas contrário à disciplina militar e poderia trazer resultados desastrosos, e por isso foi condenado. Assim acontece às vezes conosco: antes de estarmos prontos, antes de recebermos a nossa comissão, temos pressa em dar um passo à frente e destruir o inimigo.

O mundo deve ter tentado Cristo dessa maneira: muitas vezes, quando Ele ouvia falar do que estava acontecendo no reino do erro e da hipocrisia, seus impulsos benevolentes podem ter sugerido a Ele estar sempre em ação, não fosse Ele incapaz de desejos errados. Sem dúvida, Ele estava disposto a curar os enfermos. A terra não estava cheia de pessoas sofrendo? Ele estaria salvando almas com prazer. Elas não estavam caindo na cova aos milhares? Ele teria de bom grado refutado o erro, pois a falsidade estava realizando uma obra mortal, mas sua hora ainda não havia chegado (João 2:4).

Nosso Senhor e Mestre, no entanto, não tinha nada a dizer até que seu Pai lhe ordenasse falar. Sabemos que Ele estava fortemente sob o impulso de agir, pois quando subiu ao templo disse: "Não sabeis que eu devo cuidar dos negócios de meu Pai?" (Lucas 2;49). Essa declaração revelou a chama que queimava dentro de sua alma, e mesmo assim Ele não estava pregando, nem curando, nem debatendo, mas ainda permanecia na obscuridade todos aqueles trinta anos, porque Deus assim quis. Quando o Senhor quer que nos aquietemos, estamos fazendo melhor a sua vontade ficando quietos, mas ainda assim ficar parado e calmo por tanto tempo foi um exemplo maravilhoso de como todos os ambientes ao seu redor não conseguiam dominá-lo, nem mesmo quando pareciam favorecer sua bondade para com o próximo; Ele ainda permaneceu obediente a Deus e assim provou ser aquele que vence o mundo.

Quando ele aparece publicamente em cena, vocês sabem como Ele vence o mundo de muitas maneiras. Primeiro, permanecendo sempre fiel ao seu testemunho. Ele nunca o modificou, nem mesmo com uma única palavra para agradar aos filhos dos homens. Desde o primeiro dia em que Ele começou a pregar até a frase final que proferiu, tudo era verdade e nada além de verdade, verdade sem o colorido do sentimento predominante, sem a contaminação do erro popular. Ele não disfarçou, à maneira dos jesuítas, sua doutrina[2], moldando-a de tal forma que as pessoas dificilmente saberiam qual era o próprio erro em que foram criadas, mas falou de forma clara, e se opôs a todos os poderes que governavam o pensamento e a crença da época.

Ele não retinha a verdade. Ele permitia que a verdade travasse suas próprias batalhas à sua maneira, e vocês sabem como ela abre o peito aos dardos de seu antagonista e encontra em sua própria vida imutável, imortal e invulnerável seu escudo e sua lança. Seu discurso era confiante, pois sabia

---

[2] Jesuíta é um membro da Companhia de Jesus, uma ordem religiosa masculina católica fundada em 1534 e que foi, por alguns séculos, muito importante e influente na Europa e em suas colônias, principalmente nas Américas e na Ásia. Seus membros eram reconhecidos por sua erudição e influência política, além de sua prosperidade material. Seu fundador, Inácio de Loyola, instruía seus membros a fazerem "todas as coisas para todos os homens, para que pudessem por todos os meios salvar alguns" (1Coríntios 9:22), chamado isso de "acomodação [da fé]". Assim, eles procuravam adaptar o evangelho o mais possível à cultura local para melhor entendimento e aceitação, chegando ao ponto de diluir a mensagem de modo a distorcê-la, de acordo com seus opositores.

que a verdade venceria no longo prazo e, portanto, expôs sua doutrina sem respeitar a época ou seus preconceitos.

Não creio que se possa dizer isso do ministério de outra pessoa, nem mesmo dos melhores e mais corajosos dos seus servos. Podemos ver, ao olhar para Lutero, o grande e glorioso Lutero[3], como o romanismo[4] tingiu mais ou menos tudo o que ele fez; e as trevas da época lançaram alguma escuridão até mesmo sobre a alma serena e firme de Calvino[5]; de cada um dos reformadores devemos dizer o mesmo: por mais brilhantes que fossem todas essas estrelas, ainda assim não se mantiveram imaculados pela esfera em que brilhavam. Cada um é mais ou menos afetado pela sua época, e somos obrigados, à medida que lemos a história, a fazer concessões contínuas, pois todos admitimos que não seria justo julgar as pessoas de tempos passados pelos padrões do século 19.

Senhores, vocês podem testar Cristo Jesus, se quiserem, pela luz do século 19, se é que isso é luz; vocês podem julgá-lo por qualquer século, sim, vocês podem julgá-lo pela luz brilhante do trono de Deus: seu ensino é a verdade pura, sem qualquer mistura, e resistirá ao teste do tempo e da eternidade. Seu ensino não foi afetado pelo fato de Ele ter nascido judeu, nem pela prevalência das tradições rabínicas, nem pelo desenvolvimento da filosofia grega, nem por qualquer outra das influências peculiares da época. Seu ensino estava no mundo, mas não pertencia ao mundo, nem era tingido por ele. Era a verdade tal como Ele a recebeu do Pai, e o mundo

---

[3] Martinho Lutero (1483-1546) foi um monge e sacerdote católico agostiniano, teólogo, escritor, hinólogo, e professor de teologia alemão que se tornou uma das figuras centrais da primeira geração da Reforma Protestante. Suas crenças teológicas formaram a base do movimento luterano e, mais tarde, da Igreja Luterana.

[4] Relacionado à Igreja Católica Romana.

[5] João Calvino (1509-1564) foi um teólogo, pastor e escritor francês. Foi um dos principais líderes da segunda geração da Reforma Protestante, especialmente nos países europeus de língua francesa. Ele elaborou um sistema de crenças baseado em Agostinho, mais tarde chamado de calvinismo, o qual influenciou várias igrejas. Foi o autor de *As institutas da religião cristã* (ou *A Instituição da religião cristã*, ou *As institutas cristãs*).

não poderia fazê-lo acrescentar nada a ela, ou tirar alguma coisa dela, ou mudá-la no mínimo grau, e portanto, neste aspecto, Ele venceu o mundo.

Observem-no a seguir na profunda calma que permeava seu espírito nos momentos em que Ele recebia a aprovação das pessoas. Nosso Senhor foi muito popular em certos momentos. As pessoas aglomeravam-se ao seu redor enquanto suas mãos benevolentes espalhavam cura por todos os lados. Como elas o aprovaram quando Ele as alimentou; mas com que clareza Ele viu através daquela aprovação egoísta quando disse: "Vós me procurais por causa dos pães e dos peixes" (João 6:26).

Ele nunca perdeu o autocontrole: vocês nunca o encontram exultante com as multidões que o seguem. Não existe uma expressão que Ele tenha usado que contenha sequer uma suspeita de autoglorificação. Em meio às "hosanas" deles, sua mente repousa silenciosamente em Deus. Ele deixa as aclamações e aplausos para se refrescar com a oração nas montanhas frias, no ar da meia-noite. Ele teve comunhão com Deus e, portanto, viveu acima dos louvores humanos. Ele caminhou entre os seres humanos, santo, inofensivo, imaculado e separado dos pecadores, mesmo quando eles o teriam levado à força e feito dele rei.

Uma vez Ele cavalgou em triunfo, como muitas vezes poderia ter feito se quisesse, mas foi em um estilo tão humilde que sua pompa era muito diferente da dos reis, uma manifestação de humildade, em vez de uma demonstração de majestade. Entre as "hosanas" voluntárias das criancinhas e daqueles a quem Ele abençoou, Ele cavalga (Marcos 11:7-10), mas vocês podem ver que Ele não se entrega a nenhum dos pensamentos de um conquistador do mundo, a nenhuma das ideias orgulhosas do guerreiro que retorna da batalha manchado com sangue. Não; Ele ainda é tão manso, gentil e bondoso como sempre foi, e seu triunfo não contém um grão de exaltação própria. Ele havia vencido o mundo.

O que o mundo poderia lhe dar, irmãos? Uma natureza imperial como a dele, na qual a humanidade mantinha uma comunhão tão estreita com a

Deidade que não é fácil de imaginar, o que havia aqui embaixo para causar orgulho nele? Se a trombeta da fama tivesse soado a sua nota mais alta, o que poderia ser comparado com as canções de querubins e serafins, a que sua carruagem estava habituada ao longo de todos os tempos? Não; aliada à sua divindade, a sua humanidade era superior a todas as artes da bajulação e a todas as honras que os seres humanos lhe pudessem oferecer. Ele venceu o mundo.

Ele era o mesmo quando o mundo tentou outro plano contra Ele. O mundo o desaprovou, mas Ele ainda estava calmo. Ele mal havia começado a pregar e eles o teriam lançado de cabeça no topo da colina (Lucas 4:29-31). Vocês não esperam, enquanto o levam apressadamente para o precipício, vê-lo virar-se sobre eles e denunciá-los pelo menos com palavras ardentes, como as usadas por Elias? Mas não, Ele não fala uma palavra raivosa; Ele se esquiva e sai do meio deles.

Na sinagoga, muitas vezes rangiam os dentes contra Ele com malícia, mas se alguma vez Ele ficou indignado, não foi por causa de algo dirigido contra Ele; Ele sempre suportou tudo e quase nunca pronunciou uma palavra em resposta a ataques meramente pessoais. Se calúnias fossem acumuladas sobre Ele, Ele prosseguia com tanta calma como se não o tivessem insultado, nem desejado matá-lo.

Quando Ele é levado perante seus juízes, que diferença existe entre o Mestre e seu servo Paulo! Ele está ferido, mas não diz como Paulo: "Deus te ferirá, parede caiada" (Atos 23:3); não, mas como um cordeiro diante de seus tosquiadores, ele fica mudo e não abre a boca (Isaías 53:7). Se eles pudessem tê-lo irritado, eles o teriam vencido; mas Ele ainda amava; Ele era gentil, quieto, paciente, por mais que o provocassem. Apontem-me uma palavra impaciente. Não há sequer uma tradição de um olhar irado que Ele tenha lançado por causa de qualquer ofensa feita a si mesmo.

Eles não poderiam afastá-lo de seus propósitos de amor nem poderiam obrigá-lo a dizer ou fazer algo que fosse contrário ao amor perfeito. Ele não invoca nenhum fogo do céu (Lucas 9:51-56), nenhuma ursa sai da floresta para devorar aqueles que zombaram dele (2Reis 2:23-25). Não; Ele pode dizer: "Eu venci o mundo", pois quer sorria, quer olhe com desaprovação, na perfeita paz e tranquilidade do seu espírito, na deliciosa calma da comunhão com Deus, o Homem de Dores (Isaías 53:3) mantém-se firme no seu caminho de vitória.

Sua vitória será vista sob outro aspecto: Ele venceu o mundo no que diz respeito à ausência de egoísmo em seus objetivos. Quando os seres humanos se encontram num mundo como este, geralmente dizem: "Qual é o nosso mercado? Como podemos lucrar com ele?". É assim que eles são treinados desde a infância. "Moço, você tem que batalhar para conseguir subir na vida; lembre-se de cuidar dos seus próprios interesses e ser alguém nesse mundo." O livro que é recomendado ao jovem mostra a ele como fazer o melhor uso de todas as coisas para si mesmo, ele deve cuidar do "número um" e ter a chance principal. Seus sábios instrutores dizem ao menino: "Você deve cuidar de si mesmo ou ninguém mais olhará para você: e o que quer que você faça pelos outros, tenha dupla certeza de proteger seus próprios interesses".

Essa é a prudência do mundo, a essência de toda a sua política, a base da sua economia política. Cada um e cada nação deve cuidar de si mesmo: se desejam qualquer outra política ou economia, serão considerados teóricos tolos e provavelmente um pouco malucos. O eu é o ser humano, a lei mundial de autopreservação é o governo soberano, e nada pode funcionar corretamente se você interferir no evangelho do egoísmo; assim nos asseguram os salomões comerciais e políticos.

Agora, olhem para o Senhor Jesus Cristo quando Ele estava no mundo e vocês não aprenderão nada sobre tais princípios, exceto sua condenação: o mundo não poderia vencê-lo levando-o a um modo de ação egoísta. Alguma vez entrou na alma dele, mesmo que por um momento, o que Ele poderia fazer para si mesmo? Havia riquezas, mas Ele não tinha onde reclinar a cabeça (Lucas 9:58). As poucas provisões que Ele tinha, Ele entregou aos cuidados de Judas (João 12:6), e enquanto houvesse pobres na terra eles certamente compartilhariam o que estava na sacola (Deuteronômio 15:11).

Ele possuía tão poucos bens, ações e fundos que nenhuma menção a tais coisas é feita por nenhum de seus quatro biógrafos. Ele havia se elevado total e completamente acima do mundo nesse aspecto; pois de qualquer mal que os infiéis mais rancorosos já acusaram nosso Senhor, eles nunca, que eu saiba, o acusaram de avareza, ganância ou egoísmo de qualquer forma. Ele havia vencido o mundo.

Então, novamente, o Mestre venceu o mundo ao não se rebaixar para usar o poder mundano. Ele não usou aquela forma de poder que é peculiar ao mundo, mesmo para propósitos altruístas. Eu consigo imaginar uma pessoa, mesmo sem o Espírito de Deus, se elevando acima das riquezas e desejando apenas a promoção de algum grande princípio que tenha possuído seu coração; mas vocês geralmente notarão que, quando as pessoas fizeram isso, elas estavam prontas para promover o bem através do mal, ou pelo menos julgaram que grandes princípios poderiam ser impostos pela força das armas, ou dos subornos, ou da política.

Maomé compreendeu uma grande verdade quando disse: "Não há deus, exceto Deus"[6]. A unidade da divindade é uma verdade de extremo valor; mas aí vem o meio a ser usado para a propagação desta grande verdade: a cimitarra[7]. "Cortem as cabeças dos infiéis! Se eles têm deuses falsos, ou não reconhecem a unidade da divindade, eles não estão aptos a viver."

Vocês conseguem imaginar nosso Senhor Jesus Cristo fazendo isso? Pois então, o mundo o teria vencido. Mas Ele venceu o mundo porque não empregou em nenhum grau esta forma de poder. Ele poderia ter

---

[6] O primeiro dos cinco pilares da fé islâmica afirma: "Não há deus senão Alá".
[7] Espada de lâmina curva usada por guerreiros muçulmanos. Os líderes islâmicos foram conquistadores que impuseram sua religião a muitos povos conquistados.

reunido uma tropa ao seu redor, e seu exemplo heroico, junto com seu poder milagroso, logo deveriam ter varrido o império romano e convertido os judeus; e então, através da Europa, da Ásia e da África, suas legiões vitoriosas poderiam ter pisoteado todo tipo de mal, e com a cruz como estandarte e a espada como arma, os ídolos teriam caído, e o mundo inteiro teria sido forçado a curvar-se a seus pés.

Mas não! Quando Pedro desembainha a espada, Ele diz: "Põe a tua espada em seu lugar; porque todos os que lançarem mão da espada, hão de perecer com a espada" (Mateus 26:52). Ele disse bem: "O meu reino não é deste mundo; caso contrário, os meus servos lutariam" (João 18:36).

E Ele poderia, se quisesse, ter aliado sua igreja ao Estado, como seus amigos equivocados fizeram nestes tempos degenerados, e então poderia ter havido leis penais contra aqueles que ousaram discordar, e poderia ter havido contribuições forçadas para o sustento de sua igreja e coisas desse tipo. Vocês leram, ouso dizer, sobre tais coisas sendo feitas, mas não nos Evangelhos, nem nos Atos dos Apóstolos. Essas coisas são feitas por aqueles que se esquecem do Cristo de Deus, pois Ele não usa nenhum instrumento senão o amor, nenhuma espada senão a verdade, nenhum poder senão o Espírito Eterno, e, pelo próprio fato de ter colocado de lado todas as forças mundanas, Ele venceu o mundo.

Logo, irmãos, Ele venceu o mundo por não temer a elite do mundo, pois muitos que enfrentaram os olhares de reprovação da multidão não conseguem suportar as críticas dos poucos que pensam ter monopolizado toda a sabedoria. Mas Cristo encontra o fariseu, e não presta nenhuma honra ao seu filactério; confronta o saduceu, e não cede à sua fria filosofia, nem esconde as dificuldades da fé para escapar ao seu escárnio; e Ele também enfrenta o herodiano[8], que é o político mundano, e lhe dá uma resposta incontestável. Ele é o mesmo diante de todos, mestre em todas as

---

[8] Judeus partidários da dinastia herodiana (55 a.C.-93 d. C).

situações, superando a sabedoria e a suposta inteligência do mundo pelo seu simples testemunho da verdade.

E Ele venceu o mundo em sua vida, acima de tudo, pela constância de seu amor. Ele amou os seres humanos mais desagradáveis, amou aqueles que o odiavam, amou aqueles que o desprezaram. Vocês e eu somos facilmente desviados do amor quando recebemos tratamento ingrato e, assim, somos vencidos pelo mundo; mas Ele manteve seu grande objetivo: "A outros salvou; a si mesmo não pode salvar" (Mateus 27:42); e Ele morreu com esta oração nos lábios: "Pai, perdoa-lhes, porque eles não sabem o que fazem" (Lucas 23:34). Nem um pouco amargurado, tu bendito Salvador, és tão terno no final quanto no início.

Vimos bons espíritos, cheios de generosidade, que tiveram que lidar com uma geração corrupta e perversa, até que finalmente se tornaram duros e frios. Nero, que chora ao assinar a primeira sentença de morte de um criminoso, finalmente chega a se regozijar com o sangue de seus súditos. Assim, as flores doces murcham e se transformam em corrupção nociva. Quanto a ti, precioso Salvador, estás sempre perfumado de amor. Nenhuma mancha surge em teu adorável caráter, embora atravesses uma estrada lamacenta. Tu és tão gentil com os seres humanos em tua partida quanto quando chegaste, pois venceste o mundo.

Posso apenas dizer sobre o próximo ponto que Cristo, pela sua morte, venceu o mundo porque, através de um maravilhoso ato de autossacrifício, o Filho de Deus feriu no cerne o princípio do egoísmo, que é a própria alma e sangue vital do mundo. Assim, também, ao remir o ser humano caído, Ele o elevou do poder que o mundo exerce sobre ele, pois ensinou aos seres humanos que eles são remidos, que não são mais de si mesmos, mas são comprados por um preço (1Coríntios 6:20), e desse modo, a redenção tornou-se o atestado da liberdade da escravidão do amor-próprio e o martelo que quebra os grilhões do mundo e suas concupiscências.

Ao reconciliar os seres humanos com Deus através de sua grande expiação, Ele também os tirou do desespero que de outro modo os manteve no pecado e os tornou escravos voluntários do mundo. Agora eles estão perdoados e, sendo justificados, são feitos amigos de Deus, e sendo amigos de Deus, tornam-se inimigos dos inimigos de Deus, e são separados do mundo, e assim o mundo, pela morte de Cristo, é vencido.

Ele venceu, principalmente, ao ressuscitar e reinar, pois quando Ele ressuscitou, feriu a cabeça da serpente (Gênesis 3:15), e essa serpente é o príncipe deste mundo (João 16:11), sobre o qual ela recebeu domínio. Cristo venceu o príncipe do mundo e o conduziu acorrentado, e agora Cristo assumiu a soberania sobre todas as coisas aqui abaixo. Deus colocou todas as coisas debaixo de seus próprios pés (Efésios 1:22). Em seu cinto estão as chaves da providência; Ele governa entre a multidão e nas câmaras do conselho dos reis.

Assim como José governou o Egito para o bem de Israel, Jesus governa todas as coisas para o bem de seu povo. Agora o mundo não pode ir mais longe na perseguição do seu povo do que Ele permite. Nenhum mártir pode queimar, nem ninguém que confessa sua fé ser preso sem a permissão de Jesus Cristo, que é o Senhor de tudo; pois o governo está sobre seus ombros (Isaías 9:6) e seu reino governa sobre tudo. Irmãos, é uma grande alegria para nós pensar no poder reinante de Cristo como tendo vencido o mundo.

Existe ainda este outro pensamento: de que Ele venceu o mundo pelo dom do Espírito Santo. Esse dom foi praticamente a vitória do mundo. Jesus estabeleceu agora um reino rival: um reino de amor e justiça; o mundo já sente seu poder pelo Espírito.

Não acredito que exista um lugar escuro no centro da África que não seja, até certo ponto, melhorado pela influência do cristianismo; até o deserto se alegra e fica feliz por ele. Nenhum poder bárbaro ousa fazer o que antes fazia, ou se o fizer, haverá tanto clamor contra a sua crueldade que muito em breve terá de dizer "*peccavi*"[9] e confessar as suas falhas.

Neste momento, a pedra cortada do monte sem mãos (Daniel 2:45) começou a ferir o velho Dagom[10] (1Samuel 5), e está quebrando sua cabeça e quebrando suas mãos, e seu próprio tronco ainda será despedaçado. Não há poder neste mundo tão cheio de vida, tão potente como o poder de Cristo hoje. Não falo agora de coisas celestiais ou espirituais; mas falo apenas de influências temporais e morais. Mesmo nestas, a cruz está à frente. Aquele de quem Voltaire disse que viveu no crepúsculo dos seus dias[11], está indo de força em força. É verdade que era o crepúsculo, mas era o crepúsculo da manhã e o meio-dia completo está chegando.

A cada ano, o nome de Jesus traz mais luz a este pobre mundo; a cada ano se aproxima o momento em que a cruz, que é o Faros[12] da humanidade, o farol do mundo em meio à tempestade, brilhará cada vez mais intensamente sobre as águas turbulentas até que chegue a grande calmaria. A palavra se tornará cada vez mais universalmente verdadeira: "E eu, quando for levantado da terra, todos os homens atrairei a mim" (João 12:32). Assim, Ele venceu o mundo.

---

[9] Palavra latina que significa "pequei" e é usada para confissão de pecados. É tirada da exclamação do rei Davi depois de confrontado pelo profeta Natã sobre seu adultério com Bate-Seba.

[10] De acordo com o Antigo Testamento, deus nacional dos filisteus com templos em Asdode e Gaza.

[11] François-Marie Arouet (1694-1778), conhecido por seu pseudônimo M. de Voltaire, foi um escritor, filósofo e historiador francês do Iluminismo. Famoso pela sua sagacidade e pelas suas críticas ao cristianismo (especialmente à Igreja Católica Romana) e à escravidão, Voltaire foi um defensor da liberdade de expressão, da liberdade de religião e da separação entre Igreja e Estado. Voltaire acreditava que o cristianismo, em sua época, estava vendo o começo de seu fim.

[12] O Faros (ou Farol) de Alexandria, no Egito, foi um farol construído pelo Reino Ptolomaico egípcio entre 280 e 247 a.C. Ele tinha entre 120 e 137 metros de altura e era uma das sete maravilhas do mundo antigo. Foi danificado por três terremotos entre os anos de 956 e 1323 e tornou-se uma ruína abandonada.

III

Agora, por último, *O que há aqui para nos animar?* Ora, primeiro, que se o ser humano Cristo Jesus venceu o mundo no que há de pior nele, nós que estamos nele venceremos o mundo também através do mesmo poder que nele habitava. Ele colocou sua vida em seu povo, deu seu Espírito para habitar neles (Romanos 8:9), e eles serão mais que vencedores (Romanos 8:37). Ele venceu o mundo quando este o atacou da pior forma possível, pois Ele era mais pobre do que qualquer um de vocês, estava mais doente e triste do que qualquer um de vocês, foi mais desprezado e perseguido do que qualquer um de vocês, e foi privado de certas consolações divinas que Deus prometeu nunca tirar dos seus santos, e ainda assim, com todas as desvantagens possíveis, Cristo venceu o mundo; portanto, tenham certeza de que venceremos também pela sua força.

Além disso, Ele venceu o mundo quando ninguém mais o havia vencido. O mundo era como se fosse um jovem leão que nunca havia sido derrotado em uma luta: rugiu sobre Jesus do matagal e saltou sobre Ele com toda a sua força. Agora, se o nosso maior Sansão rasgou esse leão jovem como se fosse um cabrito (Juízes 14:6) e o lançou ao chão como uma coisa vencida, pode ter certeza de que, agora que é um leão velho, grisalho e coberto pelas feridas que Ele lhe infligiu no passado, nós, tendo a vida e o poder do Senhor em nós, o venceremos também. Bendito seja o seu nome! Que bom ânimo há em sua vitória. Ele bem nos diz: "Eu venci o mundo, e vocês, em quem habito, que estão revestidos do meu Espírito, também o vencerão".

Mas então, a seguir, lembrem-se que Ele venceu o mundo como nosso cabeça e representante (Efésios 5:23), e pode-se dizer verdadeiramente que, se os membros não vencerem, então o cabeça não obteve a vitória de maneira perfeita. Se fosse possível que os membros fossem derrotados, ora, então, a própria cabeça não poderia reivindicar uma vitória completa, já que é um com os membros. Assim, Jesus Cristo, nosso Cabeça e representante da aliança, em cujos lombos estava toda a semente espiritual, venceu o mundo para nós e nós vencemos o mundo nele. Ele é nosso Adão, e o que foi feito por Ele, foi realmente feito em nosso favor, e virtualmente fomos nós que fizemos. Tenham coragem então, pois vocês vencerão; acontecerá com vocês como à sua cabeça: onde está a cabeça, estarão os membros, e como é a cabeça, assim devem ser os membros; portanto, estejam certos do ramo de palmeira e da coroa.[13]

E agora, irmãos, pergunto a vocês se não encontraram isso dessa maneira: não é verdade neste momento que o mundo está vencido em vocês? O eu os governa? Vocês estão trabalhando para adquirir riqueza para seu próprio engrandecimento? Vocês estão vivendo para ganhar honra e fama entre as pessoas? Vocês têm medo dos olhares de reprovação das pessoas? Vocês são escravos da opinião pública? Vocês fazem as coisas porque é costume fazê-las? Vocês são escravos da moda? Se forem, vocês não sabem nada sobre esta vitória.

Se, porém, vocês são verdadeiros cristãos, sei o que podem dizer: "Senhor, eu sou teu servo, soltaste as minhas amarras; de agora em diante, o mundo não terá domínio sobre mim; e embora isso me tente, e me assuste e me bajule, ainda assim eu me elevo acima dele pelo poder do teu Espírito, pois o amor de Cristo me constrange (2Coríntions 5:14), e eu não vivo para mim mesmo e para as coisas que são vistas, mas para Cristo (Gálatas 2:20) e para as coisas invisíveis". Se for assim, quem fez isso por vocês? Quem senão Cristo, o Vencedor, que formou em vocês a esperança da glória: portanto, tenham bom ânimo, pois vocês venceram o mundo em virtude da habitação dele em vocês.

Portanto, irmãos, voltemos ao mundo e às suas tribulações sem medo. Suas provações não podem nos ferir. No processo, ficaremos bons, como

---

[13] Símbolos antigos de vitória.

o trigo que sai da debulha. Saiamos para combater o mundo, pois ele não pode nos vencer. Nunca houve alguém com a vida de Deus em sua alma que o mundo inteiro pudesse subjugar; não, todo o mundo e o inferno juntos não podem vencer o menor bebê da família do Senhor Jesus Cristo.

Eis que vocês estão equipados com a salvação, revestidos de onipotência, suas cabeças estão cobertas com a égide da expiação, e o próprio Cristo, o Filho de Deus, é o seu capitão. Assumam seu grito de guerra com coragem e não temam, pois aquele que está a seu favor é maior do que todos os que estão contra vocês (1João 4:4). É dito dos santos glorificados: "Eles venceram pelo sangue do Cordeiro" (Apocalipse 12:11); "e esta é a vitória que vence o mundo, a nossa fé" (1João 5:4), portanto sejam firmes até o fim (1Coríntios 15:58), pois vocês serão mais que vitoriosos, através daquele que os amou (Romanos 8:37). Amém!

SERMÃO PROFERIDO EM 1876.

4

CRISTO, O CRIADOR DE TODAS AS COISAS NOVAS

*Portanto, se algum homem está em Cristo, ele é
uma nova criatura; as coisas velhas são passadas;
eis que todas as coisas se tornaram novas.*
2Coríntios 5:17

TENTAREMOS pregar nesta manhã sobre Cristo como o Autor da nova criação, e que possamos ser capacitados pelo Espírito Santo para falar para a sua glória. Criar todas as coisas novas é uma de suas realizações mais famosas; que possamos não apenas contemplá-la, mas sermos participantes dela.

O que diz Salomão no livro de Eclesiastes? Ele não nos diz ali que "o que foi será, e o que se fez é o que se fará; e não há nada novo debaixo do sol"? (Eclesiastes 1:9) Sem dúvida, Salomão estava correto nesta declaração, mas ele escreveu sobre este mundo e não sobre o mundo vindouro, do qual falamos; pois eis que no mundo vindouro, isto é, no reino de nosso

Senhor Jesus Cristo, todas as coisas são novas. Para a mente mais sábia, se não for renovada, não há nada de novo, mas para o mais humilde dos regenerados todas as coisas se tornaram novas.

A palavra "nova" parece harmonizar-se docemente com o nome e a obra de nosso Senhor Jesus, na medida em que Ele surge depois que o velho sistema falhou, e começa de nova maneira conosco como pai e cabeça de uma raça escolhida (Efésios 4:15). Ele é o Mediador da nova aliança (1Timóteos 2:5) e veio colocar-nos em uma nova relação com Deus. Como o segundo Adão (1Coríntios 15:45-48), Ele nos libertou da antiga aliança quebrada de obras, onde nós estávamos sob maldição (Gálatas 3:10), e nos colocou sob a nova aliança infalível da graça, na qual somos firmados por seu mérito.

O sangue de Jesus Cristo é chamado de "sangue da nova aliança" (Mateus 26:28 – ARA); há, portanto, uma ligação com o que é novo até no ponto mais vital da pessoa do nosso querido Redentor. O sangue é para Ele a própria vida, e sem esse sangue Ele não pode conceder nenhuma remissão de pecados; portanto, há algo de novo nessa torrente essencial da vida, pois quando Ele nos dá de beber do seu cálice memorial, Ele diz: "Isto é o meu sangue do novo testamento, que é derramado por muitos, para remissão dos pecados" (Mateus 26:28). "Mas agora ele alcançou um ministério mais excelente, quanto também é o mediador de um melhor pacto, que foi estabelecido sobre melhores promessas" (Hebreus 8:6,7). A antiga aliança, a antiga lei cerimonial, o antigo espírito de escravidão (Romanos 8:15), e todo o fermento velho (1Coríntios 5:7), Jesus limpou da casa (Êxodo 12:15), e Ele permitiu uma nova dispensação, na qual a graça reina através da justiça para a vida eterna.

Quando nosso Senhor Jesus veio ao mundo, seu nascimento de uma virgem pelo poder do Espírito Santo foi uma coisa nova, pois assim o profeta Jeremias disse no passado em nome do Senhor: "Até quando vagarás, ó filha rebelde? O Senhor criou algo novo nesta terra" (Jeremias 31:22).

Nasce-nos um menino que é filho da virgem (Mateus 1:23), em quem nos regozijamos porque Ele veio ao mundo sem a mancha do pecado original, de uma forma nova, como nunca nenhum ser humano nasceu antes.

Chegando assim ao velho mundo, Ele anuncia uma nova doutrina, pois sua doutrina é chamada de evangelho, ou boas-novas. São as notícias mais novas que um coração ansioso pode ouvir; é a música mais nova pela qual um peito perturbado pode ser acalmado. O ensinamento de Jesus Cristo ainda são as melhores notícias destes dias, como era há séculos atrás. Embora o mundo tenha tido quase mil e novecentos anos de boas notícias, o evangelho traz sobre si o orvalho de sua juventude, e quando os seres humanos o ouvem, ainda perguntam, como faziam os gregos antigamente: "Que nova doutrina é esta?" (Marcos 1:27).

Nosso Senhor Jesus veio para estabelecer, pela pregação e ensino do evangelho, um novo reino, um reino com novas leis, novos costumes, uma nova carta régia e novas riquezas, um reino que não é deste mundo (João 18:36), um reino fundado em princípios melhores e trazendo resultados infinitamente melhores aos seus súditos do que qualquer outro domínio que já existiu. Nesse reino Ele introduz apenas novas pessoas, que são feitas novas criaturas em Cristo Jesus, que, portanto, amam o seu novo mandamento e o servem em novidade de espírito, e não na velhice da letra (Romanos 7:6).

Além disso, Cristo abriu para nós uma entrada no reino dos céus, pois agora chegamos a Deus "por um caminho novo e vivo, que ele consagrou para nós, através do véu, isto é, da sua carne" (Hebreus 10:20). Quando nos próximos dias o encontrarmos novamente, ainda haverá coisas novas, pois Ele disse: "Daqui em diante não mais beberei deste fruto da videira até aquele dia em que o beber, novo, convosco no reino de meu Pai" (Mateus 26:29). Na verdade, tudo é novo em relação ao nosso Senhor e Mestre, e não foi assim profetizado? Pois Isaías não disse, no capítulo 43, versículo 18: "Não vos lembreis das coisas passadas, nem considereis as coisas dos tempos antigos. Eis que eu farei uma coisa nova, agora ela surgirá; vós não sabeis?". E com o mesmo efeito foi sua profecia no capítulo 65, versículo 17: "Porquanto, eis que eu crio novos céus e uma nova terra; e a anterior não será lembrada e nem virá à mente. Porém, sejais felizes e regozijai-vos para sempre naquilo que eu crio. Porquanto, eis que eu crio para Jerusalém um júbilo, e para o seu povo, uma alegria".

Esta novidade de tudo seria uma característica importante no reinado do Messias, e já o foi; mas isso será visto muito mais nos últimos dias. Não diz João em Apocalipse 21:5: "Aquele que está assentado sobre o trono disse: Eis que eu faço novas todas as coisas". Predito em épocas anteriores como o Criador de novos céus e de uma nova terra, nosso Senhor será finalmente, no término de tudo, visto de modo claro como o Criador de todas as coisas novas. Vocês se perguntam, amados, se alguém que está em Cristo é uma nova criatura? Se tudo o que Cristo toca é renovado, se Ele revigora e revive, se Ele restabelece e reedifica, e cria de novo onde quer que vá, vocês estão surpresos que aqueles que vivem mais próximos do coração dele, ou melhor, estão em união vital com a pessoa bendita dele, deveriam também ser renovados? Seria muito surpreendente se não fosse assim.

Voltemos então a nossa atenção para o ensinamento do texto: "Se algum homem está em Cristo, ele é uma nova criatura".

I

Consideraremos primeiro com brevidade *o fundamento da novidade* de que se fala aqui. É esse: "Se algum homem está em Cristo, ele é uma nova criatura", e não de outra forma. Ninguém se torna uma nova criatura por qualquer processo à parte de Cristo. "Se algum homem está em Cristo, ele é uma nova criatura", mas se alguém não está em Cristo, ele não é uma nova criatura, nem pode tornar-se assim, exceto pela conexão com aquele de quem está escrito que é "o princípio da criação de Deus"

(Apocalipse 3:14). Assim como na antiga criação "sem ele nada do que foi feito se fez" (João 1:3), assim também na nova.

Ele faz novas todas as coisas, mas as coisas que estão separadas dele envelheceram e estão prestes a perecer, pois não podem renovar sua juventude. Do mesmo modo que a terra não pode esperar pela renovação da primavera sem a luz do sol, uma alma não pode esperar por renovação espiritual sem Jesus. A maravilhosa novidade produzida pela regeneração e pela nova criação é obra do Espírito Santo e suas operações estão todas em união com o Senhor Jesus e visando sua glória. "Aquele que crê no Filho tem a vida eterna; e aquele que não crê no Filho não verá a vida, mas a ira de Deus permanece sobre ele" (João 3:36).

Mas como, de fato, o homem se torna uma nova criatura se estiver em Cristo? Respondo, primeiro, que isso decorre necessariamente do caráter representativo de Cristo para com aqueles que estão nele. Se você quisesse que uma pessoa se tornasse uma nova criatura e você fosse onipotente, que processo lhe pareceria ideal? Acho que um duplo. Para transformar uma velha criatura em uma nova, primeiro deve haver o golpe que a elimine, e depois o toque que a recomece: para ser mais claro, deve haver a morte e depois a vida.

Ora, isso aconteceu com aqueles que estão em Cristo? Claro que sim, se ocorreu no próprio Cristo, pois Ele é a Cabeça e representa os membros (Colossenses 1:18). Assim como Adão agiu representando a semente nele, Cristo agiu representando a semente nele. Vejam, então, amados, que Cristo morreu; Ele veio perante o tribunal com nossos pecados sobre Ele, o representante daqueles de quem Ele é o cabeça; e nele a morte, que era a pena do pecado, foi cumprida ao pé da letra, suas borras mais amargas sendo totalmente bebidas. Jesus morreu. Temos certeza de que Ele morreu, pois os algozes não quebraram suas pernas porque viram que Ele já estava morto, mas um dos soldados com uma lança perfurou-lhe o lado, e imediatamente saiu sangue e água (João 19:33,34).

Sabemos que Ele morreu, pois os olhos invejosos de seus inimigos não teriam permitido que Ele fosse descido da cruz, a menos que sua vida certamente tivesse se esvaído. Ele foi colocado na sepultura (Mateus 27:59,60), certamente morto, sob o domínio da morte por um pouco de tempo; e vocês e eu que estamos nele, naquele momento morremos nele. "Se um morreu por todos, então todos morreram" (2Coríntios 5:14). Essa é a tradução adequada dessa passagem. Nós morremos, pois Ele morreu em nosso nome. Nosso pecado foi punido nele pela morte que Ele suportou. Vejam, então, irmãos, que estamos mortos, mortos em virtude de nossa firme união com Jesus Cristo.

Não me refiro a todos vocês, a menos que estejam todos em Cristo Jesus. Julguem se é assim com vocês ou não. Mas quero dizer que, tantos quantos o Pai deu a Cristo, tantos quantos Cristo em seu propósito redimiu de forma especial, tornando-se o substituto deles: estes estavam nele, e nele morreram, sendo crucificados com Ele (Gálatas 2:20). Nele também todo o seu povo ressuscitou quando Ele ressuscitou (Colossenses 3:1). No terceiro dia, Ele rompeu os grilhões da morte e deixou o túmulo em nosso favor (Atos 2:24).

Vejam como o Espírito Santo, por meio de seu servo Paulo, nos identifica com tudo isso: "Ora, se morremos com Cristo, cremos que também viveremos com ele; sabendo que, tendo sido Cristo ressuscitado dentre os mortos, já não morre; a morte não tem mais domínio sobre ele. Pois quanto ao morrer, ele morreu uma só vez para o pecado; mas quanto ao viver, vive para Deus. Assim também vós, considerai-vos mortos de fato para o pecado, mas vivos para Deus em Jesus Cristo nosso Senhor" (Romanos 6:8-11).

Uma vez que Ele era nosso representante, Ele era um ser humano novo quando ressuscitou. A lei não tinha direitos sobre Ele: Ele estava morto e, portanto, saíra de sua jurisdição. A lei nunca teve qualquer direito sobre o Cristo ressuscitado: ela teve direito sobre Ele quando ele ficou sob a lei, mas quando Ele a satisfez até o último jota e traço pela morte (Mateus 5:18), Ele ficou completamente livre. A lei do nosso país tem algum direito sobre uma pessoa depois que ela morre?

Se um morto puder ser ressuscitado, todas as suas transgressões passadas serão eliminadas; ele começará uma nova vida e não estará sob a lei antiga. E o mesmo acontece com Cristo e conosco, pois aqui está o ponto de união: somos ressuscitados com Ele pela fé na ressurreição de Cristo (Colossenses 3:1). Estávamos mortos e sepultados, e agora ressuscitamos, e assim este, que é o melhor e mais seguro processo para tornar uma pessoa uma nova criatura, foi experimentado por todos os eleitos de Deus, em razão da morte representativa e sacrificial de Jesus Cristo e sua gloriosa ressurreição representativa em favor deles.

Mas, amados, há outro significado. Somos feitos novas criaturas por um processo verdadeiro, bem como pelo processo legal que descrevi, e aqui também se faz a mesma coisa. Somos vitalmente unidos com Jesus Cristo quando cremos nele, e então morremos espiritualmente e somos levados a viver novamente. A nossa fé apreende a morte de Cristo e sentimos ao mesmo tempo em nós mesmos a sentença de morte. Vemos como merecemos morrer pelo pecado e aceitamos a sentença, confessando nossa culpa diante do Altíssimo, e é proclamado através de todos os poderes e paixões da alma um decreto de Deus de que a carne morrerá, com todas as suas concupiscências.

Declaramos o pecado, daqui em diante, morto para nós, e nós mesmos mortos para ele. Esforçamo-nos para mortificar todos os nossos maus desejos e concupiscências da carne, e tudo o que vem da carne. Quando cremos em Jesus, uma espada atravessa os próprios lombos do pecado, e as flechas do Senhor cravam-se firmemente nos corações dos inimigos do Rei que se escondem dentro do nosso espírito. Também surge uma nova vida em nós ao contemplarmos Jesus ressuscitado dentre os mortos. Quando cremos em Jesus, recebemos de Deus um novo princípio vital, de caráter superior e celestial, semelhante à Deidade: cai em nossa alma uma semente sagrada da mão do Espírito eterno, viva e incorruptível, que permanece para sempre, e para sempre produz fruto conforme a sua espécie. À medida que cremos no Cristo vivo, vivemos em Cristo e vivemos à maneira de Cristo, e o Espírito daquele que ressuscitou Cristo dentre os mortos habita em nossos corpos mortais (1Coríntios 6:19), fazendo-nos viver em novidade de vida.

Agora, amados, vocês entendem dessas coisas? Vocês foram feitos novas criaturas pela morte e ressurreição? Se vocês foram batizados, professaram que assim aconteceu com vocês. "Portanto, fomos sepultados com ele para morte pelo batismo, para que assim como Cristo foi ressuscitado dentre os mortos pela glória do Pai, assim também nós andemos em novidade de vida. Porque, se fomos plantados juntamente com ele na semelhança da sua morte, também o seremos na semelhança da sua ressurreição" (Romanos 6:4,5).

Na ordenança do batismo, pelo sepultamento na água e pela ressurreição dela, há uma apresentação como um tipo e figura do sepultamento e ressurreição de nosso Senhor e, ao mesmo tempo, é um emblema do processo pelo qual nos tornamos novas criaturas nele. Mas é realmente assim em suas almas? Vocês estão agora mortos para o mundo, e mortos para o pecado, e vivificados para a vida de Cristo?

Se é assim, então o texto terá para vocês um terceiro e prático significado, pois não será apenas verdade que seu velho ser está condenado à morte e uma nova natureza será concedida, mas em suas ações comuns você tentará mostrar isso pela novidade da conversa real. Os males que outrora os tentaram não poderão mais enganá-los agora, porque vocês estão mortos para eles: os encantos do rosto maquiado do mundo não atrairão mais sua atenção, pois seus olhos estão cegos para essas belezas enganosas. Vocês obtiveram uma nova vida que só pode ser satisfeita por novos deleites, que só pode ser excitada por novos objetos e restringida por novos princípios adequados à sua própria natureza. Isso vocês mostrarão continuamente.

A vida de Deus dentro de vocês tornará suas ações impregnadas de santidade, e o fim delas será a vida eterna. Sua fé em Cristo evidencia claramente que vocês são uma nova criatura, pois mata suas velhas convicções e faz vocês construírem sobre uma nova base: seu amor a Cristo também mostra sua novidade, pois destruiu suas velhas tendências e conquistou seu coração somente para Jesus: e sua esperança, que também é um dom do Espírito Santo, está baseada em coisas totalmente novas, enquanto suas velhas esperanças são coisas das quais vocês agora se envergonham.

Assim é que, primeiro, por Cristo como seu cabeça, vocês estão legalmente mortos e vivos novamente; em seguida, pela sua união vital com Cristo, vocês estão mortos e vivos novamente por uma questão de experiência, e agora está praticamente provado em sua vida, dia após dia, que vocês estão mortos e sua vida está escondida com Cristo em Deus. Em todas essas três maneiras vocês são novas criaturas pelo duplo processo de morrer e voltar à vida.

Vocês estão sob um novo Adão (1Coríntios 15:45) e, portanto, recomeçam a vida como novas criaturas; vocês estão sob uma nova aliança e começam a agir sob princípios diferentes, assim como as novas criaturas, vocês são vivificados por um novo Espírito, e assim em pensamento, palavra e ação são vistos como novas criaturas. Mas tudo isso está em Cristo, e se vocês não estão em Cristo, vocês ainda estão no velho mundo que em breve será destruído. Assim como "Pela palavra do SENHOR os céus foram feitos; e todo o exército deles pelo fôlego de sua boca" (Salmos 33:6), assim vocês foram criados por Jesus, a Palavra Eterna, e vivificados por seu Espírito, ou então vocês ainda permanecem na morte.

Se a sua fé nunca colocou a mão no sacrifício de Cristo pelo pecado, então a sua alma nunca sentiu a influência regeneradora do Espírito Santo, e toda a regeneração batismal[1] e tudo o mais da invenção humana que agora pode confortá-lo é apenas um engano vão. Vocês devem nascer de novo (João 3:4-6), mas isso só pode ser em Cristo Jesus, pois "a todos quantos o receberam, a eles deu o poder de se tornarem os filhos de Deus, aqueles que creem em seu nome" (João 1:12). "Aquele que tem o Filho tem a vida; e aquele que não tem o Filho de Deus não tem a vida" (1João 5:12). Oh, que todos possamos crer nele e entrar na nova vida.

> Autor da nova criação,
> Venha com toda a força do seu Espírito;
> Faça dos nossos corações tua habitação,
> Sobre nossas almas derrama teu poder bendito.

II

Em segundo lugar, levarei vocês a considerar a *essência desta novidade*. "Se algum homem está em Cristo, ele é uma nova criatura". Leia, e a leitura será precisa: "Ele é uma nova criatura". Esta é uma afirmação muito abrangente. Uma pessoa em Cristo não é a velha pessoa purificada, nem a velha pessoa melhorada, nem a velha pessoa com melhor humor, nem a velha pessoa com acréscimos e subtrações, nem a velha pessoa vestida com vestes lindas. Não, ela é uma nova criatura completamente.

Quanto à velha criatura, o que fazer com ela? Ela não pode ser comedida, reformada e levada a nos prestar um serviço útil? Não, ela está crucificada com Cristo e fadada a morrer por uma morte prolongada, mas certa. A sentença capital é proferida sobre ela, pois não pode ser consertada e, portanto, deve ser eliminada: "a mentalidade carnal é inimizade contra

---

[1] A regeneração batismal é a crença de que o batismo é o meio para a regeneração espiritual e necessário a ela. As igrejas mais antigas (Católica Romana, Ortodoxa, Anglicana tradicional) e algumas outras como os metodistas e alguns evangélicos creem assim.

Deus, pois não é sujeita à lei de Deus, nem de fato, pode ser" (Romanos 8:7). Vocês não podem mudar a velha natureza, ela é imutavelmente má, e quanto mais cedo ela for descartada como uma coisa imunda e impura, melhor para nós.

Aquele que crê, na medida em que está em Cristo, é uma nova criatura: não a matéria velha colocada em um novo feitio, e o material velho trabalhado em uma forma melhorada, mas absolutamente uma nova criatura. Criar é fazer do nada, e foi precisamente assim que a vida recém-nascida entrou em nós; não é um desenvolvimento ou uma consequência, mas uma criação, algo celestial chamado à existência por um poder do alto. A nova pessoa em nós é feita do nada que havia antes em nós, pois a natureza não auxilia a graça, mas se opõe a ela. Cristo não encontrou luz armazenada em nossas trevas, nem vida em meio à corrupção de nossa morte espiritual.

O novo nascimento vem do alto, e a vida assim produzida é uma nova criação, e não a bondade da natureza condicionada até que se torne graça. Estão criando uma noção em certos lugares de que os filhos de pais piedosos, se não de toda a humanidade, são filhos de Deus desde o seu primeiro nascimento, e só querem que certo treinamento e influências sejam exercidos sobre eles e então irão se tornar cristãos à medida que crescem, até se tornarem homens e mulheres maduros.

Um teólogo diz que nossos filhos não deveriam precisar de conversão. Esta teoria é totalmente falsa, pois os melhores filhos são, por natureza, herdeiros da ira, assim como os outros. A graça de Deus na alma é uma nova criação, e não o desenvolvimento natural de uma educação e treinamento piedosos que operam sobre a bondade inata dos seres humanos: na verdade, não existe tal bondade; é um completo sonho. A nova pessoa em Cristo não é a velha criatura lavada e colocada na escola, e elevada pelo "pensamento e cultura modernos". Não; o etíope não pode mudar a sua pele, nem o leopardo as suas manchas (Jeremias 13:23); faça o que quiser com ele, ele será um etíope, e o felino, ainda um leopardo; mas a nova pessoa em Cristo é uma criatura completamente diferente.

Observem que não é dito que a pessoa tem algo novo sobre ela, mas ela própria é nova. Não é apenas que, no sentido espiritual, ela tenha novos olhos, novas mãos e novos pés, mas ela, ela, ela, ela mesma, é uma nova criatura. Observem isso. Vocês não veem então que a salvação é obra de Deus? Vocês não podem criar para si mesmos e não podem criar absolutamente nada. Tentem criar uma mosca primeiro, e então vocês poderão sonhar em ser capazes de criar um novo coração e um espírito reto em outra pessoa, mas mesmo assim seria uma questão completamente diferente criar a si mesmo. A própria ideia não é um absurdo? O nada criará alguma coisa? As trevas criarão a luz? O pecado criará santidade? A morte criará a vida? O Diabo criará Deus? Nenhuma dessas questões é mais absurda do que a ideia de que o pecador é capaz de criar a si mesmo de novo.

Não, amados, a regeneração é uma obra extraordinária, exigindo onipotência para realizá-la; é, de fato, uma obra divina, pois é prerrogativa suprema de Deus criar.

> Saibam que somente o Senhor é Deus,
> Ele pode criar e destruir.

Se alguém está em Cristo, não se diz apenas que ele é uma criatura, mas uma nova criatura, e a palavra aqui traduzida como "nova", como foi bem observado, não significa recente, mas algo completamente diferente daquilo que anteriormente existia. Um livro pode ser novo e, ainda assim, ser apenas uma nova cópia de alguma obra antiga; mas não é assim neste caso. A criatura não é um novo espécime da mesma espécie que a velha, mas outra criatura diferente. Quase poderíamos ler o texto como se dissesse: "Se algum homem está em Cristo, ele é uma nova criatura, um tipo totalmente novo de criatura".

A nova criatura difere essencialmente da velha, embora a primeira seja um emblema instrutivo da segunda. A primeira criação foi obra de poder físico, a segunda, uma obra de poder espiritual: a primeira criou em sua maior parte o materialismo em suas diversas formas, mas a nova criação trata de coisas espirituais e manifesta os atributos mais sublimes do caráter divino. Deus na natureza é glorioso, mas na graça Ele é todo glorioso. A segunda é uma criação mais próxima do coração de Deus do que a primeira criação; pois quando Ele fez o mundo, Ele simplesmente disse que era bom (Gênesis 1:10), mas quando Ele fez a nova criação, está escrito: "Ele descansará em seu amor, e se alegrará em ti com cânticos" (Sofonias 3:17). É tão alegre ao seu coração a visão da nova criatura que sua graça criou, que Ele canta um hino alegre.

Além disso, devemos notar que se alguém está em Cristo, ele é uma nova criatura, e a sua criação tem alguma semelhança com a criação do mundo. Em outras ocasiões, examinei aquele maravilhoso primeiro capítulo do livro de Gênesis, que é uma Bíblia em miniatura, e mostrei-lhes como ele apresenta a criação espiritual. Eis que, por natureza, encontramo-nos como o caos: uma massa de desordem, confusão e escuridão.

Assim como na velha criação, também na nova, o Espírito de Deus paira sobre nós e se move sobre a face de todas as coisas (Gênesis 1:2). Então a palavra do Senhor vem e diz dentro de nós, como antes, no caos e na antiga noite: "Haja luz", e há luz (Gênesis 1:3). Depois da luz, vem uma divisão entre a luz e as trevas, e aprendemos a chamá-las pelos seus nomes. A luz é "dia" e as trevas são "noite" (Gênesis 1:4,5). Portanto, para nós, há um conhecimento e uma nomeação das coisas, e um discernimento das diferenças em assuntos que antes confundimos quando colocávamos a luz nas trevas.

Depois de um tempo, surgem em nós as formas inferiores de vida espiritual. Assim como na terra surgiram a relva e a erva (Gênesis 1:11), também em nós surgiram o desejo, a esperança e a tristeza pelo pecado. Aos poucos apareceram no globo aves e peixes (Gênesis 1:20,21), e animais, e coisas vivas, e vida além de qualquer conta (Gênesis 1:24). Assim também na nova criação, de termos vida passamos a tê-la com mais abundância. Deus criou gradualmente todas as suas obras, até que finalmente terminou toda a multidão delas, e mesmo assim Ele trabalha até completar em nós a nova criação e nos olhar com alegria. Então Ele nos traz um dia de descanso (Hebreus 4:3), abençoando-nos e fazendo-nos entrar em seu descanso por causa de sua obra consumada. Poderíamos traçar um paralelo muito bonito se tivéssemos tempo, mas vocês podem imaginar por si mesmos.

Agora, observem com muito cuidado que se alguém está em Cristo, ele é uma nova criatura, e isso certifica que uma nova criação ocorreu em toda pessoa que está em Cristo, seja por natureza um judeu ou um gentio, um moralista ou um libertino, um filósofo ou um tolo. Quando alguém é convertido e levado a Cristo, ele invariavelmente se torna uma nova criatura. Se ele creu em Jesus apenas por três minutos, ele é uma nova criatura; e se ele conhece o Senhor há setenta anos, ele não consegue ser uma nova criatura mais do que o outro. Uma nova criação é uma nova criatura, e neste assunto não há diferença entre o bebê na graça e o pai em Israel.

Assim como esta criação é comum a todos os santos, também é imediata e presente. "Se algum homem está em Cristo, ele é uma nova criatura"; não é falado como algo que acontecerá com ele no último instante da morte, onde alguns parecem esperar que muitas mudanças maravilhosas serão realizadas neles; mas aquele que está em Cristo é uma nova criatura agora.

"Nem a circuncisão e nem incircuncisão de nada valem, mas uma nova criatura" (Gálatas 6:15); e essa nova criatura é agora possuída por Deus, e posso acrescentar também, possuída conscientemente; pois embora possam surgir dúvidas ocasionais sobre esta questão, ainda assim, no íntimo do ser de uma pessoa, ela consegue saber que ocorreu nela uma mudança maravilhosa que somente o próprio Deus poderia ter realizado. Esta mudança é universal no ser humano; a nova pessoa não está totalmente desenvolvida em todas as partes, nem de fato em nenhuma parte, e ainda assim, em todas as porções de sua natureza regenerada ela é uma nova criatura.

Quero dizer isto: se alguém está em Cristo, não é o seu olho mental que é meramente uma nova criação, mas ele mesmo é uma nova criação. Ele tem um novo coração de acordo com a promessa: "Um novo coração também vos darei, e um novo espírito eu colocarei dentro de vós" (Ezequiel 36:26). Ele tem ouvidos novos, ouvindo o que antes se recusava a ouvir; ele tem uma nova língua e pode orar com ela como nunca orou antes; ele tem pés novos, e estes se deleitam em seguir os caminhos dos mandamentos de Deus. Refiro-me, é claro, apenas ao seu ser interior, que é totalmente novo, e não apenas a uma parte dele.

Se uma pessoa for apenas iluminada na compreensão, o que isso significa? É bom, mas não é a salvação; um novo cérebro não é tudo o que se deseja para formar uma nova pessoa. Uma nova pessoa é espiritualmente criada da cabeça aos pés. Embora seja apenas um bebê na graça, e não totalmente desenvolvida em nenhuma parte, ainda assim ela é nova, "criada em Cristo Jesus para as boas obras, as quais Deus estabeleceu para que andássemos nelas" (Efésios 2:10).

Assim tentei mostrar-lhes a essência da novidade.

III

Consideremos a seguir *a extensão da novidade*. "Se algum homem está em Cristo, ele é uma nova criatura; as coisas velhas são passadas; eis que todas as coisas se tornaram novas". Parece então que a pessoa não apenas é uma nova criatura, mas também entrou em uma nova criação; ela abriu os olhos para um novo mundo. Imagine Adão adormecendo nos portões do

Paraíso, logo abaixo da espada flamejante dos querubins, com os espinhos e cardos brotando diante dele, e o rastro da serpente atrás: e então imagine-o deitado ali em um sono profundo até que o Senhor o toque, faz com que ele abra os olhos e o faça encontrar-se num paraíso melhor do que aquele que havia perdido. Na realidade não foi assim, mas vocês conseguem imaginar uma coisa dessas? Se sim, isso pode servir como símbolo do que o Senhor fez por nós. Fomos feitos novos e nos encontramos em um novo mundo.

E as coisas velhas? O texto diz que são passadas, e a palavra grega dá a ideia de que elas passaram espontaneamente. Não posso comparar isso a nada que eu conheça melhor do que a neve que derrete ao sol. Você acorda numa manhã e todas as árvores estão enfeitadas com guirlandas de neve, enquanto lá embaixo, no chão, a neve forma um lençol branco cobrindo tudo. Eis que o sol nasceu: seus raios irradiam um calor agradável; e em algumas horas onde está a neve? Já se foi. Se vocês tivessem contratado mil carroças, cavalos e máquinas para tirá-la, ela não teria sido removida de maneira mais eficaz. Foi-se.

É isso que o Senhor faz na nova criação: o seu amor brilha na alma, a sua graça nos renova e as coisas velhas passam naturalmente. Onde estão aqueles velhos conceitos sobre as quais vocês costumavam ser tão dogmáticos? Onde estão aquelas velhas opiniões pelas quais vocês poderiam ter facilmente derrubado um homem? Onde estão aquelas velhas zombarias contra o povo de Deus? Onde estão aqueles velhos prazeres com os quais vocês tanto se deliciavam? Onde estão aquelas velhas atividades cativantes? Vocês tiveram um forte puxão para se livrar desses laços?

Onde estão aquelas velhas alegrias, aquelas velhas esperanças, aquelas velhas confianças, aquelas velhas convicções? Foi difícil se livrar delas? Ah não! Sob o poder do Espírito Santo elas passaram. Vocês mal sabem como foi, mas elas se foram, e se foram completamente. Como um sonho quando alguém acorda, vocês desprezaram a imagem delas, e seu coração não as conhece mais.

É maravilhoso nesta nova criação como o Senhor faz a confusão e a velha noite sumirem. Você pode chamá-los e dizer: "Caos, onde está você?", e nenhuma resposta volta, pois as coisas velhas já passaram. Nosso Senhor Jesus Cristo causa tudo isso. Onde seu rosto bendito brilha com graça e verdade, como o sol com calor e luz, Ele dissolve as coberturas da longa geada do pecado e traz a primavera da graça com novidades de botões e flores.

Mas quando vocês removem o velho, o que ocupará o seu lugar? Vocês não observam que coisas novas surgiram: "Eis que todas as coisas se tornaram novas". Agora a pessoa tem novos pontos de vista, novas noções, novas ambições, novas convicções, novos desejos, novas esperanças, novos temores, novos objetivos, novos princípios e novos sentimentos: ela é guiada por um novo espírito e segue um novo curso de vida; na verdade, tudo nela é como se tivesse saído recentemente das mãos de Deus. Assim como aconteceu com o leproso purificado (Marcos 1:40-45): a carne dele tornou-se como a carne de uma criança, e ele estava limpo; o mesmo acontece com o coração renovado pela graça.

Amados, é delicioso ler o livro do Apocalipse e vislumbrar as coisas que acontecerão no futuro. Como esse livro é cheio das novidades que ilustram nosso assunto, pois nele você lê sobre um novo nome que o Senhor concede àqueles que vencem. Talvez alguns de vocês fossem conhecidos por algum apelido ou epíteto vulgar enquanto viviam no mundo e eram amantes disso. Agora, com toda a probabilidade, vocês são chamados por um nome bem diferente entre seus amigos cristãos. Saulo, o perseguidor, é chamado de Paulo quando se torna apóstolo.[2] Além disso,

---

[2] Isso não quer dizer que Saulo teve o nome mudado para Paulo. Na verdade, o apóstolo Paulo sempre teve os dois nomes: *Saulo* e *Paulo*. No contexto histórico e cultural em que ele viveu, era comum para os judeus que viviam no mundo greco-romano terem

há um novo nome que a boca do Senhor nomeará, que ninguém conhece, exceto aquele que o recebe (Apocalipse 2:17).

Vocês foram nomeados com o nome do Pai, e do Filho, e do Espírito Santo, e daqui em diante usarão aquele nome pelo qual toda a família no céu e na terra é nomeada. A graça também lhes ensinou uma nova canção: "E ele pôs uma nova canção na minha boca [...] e estabeleceu meus passos" (Salmos 40:3, 2). Vocês estão ensaiando a música daquela orquestra gloriosa sobre a qual está escrito: "E eles cantavam uma nova canção, dizendo: Tu és digno de tomar o livro, e de abrir seus selos" (Apocalipse 5:9). Agora vocês são cidadãos de uma nova cidade (Filipenses 3:20), a nova Jerusalém que desce do céu, da parte de Deus (Apocalipse 21:2), que será estabelecida entre os filhos dos homens, nos últimos dias, como a metrópole do mundo, a respeito da qual dirão: "Eis que o tabernáculo de Deus está com os homens, e ele habitará com eles" (Apocalipse 21:3).

Amados, cada um de vocês agora se tornou parte de um novo ser humano. Vocês sabem o que quero dizer com isso? Antigamente existiam judeus e gentios, mas agora, diz Paulo, Cristo "derrubou a parede do meio da separação entre nós [...] para fazer em si mesmo de dois um novo homem, fazendo assim a paz" (Efésios 2:14). O corpo místico de Cristo é o novo ser humano, e nós somos membros desse corpo. Daqui em diante, temos comunhão com todos os santos, e para nós "não há grego nem judeu [...] servo ou livre; mas Cristo é tudo em todos." (Colossenses 3:11).

---

dois nomes: um hebraico e outro romano ou grego. "Saulo" era o seu nome hebraico, enquanto "Paulo" era o nome romano. A mudança de uso dos nomes em diferentes momentos de sua vida reflete contextos diferentes. Antes de sua conversão, ele é frequentemente chamado de Saulo, especialmente no contexto judaico. Após sua conversão, quando ele começa seu ministério entre os gentios, ele passa a ser conhecido predominantemente como Paulo.

Mesmo agora começamos a viver num novo céu e a caminhar sobre uma nova terra, e estamos aguardando o tempo em que, literalmente, nesta mesma terra em que temos lutado, será estabelecido um novo estado de coisas, pois o primeiro céu e a primeira terra terão passado e não haverá mais mar (Apocalipse 21:1). Enrolados como um pergaminho estarão os céus azuis (Apocalipse 6:14), e os elementos derreterão com calor intenso (2Pedro 3:10); no entanto, nós, de acordo com a sua promessa, aguardamos novos céus e uma nova terra (Isaías 65:17), dos quais estamos sempre nos aproximando com expectativa e avançando com anseio interior, pois já em Cristo Jesus somos parte daquela nova criação que será mais plenamente revelada.

IV

Em quarto lugar, consideremos *o resultado desta novidade*. "Se algum homem está em Cristo, ele é uma nova criatura." Bom, o resultado dessa novidade é, primeiramente, que o ser humano já é uma grande maravilha para si mesmo. Vocês conhecem a doutrina pitagórica da transmigração das almas: a alma passa primeiro para um corpo e depois para outro, existindo assim sob diferentes condições[3]. Não cremos nem por um momento nessa ficção, mas se fosse verdade, as memórias de tais almas deveriam ter sido armazenadas com informações variadas, extremamente estranhas de ouvir.

A nossa é outra transformação, é a morte e a ressurreição: o velho passa e o novo é criado; mas como são notáveis as experiências das pessoas que foram tão transformadas! Aqui está uma pessoa que é uma nova criatura e tem uma lembrança muito distinta da época em que era algo muito diferente do que é agora. Que mudança ela sofreu! Suponhamos que um

---

[3] É a chamada metempsicose.

porco pudesse de repente ser transformado em ser humano e ainda assim lembrar o que fazia quando fazia parte da manada; que experiência teria para contar!

Se vocês pudessem tirar um porco do cocho e transformá-lo em um imperador, isso não seria uma mudança tão grande quanto a que ocorre quando um pecador não regenerado se torna um santo; mas garanto-lhes que o imperador não encontraria muitos motivos para se glorificar em seu velho estado suíno; ele ficaria em silêncio e envergonhado quando outros mencionassem isso. Se aludisse a esse estado, seria sempre com rubores de humilhação e lágrimas de gratidão.

Se alguém começasse a falar sobre isso, e ele soubesse que poderia haver outros ao seu redor que poderiam ser ajudados ao ouvir o que o Senhor havia feito, ele começaria a contar de uma maneira gentil e modesta como o Senhor o transformara de um porco em um monarca, mas ele nunca, nunca se gabaria: como poderia? Nesse caso, os pobres porcos não teriam qualquer responsabilidade e não poderiam ser culpados por chafurdar na lama, mas isto não pode ser dito de nós; pois quando agíamos como porcos, sabíamos o que era melhor e pecávamos voluntariamente.

Ainda assim, que mudança! Como fico admirado! Como me maravilho com a bondade do meu Deus! Como adoro aquele poder sagrado que me fez filho de dois nascimentos, sujeito de duas criações: primeiro Ele me fez à forma de um ser humano, e depois me fez à imagem do ser humano Cristo Jesus. Nasci primeiro para morrer e depois nasci para viver eternamente. Bendigamos a Deus e estejamos cheios de humilde admiração nesta manhã!

O próximo resultado desta nova criação é, no entanto, que o ser humano não se sente em casa neste presente mundo mau, pois esta é a velha criação, e o novo ser humano, o ser humano nascido duas vezes, sente-se como se estivesse fora de seu ambiente e não em um país adequado.

Ele habita um corpo que nada mais é do que uma tenda frágil, desconfortável e facilmente removível, na qual ele geme, desejando ardentemente entrar na sua própria casa e se sentir à vontade, a casa não feita por mãos, eterna nos céus.

Aonde quer que ele vá, as coisas parecem estar fora de ordem com a regra que é estabelecida em sua alma. Ele não ama o mundo, nem as coisas do mundo; as glórias do mundo não o encantam e os seus tesouros não o enlevam. A música da terra irrita seu ouvido refinado, que está afinado com a harmonia celestial; suas iguarias não encantam o paladar, que aprendeu a saborear o pão do céu.

As novas criaturas anseiam por estar na nova criação. E, amados, enquanto estamos sofrendo, estamos nos preparando: o Espírito de Deus está trabalhando em nós para este mesmo fim, e nos enchendo de gemidos e ânsias por uma grande expectativa (2Coríntios 5:4), o que indica que estamos nos tornando cada vez mais aptos para sermos participantes dos santos na luz, que veem o rosto do Amado sem véu, e bebem delícias sempre novas.

Observem mais uma vez: enquanto a nova criatura anseia e espera pela nova criação, ela estende uma influência mais ou menos inconsciente sobre o velho mundo em que habita. Assim como nosso Senhor foi ao céu para preparar um lugar para nós (João 14:1-7), nós, seu povo, ficamos aqui para preparar um lugar para Ele. Estamos ganhando pessoas do mundo para Cristo, estamos elevando o tom da moral, estamos espalhando luz e verdade por todos os lados pelo poder do Espírito, e assim estamos ajudando a tornar o mundo mais bem preparado para receber o grande Rei. Estamos em busca de suas joias, estamos colocando seus súditos rebeldes a seus pés.

A vida que está em nós parece deslocada nesta estrutura mortal, pois o corpo está morto por causa do pecado e, portanto, gememos, estando sobrecarregados. Quanto ao mundo em si, não é o nosso descanso (Miqueias 2:10), pois está poluído. Parece uma coisa terrível para o

Espírito vivo habitar neste cemitério que é o mundo, mas há uma necessidade de estarmos aqui. Estamos ligados a uma criação sujeita à vaidade, porque foi assim sujeita, não voluntariamente, mas por causa daquele que a sujeitou (Romanos 8:20), na esperança de que a própria criação também "será libertada da servidão da corrupção, para a gloriosa liberdade dos filhos de Deus" (Romanos 8:21).

Estamos aqui como elos entre o espiritual e o material, e estamos realizando propósitos divinos para a manifestação mais completa da glória divina. Portanto, consolem-se uns aos outros com estas palavras e, como novas criaturas em Jesus Cristo, aguardem os novos céus e a nova terra, e a vinda de seu Senhor e Salvador. Vocês não sabem que, quando Ele aparecer, então também vocês aparecerão com Ele em glória? Vamos agora mesmo curvar-nos diante dele e saudá-lo com a letra do nosso hino:

> Para ti o mundo traz sua riqueza;
> Para ti seu poder e seu louvor;
> Para ti exultante se eleva a igreja;
> Tu, seu soberano Salvador!
>
> Sob o teu toque, sob o teu sorriso,
> Novos céus e nova terra surgem;
> Não há pecado que contamine esse paraíso,
> Nem lágrima alguma que o ofusque.

SERMÃO PROFERIDO EM 1876.

5

CRISTO, AQUELE QUE DESTRUIU A MORTE

O último inimigo que será destruído é a morte.
1 Coríntios 15:26

DURANTE os quatro domingos anteriores, seguimos nosso Senhor e Mestre em seus grandes feitos. Nós o vimos como o fim da lei, como aquele que venceu Satanás, como aquele que venceu o mundo, como o criador de todas as coisas novas. E agora, nós o contemplamos como aquele que destruiu a morte. Neste e em todos os seus outros feitos gloriosos, vamos adorá-lo de todo o coração.

Que o Espírito de Deus nos conduza ao pleno significado deste que é um dos maiores atributos do Redentor.

Como nosso Senhor Jesus é maravilhosamente um com o ser humano! Pois quando o salmista Davi considerou "os céus, obra dos dedos de Deus" (Salmo 8:3), ele disse: "[Senhor,] o que é o homem, para que sejas cuidadoso com ele? E o filho do homem, para que o visites?" (Salmo 8:4). Ele estava falando de Cristo. Você poderia pensar que ele estivesse pensando no ser humano em seu estado mais humilde, e que ele estivesse se perguntando se Deus deveria se agradar em honrar um ser tão frágil como o pobre filho caído de Adão. Você nunca teria sonhado que o glorioso evangelho estava escondido nessas palavras de grata adoração.

No decorrer dessa meditação, no entanto, Davi continuou dizendo: "Tu fizeste com que ele tivesse domínio sobre as obras de tuas mãos; tu puseste todas as coisas debaixo de seus pés" (Salmo 8:6). Ora, se não fosse pela interpretação do Espírito Santo, ainda teríamos considerado que ele estivesse falando dos seres humanos em geral, e do domínio natural humano sobre a criação bruta, mas eis que, embora isso seja verdade, há outra e muito mais importante verdade de Deus escondida nesse versículo, pois Davi, como profeta, falava principalmente do homem dos homens, do ser humano modelo, do segundo Adão, do cabeça da nova raça humana.

Foi sobre Jesus, o Filho do homem, honrado pelo Pai, que o salmista cantou: "Ele pôs todas as coisas debaixo de seus pés". Não foi estranho que, quando ele falou do ser humano, ele necessariamente falasse também de nosso Senhor? E, no entanto, quando consideramos tal coisa, ela é apenas natural e de acordo com a verdade. Isso só é notável para nós porque em nossas mentes, muitas vezes, consideramos Jesus e o ser humano como distantes, e pouco o consideramos como verdadeiramente um com o ser humano.

Agora, vejam como o apóstolo Paulo infere do salmo a necessidade da ressurreição, pois se todas as coisas devem ser colocadas debaixo dos pés do ser humano Cristo Jesus, então toda forma de mal deve ser vencida por Ele, e a morte entre as demais. "Ele deve reinar, até que ele tenha colocado todos os inimigos debaixo de seus pés" (1Coríntios 15:25). Deve ser assim e, portanto, a própria morte deve ser finalmente vencida. Assim, daquela simples frase do salmo, que de outra forma teríamos lido sem a luz do Espírito Santo, o apóstolo reúne a doutrina da ressurreição.

O Espírito Santo ensinou a seu servo Paulo como, por meio de uma química sutil, ele poderia destilar de palavras simples uma preciosa essência perfumada que o leitor comum nunca suspeitou que existisse. Os textos têm suas gavetas secretas, sua caixa dentro de uma caixa, suas almas ocultas, as quais ficam adormecidas até que aquele que as colocou em seus leitos secretos as desperte para que possam falar ao coração de seus escolhidos.

Você poderia ter conjecturado que há ressurreição a partir do Salmo oito? Não, nem poderia ter acreditado, se não lhe tivesse sido dito, que há fogo nas pederneiras, petróleo na rocha e pão na terra em que pisamos. Os livros dos seres humanos geralmente contêm muito menos do que esperamos, mas o livro do Senhor é cheio de surpresas: é uma quantidade enorme de luz, uma montanha de revelações inestimáveis. Pouco sabemos o que ainda está oculto nas Escrituras. Conhecemos a forma das sãs palavras como o Senhor nos ensinou e nela permaneceremos, mas há armazéns internos que não examinamos, câmaras de revelação iluminadas com lâmpadas brilhantes, talvez brilhantes demais para os nossos olhos neste tempo presente.

Se Paulo, quando o Espírito de Deus repousou sobre ele, pôde ver tanto nos cânticos de Davi, pode chegar o dia em que nós também veremos ainda mais nas epístolas de Paulo, e nos surpreenderemos por não termos entendido melhor as coisas que o Espírito Santo nos falou tão livremente pelo apóstolo. Que neste momento possamos olhar profundamente e longe, e contemplar as sublimes glórias de nosso Senhor ressuscitado.

Ao próprio texto, então: a morte é um inimigo; a morte é um inimigo a ser destruído; a morte é um inimigo a ser destruído por último — "o último inimigo que será destruído é a morte".

I

A morte, um inimigo. Ela nasceu dessa maneira, assim como Hamã, o agagita, era inimigo de Israel por sua ascendência (Ester 9:24). A morte é filha do nosso pior inimigo, pois "o pecado, sendo consumado, gera a morte" (Tiago 1:15). "O pecado entrou no mundo, e pelo pecado a morte" (Romanos 5:12). Agora, aquilo que é claramente fruto da transgressão não pode ser outra coisa senão um inimigo do ser humano. A morte foi introduzida no mundo naquele dia sombrio que viu nossa queda (Gênesis 2:17), e aquele que tinha o poder sobre ela é nosso arqui-inimigo e traidor, o Diabo (Hebreus 2:14): de ambos os fatos devemos considerá-la como inimigo manifesto do ser humano.

A morte é uma estranha neste mundo. Ela não entrou no projeto original da criação não caída, mas sua intrusão arruína e estraga o todo. Ela não faz parte do rebanho do Grande Pastor, mas é um lobo que vem para matar e destruir. A geologia nos diz que houve morte entre as diversas formas de vida desde os primeiros tempos da história da terra, mesmo quando o mundo ainda não estava preparado para ser a morada do ser humano.

Posso acreditar nisso e ainda considerar a morte como resultado do pecado. Se puder ser provado que existe uma tal unidade orgânica entre o ser humano e os animais inferiores, os quais não teriam morrido se Adão não tivesse pecado, então vejo nessas mortes antes de Adão as consequências antecedentes de um pecado que ainda não havia sido cometido. Se pelos méritos de Jesus houve salvação antes que Ele tivesse oferecido seu sacrifício expiatório (Apocalipse 13:8), não acho difícil conceber que os deméritos previstos do pecado possam ter lançado a sombra da morte sobre as longas eras que precederam a transgressão da humanidade.

Disto pouco sabemos, nem é importante que o saibamos, mas é certo que, no que diz respeito à presente criação, a morte não é uma convidada que foi chamada por Deus, mas uma intrusa cuja presença estraga a festa. O ser humano, na sua loucura, deu boas-vindas a Satanás e ao pecado quando estes forçaram a entrada na grande festa do Paraíso, mas nunca quis receber a morte: até mesmo seus olhos cegos podiam ver naquele esqueleto um inimigo cruel. Como o leão para os rebanhos da planície, como a foice para os semeadores do campo, como o vento para as folhas secas da floresta, tal é a morte para os filhos dos homens. Eles a temem por um instinto interior, porque a sua consciência lhes diz que ela é filha de seu pecado.

A morte é corretamente chamada de inimigo porque ela faz o trabalho do inimigo em relação a nós. Com que propósito vem um inimigo senão para desarraigar, demolir e destruir? (Jeremias 1:10). A morte faz em pedaços aquela bela obra de Deus, a estrutura do corpo humano, tão maravilhosamente trabalhada pelos dedos da habilidade divina. Lançando este rico bordado na sepultura entre os exércitos de vermes, para a sua feroz tropa, a morte divide "[a cada um] um despojo de várias cores, um despojo de várias cores de bordados" (Juízes 5:30), e eles impiedosamente rasgam em pedaços o despojo!

Este edifício da nossa condição humana é uma casa bela de se ver, mas a morte, a destruidora, escurece as suas janelas, sacode os seus pilares, fecha as suas portas e faz cessar o som do moinho. Então as filhas da música são humilhadas e os homens fortes se curvam. Este vândalo não poupa nenhuma obra da vida, por mais cheia de sabedoria ou beleza que seja, pois afrouxa o cordão de prata e quebra a taça de ouro; eis que na fonte, o caro cântaro está totalmente despedaçado, e na cisterna, a roda bem trabalhada está quebrada (Eclesiastes 12:6).

A morte é uma invasora feroz dos reinos da vida, e onde quer que vá, derruba todas as árvores boas, fecha todos os poços de água e arruína todos os bons pedaços de terra com pedras. Vejam alguém quando a morte exerceu sua vontade sobre ele: que ruína ele é! Como sua beleza se transformou em cinzas e sua formosura, em corrupção. Certamente um inimigo fez isso.

Vejam, meus irmãos e irmãs, o curso da morte em todas as épocas e em todas as terras. Que campo existe sem um túmulo? Que cidade sem um cemitério? Onde podemos ir sem encontrar sepulcros? Assim como a costa arenosa está coberta de montes de areia jogados para fora por vermes, assim você, ó terra, está coberta com aqueles morrinhos de grama, sob os quais dormem as gerações de pessoas que partiram.

E você, ó mar, nem mesmo você está sem seus mortos! Como se a terra estivesse cheia demais de cadáveres, e eles se acotovelassem em seus sepulcros lotados, até mesmo em suas cavernas, ó poderoso oceano, os corpos dos mortos são lançados! Suas ondas deverão ser contaminadas com carcaças humanas, e em seu chão deverão repousar os ossos dos mortos.

Nosso inimigo, a morte, marchou, por assim dizer, com espada e fogo devastando a raça humana. Nem os godos, nem os hunos, nem os tártaros[1] poderiam ter matado tão universalmente todos os que respiravam, pois a morte não permitiu que ninguém escapasse. Em todos os lugares ela murchou as alegrias das famílias, e criou tristezas e suspiros! Em todas as terras onde o sol é visto, ela cegou os olhos humanos com choro. A lágrima dos enlutados, o lamento da viúva e o gemido do órfão: estes têm sido a música de guerra da morte, e a morte encontrou neles uma canção de vitória!

Os maiores conquistadores foram apenas os algozes da morte, os açougueiros que trabalhavam em sua carnificina. A guerra nada mais é do que a morte festejando descontroladamente, e devorando sua presa com um pouco mais de pressa do que é de costume.

A morte age como um inimigo para aqueles de nós que ainda escaparam de suas flechas. Aqueles que recentemente estiveram ao redor de uma

---

[1] Povos que invadiram a Europa vindos da Ásia.

sepultura nova e enterraram metade de seu coração ali, podem dizer que inimigo a morte é. Ela tira o amigo do nosso lado, e a criança do nosso colo, sem se importar com nosso choro. Caiu aquele que era o sustentáculo da casa; foi tomada aquela que era o brilho do lar! O pequenino é arrancado do seio da mãe, ainda que sua perda quase destrua o coração dela, e o jovem vigoroso é tirado do lado de seu pai, e as maiores esperanças dos pais são assim destruídas.

A morte não tem piedade dos jovens, nem misericórdia dos velhos! Ela não dá atenção ao bom ou ao belo! Sua foice corta flores doces e ervas daninhas com igual prontidão! Ela entra em nosso jardim, pisoteia nossos lírios, e espalha nossas rosas no chão! Sim, mesmo as flores mais modestas plantadas num canto, e escondendo sua beleza sob as folhas para que corem sem serem vistas, a morte espreita até mesmo estas. Ela não se importa com a fragrância delas, mas as murcha com seu hálito ardente.

Ela é realmente seu inimigo, você, filho sem pai, deixado para ser atacado pela tempestade impiedosa de um mundo cruel sem ninguém para protegê-lo. Ela é seu inimigo, ó viúva, pois a luz da sua vida se foi, e o encanto dos seus olhos foi removido com um golpe. Ela é seu inimigo, marido, pois sua casa está desolada, e seus filhinhos choram pela mãe, de quem a morte o roubou. Ela é o inimigo de todos nós, pois qual chefe de família entre nós não teve que lhe dizer: "Você me enlutou várias vezes!"?

A morte é inimiga dos vivos quando invade a casa de Deus e faz com que o profeta e o sacerdote sejam contados com os mortos. A igreja lamenta quando seus ministros mais úteis são abatidos, quando o olho vigilante se fecha nas trevas e a língua instrutiva fica muda. No entanto, quantas vezes a morte guerreia contra nós. O sincero, o ativo, o infatigável são retirados de nós; aqueles mais poderosos em oração; aqueles mais afetuosos de coração.

Os mais exemplares na vida são eliminados no meio do seu trabalho, deixando para trás uma igreja que precisa deles mais do que a língua pode dizer. Se o Senhor apenas ameaça permitir que a morte se apodere de um amado pastor, as almas do seu povo ficam cheias de tristeza, e veem a morte como o seu pior inimigo, enquanto suplicam ao Senhor e rogam-lhe que dê vida ao seu ministro.

Mesmo aqueles que morrem podem muito bem considerar a morte como seu inimigo. Não quero dizer agora que subiram para os seus assentos e, como espíritos desencarnados, contemplam o Rei na sua beleza; mas antes, enquanto a morte se aproximava deles. Ela parecia ser um inimigo para sua carne trêmula, pois não é da natureza, exceto em momentos de extrema dor ou desequilíbrio mental, ou de excessiva expectativa de glória, que estejamos apaixonados pela morte.

Foi sábio da parte de nosso Criador nos constituir de modo que a alma amasse o corpo, e o corpo amasse a alma, e eles desejassem viver juntos enquanto pudessem; caso contrário, se não houvesse cuidado com a autopreservação, o suicídio teria destruído a raça:

> Quem sofreria os relhos e a irrisão do mundo,
> O agravo do opressor, a afronta do orgulhoso
> [...]
> Quando alcançasse a mais perfeita quitação
> Com a ponta de um punhal?[2]

É a primeira lei da nossa natureza que seja pele por pele, sim; tudo o que alguém tem, ele dará pela sua vida (Jó 2:4), e assim temos coragem de lutar pela existência e de evitar aquilo que nos destruiria. Este instinto útil torna a morte um inimigo, mas também ajuda a manter-nos afastados

---

[2] A tragédia de *Hamlet, príncipe da Dinamarca*, por William Shakespeare, c. 1599-1601. Ato III, cena I.

desse crime de todos os crimes, a condenação mais certa: se alguém o cometer voluntariamente, e em seu juízo perfeito; quero dizer, o crime de suicídio.

Quando a morte chega, mesmo para alguém bom, ela vem como um inimigo, pois é acompanhada por arautos terríveis e batedores sombrios que nos assustam muito:

> Febre com fronte ardendo.
> Tuberculose pálida; paralisia, meio aquecida pela vida,
> E meio pedaço de barro frio; articulações torturadas pela gota,
> E fluxão que sempre corrói; convulsão fortíssima;
> Hidropisia inchada; asma ofegante;
> Apoplexia que devora completamente.

Nada disso acrescenta uma partícula de beleza ao aspecto da morte. Ela vem com dores e sofrimentos. Ela vem com suspiros e lágrimas. Nuvens e trevas estão ao seu redor. Uma atmosfera carregada de poeira oprime aqueles de quem ela se aproxima, e um vento frio os arrepia até a medula. Ela cavalga no cavalo pálido (Apocalipse 6:8), e onde seu corcel pisa, a terra se torna um deserto. Seguindo os passos daquele terrível corcel, o verme é despertado para consumir os mortos! Quando esquecemos outras grandes verdades de Deus, e nos lembramos apenas dessas coisas terríveis, a morte é o rei dos terrores para nós. Os corações estão adoecidos e as rédeas são afrouxadas por causa dela.

Mas, de fato, ela é um inimigo, pois o que ela vem fazer com o nosso corpo? Eu sei que ela faz aquilo que, por fim, leva à sua melhoria, mas ainda assim, é aquilo que, em si e no presente, não é alegre, mas doloroso. Ela vem para tirar a luz dos olhos, a audição dos ouvidos, a fala da língua, a atividade da mão e o pensamento do cérebro. Ela vem para transformar uma pessoa viva em uma massa de putrefação, para degradar a amada forma de um irmão e amigo a tal condição de corrupção que a própria amizade clama: "Enterre meus mortos fora da minha vista".

Morte, você, filha do pecado, Cristo a transformou maravilhosamente, mas em você mesma você é um inimigo diante do qual tremem a carne e o sangue, pois sabem que você é a assassina de todos os nascidos de mulher, cuja sede por presas humanas o sangue das nações não pode saciar!

Se vocês pensarem por alguns momentos nesse inimigo, observarão alguns traços de sua natureza. Ela é o inimigo comum de todo o povo de Deus e o inimigo de todos os seres humano. Por mais que alguns tenham sido persuadidos de que não deveriam morrer, ainda assim, não há saída nesta guerra. E se neste recrutamento, alguém escape de ser escolhido por muitos e muitos anos até que sua barba grisalha pareça afrontar a geada mais dura do inverno, ainda assim, tal pessoa de ferro finalmente cede! Está ordenado a todos que morram uma vez (Hebreus 9:27).

O ser humano mais forte não tem o elixir da vida eterna para renovar sua juventude em meio à decadência da idade, nem o príncipe mais rico tem um preço com o qual subornar a destruição. Ao túmulo você deve descer, ó monarca coroado, pois cetros e pás são semelhantes! Ao sepulcro você deve descer, ó poderoso valente, pois a espada e a enxada são do mesmo metal! O príncipe é irmão do verme, e deve morar na mesma casa. De toda a nossa raça, é verdade: "Pó tu és, e ao pó tu retornarás" (Gênesis 3:19).

A morte também é um inimigo sutil, à espreita em todos os lugares, mesmo nas coisas mais inofensivas. Quem pode dizer onde a morte não preparou a sua emboscada? Ela nos encontra dentro de casa e fora dela. À mesa, ela ataca as pessoas em sua comida, e na fonte envenena, sua bebida. Ela nos arma ciladas nas ruas, e nos pega em nossas camas. Ela cavalga na tempestade no mar, e caminha conosco quando estamos andando em terra firme.

Para onde podemos fugir de você, ó morte, pois desde o cume dos Alpes os seres humanos caíram para as suas sepulturas, e nos lugares profundos da terra onde o mineiro desce para encontrar o minério precioso, lá você sacrificou muitas hecatombes de vidas preciosas!

A morte é um inimigo sutil, e com passos silenciosos segue nossos calcanhares quando menos pensamos nela. Ela é um inimigo que nenhum de nós será capaz de evitar, não importando quaisquer trilhas que peguemos, nem poderemos escapar dela quando chegar a nossa hora. Para dentro das redes deste passarinheiro, como os pássaros, todos nós voaremos! Em sua grande rede de arrasto todos os peixes do grande mar da vida deverão ser capturados quando seu dia chegar.

Tão certo quanto o sol se põe, ou como as estrelas da meia-noite finalmente descem abaixo do horizonte, ou como as ondas afundam de volta no mar, ou como a bolha estoura, todos nós devemos, mais cedo ou mais tarde, chegar ao nosso fim e desaparecer da terra para não sermos mais conhecidos entre os vivos.

Repentinos, também, com muita frequência, são os ataques deste inimigo:

> As folhas têm seu tempo de cair,
> E as flores murcham ao sopro do vento norte,
> E as estrelas se põem — e em tudo,
> tem todas as estações para si, ó morte![3]

Tais coisas aconteceram para que pessoas morressem sem aviso prévio. Com um salmo nos lábios elas faleceram. Ou ocupadas em seus negócios diários, foram convocadas a prestar contas. Ouvimos falar de alguém que, quando o jornal da manhã lhe trouxe a notícia da morte de um amigo de

---

[3] *The Hour of Death* [A hora da morte], Felicia Dorothea Hemans, 1823.

negócios, estava calçando as botas para ir ao seu escritório de contabilidade, e observou com uma risada que, no que lhe dizia respeito, ele estava tão ocupado que não tinha tempo para morrer. No entanto, antes que as palavras terminassem, ele caiu para frente e era um cadáver.

As mortes súbitas não são tão incomuns a ponto de se tornarem maravilhas, se vivermos no meio de um grande grupo de pessoas. Isto é a morte: um inimigo que não deve ser desprezado ou menosprezado. Lembremo-nos de todas as suas características, e não estaremos inclinados a pensar levianamente no terrível inimigo que nosso glorioso Redentor destruiu.

II

Em segundo lugar, lembremo-nos que a morte é *um inimigo a ser destruído*. Lembrem-se de que nosso Senhor Jesus Cristo já operou uma grande vitória sobre a morte, de modo que Ele nos libertou da servidão por toda a vida que tínhamos pelo medo (Hebreus 2:15). Ele ainda não destruiu a morte, mas chegou muito perto disso, pois nos é dito que Ele "aboliu a morte e trouxe a vida e a imortalidade à luz por meio do evangelho" (2Timóteo 2:10). Isto certamente deve chegar muito perto de ter destruído completamente a morte.

Em primeiro lugar, nosso Senhor subjugou a morte no sentido mais profundo possível ao libertar seu povo da morte espiritual. "E vos vivificou, estando mortos em transgressões e pecados" (Efésios 2:1). Antigamente vocês não tinham vida divina alguma, mas a morte da depravação original permanecia em vocês, e assim vocês estavam mortos para todas as coisas divinas e espirituais. Mas agora, amados, o Espírito de Deus, o mesmo que ressuscitou Jesus Cristo dentre os mortos, ressuscitou vocês para uma novidade de vida, e vocês se tornaram novas criaturas em Cristo Jesus. Neste sentido, a morte foi subjugada.

Nosso Senhor, durante sua vida, também venceu a morte restaurando a vida de certos indivíduos. Houve três casos memoráveis em que, a seu comando, o último inimigo renunciou à sua presa.

Nosso Senhor entrou na casa do governante da sinagoga e viu a menina que recentemente adormecera na morte, em torno de quem choravam e lamentavam. Ele ouviu suas risadas desdenhosas quando disse: "Ela não está morta, mas dorme", e Ele os expulsou e disse a ela: "Menina, levante-te!" (Lucas 8:41,42; 49-56). Então o saqueador foi saqueado, e a porta da masmorra foi aberta! Ele parou o cortejo fúnebre nos portões de Naim, de onde carregavam um jovem, "filho único de sua mãe, que era viúva", e disse: "Jovem, digo-te: Levanta-te". Quando aquele jovem se sentou, e nosso Senhor o entregou à sua mãe, então, novamente, a presa foi tirada do valente (Lucas 7:11-17).

O principal de todos os casos foi quando Lázaro ficou na sepultura por tanto tempo que sua irmã disse: "Senhor, a essa altura ele cheira mal", quando, em obediência à palavra: "Lázaro, vem para fora", adiante veio o ressuscitado com suas vestes mortuárias ainda sobre ele, mas ainda assim realmente vivificado, então a morte foi vista como subserviente ao Filho do homem! "Desatai-o, e deixai-o ir", disse o Cristo vencedor, e as cadeias da morte foram removidas, pois o cativo legítimo fora liberto (João 11:1-45). Quando, na ressurreição do Redentor, muitos dos santos se levantaram e saíram dos seus túmulos para a cidade santa (Mateus 27:53), então o Senhor crucificado foi proclamado vitorioso sobre a morte e a sepultura.

Ainda assim, irmãos e irmãs, estes foram apenas conflitos preliminares e meros prenúncios da grande vitória pela qual a morte foi derrotada. O verdadeiro triunfo foi alcançado na cruz:

Ele, o inferno no inferno aniquilou
Feito pecado, o pecado derrotou:

rebaixado até a sepultura, também a sepultou,
E a morte, ao morrer, a matou.⁴

Quando Cristo morreu, Ele sofreu a pena de morte em nome de todo o seu povo e, portanto, ninguém que crê morre agora como punição pelo pecado, uma vez que não podemos sonhar que um Deus justo exigiria duas vezes a pena por uma ofensa! A morte, desde que Jesus morreu, não é uma imposição penal aos filhos de Deus. Como tal, Ele a aboliu e nunca poderá ser aplicada. Por que os santos morrem, então? Ora, porque seus corpos devem ser mudados antes que possam entrar no céu. "Carne e sangue", como são, "não podem herdar o reino de Deus" (1Coríntios 15:50). Uma mudança divina deve ocorrer no corpo antes que ele esteja apto para a incorrupção e a glória. E a morte e a sepultura são, por assim dizer, o crisol e a fornalha por meio dos quais o corpo é preparado para sua felicidade futura.

Morte, é verdade que você não foi ainda destruída, mas nosso Redentor vivo a mudou tanto que você não é mais a morte, mas algo diferente do seu nome. Os santos não morrem agora, mas são dissolvidos e partem.

A morte é o afrouxamento do cabo que permite ao barco navegar livremente até os belos portos! A morte é a carruagem de fogo na qual ascendemos a Deus (2Reis 2:11,12): é a voz gentil do Grande Rei que entra em seu salão de banquetes e diz: "Amigo, suba para o alto". Eis que montamos em asas de águia, voamos para longe desta terra de neblina e nuvens, para a eterna serenidade e brilho da própria casa de Deus nas alturas!

Sim, nosso Senhor aboliu a morte! O aguilhão da morte é o pecado (1Coríntios 15:56) e nosso grande Substituto removeu esse aguilhão com

---

⁴ *His be the Victor's name* [A Ele seja o nome de vitorioso], Samuel W. Gandy, 1838.

seu grande sacrifício. Agora, sem aguilhão, a morte habita entre o povo de Deus, e os fere tão pouco que, para eles, "morrer não é a morte".[5]

Além disso, Cristo venceu a morte, e a venceu completamente quando ressuscitou. Como é tentador pintar um quadro da ressurreição, mas não serei levado a tentar mais do que algumas pinceladas.

Quando nosso grande Campeão acordou de seu breve sono da morte, e se viu na sala de estar da sepultura, Ele calmamente começou a tirar as vestimentas mortuárias. Como Ele agiu sem pressa! Ele dobrou o lenço e colocou-o de lado, para que aqueles que perdem amigos enxugassem os olhos. E então, Ele tirou os panos enrolados e colocou a mortalha separada (João 20:1; 3-7), a fim de que ela pudesse estar lá quando seus santos ali chegassem, para que o cômodo pudesse estar bem mobiliado, e a cama coberta com lençóis e preparada para o descanso deles.

O sepulcro não é mais uma câmara vazia, um ossuário sombrio, mas um cômodo de descanso, um dormitório mobiliado e preparado, coberto com os tecidos que o próprio Cristo legou! Agora não é mais uma prisão úmida, escura e sombria. Jesus mudou tudo isso:

> Agora é um aposento aonde anjos cabais
> Vêm e vão com notícias celestiais.

O anjo do céu removeu a pedra do sepulcro de nosso Senhor (Mateus 28:2) e deixou entrar ar fresco e luz novamente sobre nosso Senhor, e Ele saiu mais do que vencedor! A morte havia fugido. O túmulo capitulou:

> Vive novamente nosso glorioso Rei!
> Onde, ó morte, está agora o teu aguilhão?

---

[5] *It Is Not Death to Die* [Morrer não é a morte], Henri Abraham César Malan, 1832.

Uma vez que para nossas almas salvar Ele morreu;
Onde está tua vitória, sepultura orgulhosa?[6]

Bem, irmãos e irmãs, tão certo quanto Cristo ressuscitou, Ele também garantiu com certeza absoluta a ressurreição de todos os seus santos para uma vida gloriosa para seus corpos, já que a vida de suas almas nunca parou nem por um momento. Nisto Ele venceu a morte; e desde aquela memorável vitória, a cada dia, Cristo está vencendo a morte, pois Ele dá seu Espírito aos seus santos (Romanos 8:11), e tendo esse Espírito dentro deles, eles enfrentam o último inimigo sem temor: muitas vezes, eles a confrontam com canções. Talvez com mais frequência, a encarem com semblante calmo e adormeçam em paz.

Não terei medo de você, morte; por que deveria? Você parece um dragão, mas seu aguilhão desapareceu! Seus dentes estão quebrados, ó velho leão; por que eu deveria temer você? Eu sei que você não é mais capaz de me destruir, mas você foi enviada como um mensageiro para me conduzir ao portão de ouro onde entrarei e verei o rosto descoberto do meu Salvador para sempre.

Os santos que estão morrendo costumam dizer que suas últimas camas foram as melhores em que já dormiram. Muitos deles perguntaram: "Diga-me, minh'alma, isso pode ser a morte?".[7]

Morrer tem sido algo tão diferente do que eles esperavam, tão leve e tão alegre! Foram-lhe tirados tanto peso de todos os cuidados, eles se sentiram tão aliviados em vez de sobrecarregados, que se perguntaram se este poderia ser o monstro ao qual tanto temiam todos os dias. Eles acham

---

[6] *Christ, the Lord Is Risen Today*, Charles Wesley, 1739 [versão em português: *Cristo já ressuscitou*, Henry M. Wright, 1887]. Os versos aqui citados não aparecem na versão em português.
[7] *The Dying Christian to his Soul*, Alexander Pope, 1712.

que foi uma picada de alfinete, ao passo que temiam que fosse um golpe de espada!

É o fechamento dos olhos na terra e a abertura deles no céu, embora eles pensassem que teria sido um alongamento no cavalete[8], ou uma passagem sombria por uma região sinistra de escuridão e pavor! Amados, nosso exaltado Senhor venceu a morte de todas essas maneiras.

Mas agora observem que este não é o texto — o texto fala de algo ainda a ser feito. O último inimigo que será destruído é a morte, de modo que a morte, no sentido que o texto dá, ainda não foi destruída. Ela será destruída, e como será isso?

Bem, presumo que ela será destruída no sentido, primeiramente, de que na vinda de Cristo, aqueles que estiverem vivos e permanecerem assim não verão a morte. Eles serão mudados — deve haver uma mudança, até mesmo para os vivos, antes que possam herdar a vida eterna, mas na verdade não morrerão. Não os invejem, pois não terão preferência em relação àqueles que dormem (1Tessalonicenses 4:13-15).

Em vez disso, penso que o destino dos que estarão vivos é inferior em alguns aspectos ao dos que dormem. Mas os vivos não conhecerão a morte: a multidão dos que são do Senhor que estiverem vivos na sua vinda passará para a glória sem precisar morrer. Assim, a morte, no que lhes diz respeito, será destruída.

Mas para os que dormem, as miríades que deixaram a carne e os ossos para serem moldados de volta à terra, a morte será destruída, mesmo em relação a eles, pois quando a trombeta soar, eles se levantarão do túmulo (1Coríntios 15:52). A ressurreição é como a destruição da morte.

Nunca ensinamos, nem cremos, nem pensamos que cada partícula de cada corpo que foi colocado na sepultura iria juntar-se ao seu semelhante, e que o material absolutamente idêntico subiria; mas dizemos que o corpo

---

[8] Instrumento de tortura em que a pessoa era esticada pelos pulsos e tornozelos.

idêntico será ressuscitado, e que com a mesma certeza assim como sai da terra a semente que foi colocada nela, embora em uma aparência muito diferente, pois ela não surge como uma semente, mas como uma flor, assim certamente o mesmo corpo ressuscitará (1Coríntios 15:35-39).

O mesmo material não é necessário, mas sairá da sepultura, sim, sairá da terra, caso nunca tenha visto uma sepultura, ou sairá do mar, se foi devorado por monstros marinhos, aquele mesmo corpo para a verdadeira identidade que foi habitado pela alma enquanto aqui embaixo. Não foi assim com nosso Senhor? Então assim será com o seu povo. E então se cumprirá o dizer que está escrito: "A morte foi tragada em vitória. Ó morte, onde está o teu ferrão? Ó sepultura, onde está a tua vitória?" (1Coríntios 15:54,55).

Haverá esta característica na vitória de nosso Senhor: a morte será totalmente destruída, pois aqueles que ressuscitarem não ficarão nem um pouco piores por terem morrido. Creio, no que diz respeito a esses novos corpos, que não haverá neles nenhum vestígio da debilidade da velhice. Nenhuma marca de doença longa e cansativa, nenhuma das cicatrizes do martírio. A morte não terá deixado sua marca neles, exceto se for alguma marca de glória que será para sua honra, como as cicatrizes na carne do Amado (João 20:27-29), que são sua principal beleza mesmo agora, aos olhos daqueles por quem suas mãos e pés foram traspassados. Neste sentido, a morte será destruída porque ela não terá causado nenhum dano aos santos — o próprio traço de decadência terá sido varrido dos remidos.

E então, finalmente, depois desta trombeta do Senhor, não haverá mais morte, nem tristeza, nem choro, pois as coisas anteriores terão passado (Apocalipse 21:4). "Cristo ressuscitado dentre os mortos, já não morre; a morte não tem mais domínio sobre ele" (Romanos 6:9). E assim os vivificados, seus próprios remidos, também não morrerão mais. Oh, terrível suposição de que eles algum dia teriam que passar por tentação, dor ou morte uma segunda vez! Não pode ser. "Porque eu vivo", diz Cristo, "eles viverão também" (João 14:19).

Ainda assim, a doutrina da imortalidade natural da alma, tendo sido abandonada por alguns, eles sentiram-se obrigados a desistir tanto da eternidade do castigo futuro como da eternidade da bem-aventurança futura, e certamente, no que diz respeito a alguns grandes textos de prova, eles permanecem ou caem juntas! "Irão estes para o castigo eterno; mas os justos para a vida eterna" (Mateus 24:46).

Se um estado é breve, o outro também deve ser: qualquer que seja o significado do adjetivo num caso, significa no outro. Para nós, a palavra significa "duração infinita" em ambos os casos, e ansiamos por uma felicidade que nunca conhecerá fim ou duração. Então, na terra sem lágrimas, sem tristeza e sem sepultura, a morte será totalmente destruída.

III

E agora, em último lugar, e a palavra "último" soa apropriadamente neste caso, *a morte deve ser destruída por último*. Porque ela entrou por último, ela deve sair por último.

A morte não foi o primeiro dos nossos inimigos. Primeiro veio o Diabo, depois o pecado e depois a morte. A morte não é o pior dos inimigos. A morte é um inimigo, mas é preferível aos nossos outros adversários. Seria melhor morrer mil vezes do que pecar. Ser provado pela morte não é nada comparado a ser tentado por Satanás! As meras dores físicas relacionadas com a decomposição são ninharias comparadas com a dor hedionda que é causada pelo pecado, e o fardo que um sentimento de culpa causa à alma.

Não, a morte é apenas um dano secundário em comparação com a contaminação do pecado. Deixe os grandes inimigos caírem primeiro; fira o pastor, e as ovelhas se espalharão (Zacarias 13:7). Que o pecado e Satanás, o senhor de todos estes males, sejam derrotados primeiro, e a morte pode muito bem ser deixada por último.

Observem que a morte é o último inimigo de cada pessoa cristã, e o último a ser destruído. Ora, agora, se a palavra de Deus diz que ela é o último, preciso lembrá-los de uma pequena sabedoria prática: deixe-a ser o último. Irmão, não conteste a ordem indicada, mas deixe o último ser o último!

Conheci um irmão que desejava vencer a morte muito antes de morrer. Mas, irmão, você não precisa da graça da morte até a hora de morrer! Qual seria o benefício da graça para morrer enquanto você ainda está vivo? Um barco só será necessário quando chegar a um rio. Peçam graça de viver e glorifiquem a Cristo, e então vocês terão a graça para morrer quando chegar a hora da morte! Seu inimigo será destruído, mas não hoje.

Há uma grande quantidade de inimigos a serem combatidos hoje, e vocês podem se contentar em deixar este em paz por um tempo! Este inimigo será destruído, mas ignoramos os tempos e as estações (Atos 1:7); a nossa sabedoria é sermos bons soldados de Jesus Cristo (2Timóteo 2:3), conforme exige o dever de cada dia. Aceite suas provações conforme elas vierem, irmão!

À medida que os inimigos marcham, mate-os, fileira após fileira! Mas se você falhar, em nome de Deus, em destruir as fileiras da frente e dizer: "Não, só tenho medo das fileiras de trás", então você está fazendo papel de bobo! Deixe o choque final de armas até o último adversário avançar! Enquanto isso, mantenha seu lugar no conflito. Deus irá, no devido tempo, ajudá-lo a vencer o seu último inimigo, mas enquanto isso, trate de vencer o mundo, a carne e o Diabo!

Se você viver bem, morrerá bem. Essa mesma Aliança na qual o Senhor Jesus lhe deu a vida contém, também, a concessão da morte, pois: "todas as coisas são vossas [...] a vida, ou a morte, ou as coisas do presente, ou as coisas vindouras, tudo é vosso, e vós sois de Cristo, e Cristo é de Deus" (1Coríntios 3:21; 22-23).

Por que a morte é deixada para o fim? Bem, acho que é porque Cristo pode fazer muito uso dela. O último inimigo que será destruído é a morte, porque a morte é de grande utilidade antes de ser destruída. Oh, que lições alguns de nós aprendemos com a morte!

"Nossos amigos que estão a morrer vêm sobre nós como uma nuvem, para umedecer nossos ardores estúpidos"[9], para nos fazer sentir que não vale a pena viver por esses pobres entretenimentos fugazes! Eles nos lembram que, assim como outros morrem, nós também devemos partir, e assim ajudam a nos libertar deste mundo e nos incitam a levantar asas e ascender em direção ao mundo vindouro!

Talvez não haja sermões como as mortes que aconteceram em nossas casas. A partida de nossos amados amigos tem sido para nós discursos solenes de sabedoria divina, que nossos corações não puderam deixar de ouvir. Portanto, Cristo poupou a morte para torná-la um pregador a seus santos.

E vocês sabem, irmãos e irmãs, que se não tivesse havido morte, os santos de Deus não teriam tido a oportunidade de exibir o mais alto ardor de seu amor. Onde o amor a Cristo mais triunfou? Ora, na morte dos mártires na fogueira e na tortura! Ó Cristo, tu nunca tiveste guirlandas tecidas para ti por mãos humanas como as que eles a ti levaram, os quais subiram ao céu das florestas da perseguição, tendo atravessado rios de sangue! Pela morte por Cristo, os santos o glorificaram mais.

O mesmo acontece com os santos que morrem de mortes comuns: eles não teriam tido o teste de fé e o trabalho de paciência como agora, se não tivesse havido a morte! Parte da razão da continuação desta dispensação é que o Cristo de Deus pode ser glorificado, mas se os que

---

[9] *Night Thoughts: The Death of Friends* [Pensamentos noturnos: a morte dos amigos], de *Night III*, Edward Young, 1797.

creem nunca morressem, a consumação suprema da vitória da fé deveria ter sido desconhecida.

Irmãos e irmãs, se me é permitido morrer como vi morrer alguns dos membros da nossa igreja, aguardo a grande ocasião! Eu não gostaria de escapar da morte por alguma trilha se pudesse cantar como eles cantaram. Se eu pudesse ter tais hosanas e aleluias brilhando em meus olhos como os vi e ouvi deles, seria uma coisa bendita morrer! Sim, como um teste supremo de amor e fé, a morte é bem adiada por um tempo para permitir que os santos glorifiquem seu Mestre!

Além disso, irmãos, sem a morte, não seríamos tão conformados com Cristo como seremos se adormecermos nele. Se pudesse haver algum ciúme no céu entre os santos, acho que qualquer santo que não morra, mas seja transformado quando Cristo vier, quase poderia encontrar a mim e a você, que provavelmente morrerá, e dizer: "Meu irmão, há uma coisa que perdi: eu nunca deitei na sepultura. Nunca tive as mãos frias da morte impostas sobre mim, e nisso não me conformei com meu Senhor. Mas você sabe o que é ter comunhão com Ele, mesmo em sua morte".

Eu não disse que aqueles que estavam vivos e permanecem não deveriam ter preferência sobre os que estão dormindo? Acho que a preferência, no mínimo, pertencerá a nós que dormimos em Jesus e acordamos à sua semelhança.

A morte, queridos amigos, ainda não foi destruída, porque leva os santos para casa. Ela apenas vai até eles e sussurra sua mensagem, e em um momento eles são supremamente abençoados!

Libertado do pecado, do cuidado e da angústia,
e com o Salvador descansar.[10]

---

[10] *In Vain My Fancy Strives to Paint* [Em vão são minhas caprichosas tentativas de descrever], John Newton, 1799.

E assim a morte não foi ainda destruída, pois ela atende a propósitos úteis. Mas, amados, ela será destruída. Ela é o último inimigo da igreja como um todo. A igreja, como corpo, teve que enfrentar uma multidão de inimigos, mas depois da ressurreição diremos: "Este é o último inimigo. Não sobrou outro!". A eternidade continuará em felicidade incessante. Poderão haver mudanças, trazendo novas delícias, talvez. Na eternidade que está por vir, poderá haver eras e séculos de felicidade ainda mais surpreendente, e de êxtase ainda mais superlativo! Mas não haverá...

Nenhum alarme brusco de inimigos ferozes,
Nenhuma preocupação que interrompa o repouso final.

O último inimigo que será destruído é a morte, e se o último inimigo for morto, não poderá haver inimigo futuro! A batalha é travada e a vitória é conquistada para sempre! E quem a ganhou? Quem, senão o Cordeiro que está assentado no trono (Apocalipse 5:13), a quem todos atribuímos honra, glória, majestade, poder, domínio e força para todo o sempre? O Senhor nos ajude em nossa solene adoração. Amém!

Sermão proferido em 1876.

6

CRISTO, O TRIUNFANTE

E, despojando os principados e potestades, os expôs abertamente, triunfando sobre eles em si mesmo.
Colossenses 2:15

AOS olhos da razão, a cruz é o centro da tristeza e o abismo mais profundo da vergonha. Jesus morre como um malfeitor (Isaías 53:12). Ele é pendurado em um madeiro destinado a criminosos e derrama seu sangue no monte comum da condenação, tendo ladrões como seus companheiros (Lucas 23:32,33). Em meio à zombaria, ao escárnio, ao desprezo, à obscenidade e à blasfêmia (Lucas 23:35-39), Ele entrega seu espírito (Lucas 23:46). A terra o repudia e o eleva de sua superfície, e o céu não lhe dá luz, mas escurece o sol do meio-dia na hora de sua aflição (Lucas 24:44). A imaginação não consegue descer ao mais profundo sofrimento em que o Salvador mergulhou. Nem a malícia satânica poderia ter engendrado a mais negra calúnia que foi lançada contra Ele. Ele não escondeu o rosto da vergonha e da cuspida; e que vergonha e cuspida foram aquelas (Mateus 26:67)!

Para o mundo, a cruz deve ser sempre o emblema da vergonha: para o judeu, uma pedra de tropeço, e para o grego, loucura (1Coríntios 1:23). Como é diferente, porém, a visão que se apresenta aos olhos da fé! (1Coríntios 1:18). A fé não conhece vergonha na cruz, exceto a vergonha daqueles que ali pregaram o Salvador; não vê motivo para desprezo, mas lança desprezo indignado contra o pecado, o inimigo que traspassou o Senhor. A fé vê a aflição, de fato, mas dessa aflição ela distingue uma fonte de misericórdia brotando. É verdade que lamenta um Salvador que morre, mas o vê trazendo à luz a vida e a imortalidade no exato momento em que sua alma foi eclipsada pela sombra da morte.

A fé considera a cruz não como um emblema de vergonha, mas como um sinal de glória. Os filhos de Belial jogam a cruz no pó, mas o cristão faz dela uma constelação, e a vê brilhando no sétimo céu. As pessoas cospem nela, mas aqueles que creem, tendo anjos como companheiros, curvam-se e adoram aquele que vive, embora tenha sido crucificado (2Coríntios 13:4).

Meus irmãos e irmãs, nosso texto nos apresenta uma parte da visão que a fé certamente descobrirá quando seus olhos forem ungidos com o colírio do Espírito. O texto nos diz que a cruz foi o lugar em que Jesus Cristo triunfou. Lá, Ele lutou, e lá, Ele conquistou também. Como vencedor na cruz, Ele dividiu o despojo (Isaías 53:12). Não, mais do que isso; em nosso texto, a cruz é mencionada como sendo a carruagem triunfal de Cristo, na qual Ele subiu quando levou cativo o cativeiro, e recebeu dons para os seres humanos (Efésios 4:8).

Calvino expõe assim admiravelmente a última frase do nosso texto:

> A expressão no grego permite, é verdade, a nossa leitura — *em si mesmo*; [...] a conexão da passagem, no entanto, exige que a leiamos de outra forma; pois o que seria insuficiente quando aplicado a Cristo, combina admiravelmente bem quando aplicado à cruz.

> Pois como ele [Paulo] havia anteriormente comparado a cruz a um troféu notável ou demonstração de triunfo, na qual Cristo conduziu seus inimigos (2Coríntios 2:14), agora ele também a compara a uma carruagem triunfal, na qual Ele se mostrou em grande magnificência. [...] Pois não há tribunal tão magnífico, nenhum trono tão majestoso, nenhuma demonstração de triunfo tão distinta, nenhuma carruagem tão elevada, como é o madeiro no qual Cristo subjugou a morte e o Diabo, o príncipe da morte; não, mais ainda: os pisou completamente sob seus pés.

Nesta manhã, com a ajuda de Deus, falarei a vocês sobre as duas partes do texto. Primeiro, tentarei descrever *Cristo despojando seus inimigos na cruz*; e tendo feito isso, levarei sua imaginação e sua fé adiante para ver *o Salvador em procissão triunfal sobre sua cruz*, levando cativos seus inimigos, e exibindo-os publicamente diante dos olhos do universo atônito.

I

Primeiro, nossa fé é convidada esta manhã a contemplar *Cristo fazendo um despojo de guerra dos principados e potestades*. Satanás, aliado ao pecado e à morte, fez deste mundo o lar da desgraça. O príncipe das potestades do ar (Efésios 2:2), usurpador caído, não satisfeito com seus domínios no inferno, precisa invadir esta bela terra. Ele encontrou nossos primeiros pais no meio do Éden; ele os tentou a renunciar sua lealdade ao Rei do céu (Gênesis 3:1-5); e eles se tornaram imediatamente seus escravos — escravos para sempre, se o Senhor do céu não tivesse intervindo para resgatá-los.

A voz da misericórdia foi ouvida enquanto os grilhões eram presos aos seus pés, clamando: "*Vocês ainda serão livres!*". Na plenitude do tempo viria aquele que feriria a cabeça da serpente (Gênesis 3:15) e libertaria seus prisioneiros da casa da servidão. A promessa demorou muito tempo para se cumprir. A terra gemeu e sofreu em sua escravidão (Romanos 8:22). O ser humano era escravo de Satanás, e pesadas eram as correntes que ressoavam sobre sua alma.

Finalmente, na plenitude dos tempos, surgiu o Libertador, nascido de uma mulher (Gálatas 4:4,5). O menino conquistador tinha apenas um palmo de comprimento. Ele estava deitado na manjedoura (Lucas 2:7) — aquele que um dia iria amarrar o antigo dragão e lançá-lo no abismo, e colocar um selo sobre ele (Apocalipse 20:1-3). Quando a antiga serpente soube que seu inimigo havia nascido, conspirou para matá-lo; ele se aliou a Herodes para procurar o menino a fim de destruí-lo. Mas a providência de Deus preservou o futuro conquistador; Ele desceu ao Egito, e lá ficou escondido por uma pequena temporada (Mateus 2:13-18). Então, quando Ele se tornou adulto, fez seu advento público (Mateus 4:12-17), e começou a pregar a liberdade aos cativos e a abertura da prisão para os que estavam presos (Lucas 4:18).

Satanás disparou novamente suas flechas, e procurou acabar com a existência da semente da mulher (Gênesis 3:15). Certa vez, os judeus pegaram em pedras para apedrejá-lo (João 8:59); e não deixaram de repetir a tentativa. Tentaram derrubá-lo precipitadamente do alto de um monte (Lucas 4:29). Por todos os meios, eles se esforçaram para tirar-lhe a vida, mas sua hora ainda não havia chegado. Os perigos podiam cercá-lo, mas Ele era invulnerável até chegar sua hora.

Finalmente chegou o tremendo dia: o conquistador lutaria contra o terrível tirano frente a frente. Uma voz foi ouvida no céu: "Esta é a sua hora, e o poder das trevas". E o próprio Cristo exclamou: "Agora é o momento decisivo deste mundo; agora será expulso o príncipe das trevas". Da mesa da comunhão, o Redentor levantou-se à meia-noite e marchou para a batalha. Como foi terrível a peleja! Logo no primeiro ataque, o poderoso conquistador parecia estar vencido. Derrubado no chão no primeiro ataque, Ele caiu de joelhos e gritou: "Ó meu Pai, se é possível, passe de mim este cálice" (Mateus 26:39).

Com a força revigorada, fortalecido pelo céu, Ele não mais vacilou e, a partir daquele momento, nunca mais pronunciou uma palavra que parecesse estar renunciando à luta. Do breve, porém terrível conflito, todo vermelho de suor de sangue (Lucas 22:44), Ele correu para o meio da batalha. O beijo de Judas (Mateus 26:47-50) foi, por assim dizer, o primeiro toque da trombeta; o tribunal de Pilatos (Mateus 27:11-14) foi o brilho da lança; o chicote cruel (João 19:1) foi o duelo de espadas. Mas a cruz foi o centro da batalha; ali, no topo do Calvário, seria travada a terrível luta da eternidade.

Agora, deve o Filho de Deus levantar-se e cingir a espada à coxa. Uma derrota terrível ou uma conquista gloriosa aguardam o Campeão da igreja. Qual será? Prendemos a respiração com um suspense ansioso enquanto a peleja é renhida. Eu ouço o som da trombeta. Os uivos e gritos do inferno aumentam em um clamor terrível. O abismo está esvaziando suas legiões. Terríveis como leões, famintos como lobos e negros como a noite, os demônios avançam em miríades. As forças de reserva de Satanás, aquelas que há muito foram mantidas para este dia de terrível batalha, estão rugindo de seus covis.

Vejam como são incontáveis seus exércitos, e como são ferozes seus semblantes! Brandindo sua espada, o arquidemônio lidera a vanguarda, ordenando que seus seguidores não lutem nem contra os pequenos, nem contra os grandes, exceto apenas contra o Rei de Israel. Terríveis são os líderes da batalha! O pecado está lá, e todos os seus inumeráveis descendentes, cuspindo o veneno das víboras e fixando suas presas venenosas na carne do Salvador. A morte está lá em seu cavalo pálido (Apocalipse 6:8), e seu dardo cruel atravessa o corpo de Jesus até o mais íntimo de seu coração. Ele está "demasiado triste, até a morte" (Mateus 26:38).

O inferno vem, com todas as suas brasas de zimbro e dardos ardentes. Mas o principal e cabeça entre eles é Satanás; lembrando-se bem do longínquo dia em que Cristo o lançou das ameias do céu (Apocalipse 12:9), ele corre com toda a sua maldade gritando para o ataque. Os dardos lançados no ar são tão densos que cegam o sol. A escuridão cobre o campo de batalha e, como a do Egito (Êxodo 10:21-23), podia ser sentida.

A batalha parece vacilar por muito tempo, pois há apenas um contra muitos. Um homem; não — para que ninguém me entenda mal —, um *Deus* está em ordem de batalha contra dez milhares de principados e potestades. Em levas eles vêm, e Ele intercepta todos. Silenciosamente, a princípio, Ele permite que suas fileiras o ataquem, suportando uma adversidade terrível até para poupar um pensamento para gritar. Mas finalmente o grito de guerra é ouvido.

Aquele que luta pelo seu povo começa a gritar, mas é um grito que faz tremer a igreja. Ele grita: "Tenho sede" (João 19:28). A batalha está tão acirrada sobre Ele, e a poeira tão espessa, que Ele fica consumido pela sede. Ele grita: "Tenho sede". Será que, agora, Ele está prestes a ser derrotado? Espere um pouco; vejam aquela pilha inimigos vencidos: foram todos vencidos por Ele. Não temam o desfecho!.

O inimigo está apenas correndo para sua própria destruição. Em vão são sua fúria e sua raiva, pois a última fileira está atacando, a batalha das eras está quase no fim. Finalmente a escuridão se dispersa. Ouçam como o conquistador grita: "Está consumado" (João 19:30). E onde estão agora seus inimigos? Eles estão todos mortos. Eis o rei dos terrores, perfurado por um de seus próprios dardos! Eis Satanás, com a cabeça toda ensaguentada, quebrada! Eis a serpente de vértebras quebradas, rastejando e contorcendo-se em medonho sofrimento! Quanto ao pecado, foi despedaçado e dissipado pelos ventos do céu!

"*Está consumado*", grita o conquistador, ao vir de Bozra com roupas tingidas: "Eu tenho pisado o lagar sozinho e dentre os povos não houve ninguém comigo, porque eu irei pisá-los em minha ira e esmagá-los em minha fúria, e o sangue deles será salpicado sobre minhas vestes" (Isaías 63:3).

E agora, Ele passa a *dividir o despojo*.

Faremos uma pausa aqui para observar que, quando o despojo é dividido, é um sinal seguro de que a batalha está completamente vencida. O inimigo nunca permitirá que o despojo seja dividido entre os vencedores enquanto tiver alguma força restante. Podemos deduzir de nosso texto, com certeza, que Jesus Cristo derrotou totalmente, derrotou completamente de uma vez por todas, e fez recuar todos os seus inimigos, ou então Ele não teria dividido o despojo.

E agora, o que significa esta expressão de Cristo dividindo o despojo? Presumo que isso signifique, antes de tudo, que *Ele desarmou todos os seus inimigos*. Satanás veio contra Cristo; ele tinha na mão uma espada afiada chamada Lei, embebida no veneno do pecado, de modo que todo ferimento infligido pela lei era mortal. Cristo arrancou esta espada das mãos de Satanás, e ali estava o príncipe das trevas desarmado. Seu capacete foi partido em dois, e sua cabeça foi esmagada com uma barra de ferro. A morte levantou-se contra Cristo. O Salvador arrancou-lhe seu arsenal de flechas, partindo-as ao meio, devolvendo à Morte as partes com penas, inofensivas, mas reteve as setas envenenadas, para que nunca mais destruísse os resgatados.

O pecado veio contra Cristo; mas foi totalmente cortado em pedaços. Tinha sido o escudeiro de Satanás, mas seu escudo foi jogado fora, e ele caiu morto na planície. Não é uma imagem nobre contemplar todos os inimigos de Cristo? — mais ainda, meus irmãos e irmãs, todos os seus inimigos e os meus, totalmente desarmados? Satanás não tem mais nada com que possa nos atacar. Ele pode tentar nos ferir, mas nunca poderá nos machucar, pois sua espada e lança foram totalmente retiradas.

Nas antigas batalhas, especialmente entre os romanos, depois de vencido o inimigo, era costume retirar-lhes todas as armas e munições; depois, eles eram despojados de suas armaduras e roupas, suas mãos eram amarradas nas costas, e eles eram obrigados a passar sob o jugo.[1] Agora, da mesma forma, Cristo fez com o pecado, a morte e o inferno: Ele tirou-lhes suas armaduras, despojou-os de todas as suas armas, e fez com que todos passassem sob o jugo; de modo que agora eles são nossos escravos, e nós, em Cristo, vencemos aqueles que eram mais poderosos do que nós.

Presumo que este seja o primeiro significado de dividir o despojo: desarmar totalmente o adversário.

Em seguida, quando os vencedores dividem o despojo, eles levam consigo não apenas as armas, mas todos os tesouros que pertencem aos seus inimigos. Eles desmantelam suas fortalezas e saqueiam todos as suas provisões, impedindo qualquer possibilidade de um novo ataque no futuro.

Cristo fez o mesmo com todos os seus inimigos. O velho Satanás tirou de nós todos os nossos bens. O paraíso, Satanás acrescentou aos seus territórios. Toda a alegria, felicidade e paz da humanidade, Satanás havia tirado — não que ele pudesse desfrutá-las, mas se deleitou em nos lançar na pobreza e na condenação. Agora, todas as nossas heranças perdidas, Cristo nos devolveu. O paraíso é nosso; e mais do que toda a alegria e felicidade que Adão teve, Cristo nos trouxe de volta.

Ó ladrão de nossa raça, como você foi despojado e levado cativo! Você despojou Adão de suas riquezas? O segundo Adão as arrancou de você! Como está o martelo de toda a terra cortado em pedaços e quebrado (Jeremias 50:23), e o devastador desolado. Agora os necessitados serão lembrados e novamente os mansos herdarão a terra (Mateus 5:5). "Então

---

[1] *Sub iugum mittere* (em latim), era a prática romana antiga em que os inimigos vencidos passavam por debaixo de um jugo feito de lanças para humilhá-los, ou remover a culpa por se derramar sangue.

a presa de um grande despojo é dividida; os coxos se darão ao saque" (Isaías 33:23).

Além disso, quando os vencedores dividem os despojos, é comum tirarem do inimigo todos os ornamentos, as coroas e as joias. Cristo na cruz fez o mesmo com Satanás. O inimigo tinha uma coroa na cabeça, um altivo diadema de triunfo. "Eu lutei contra o primeiro Adão", disse ele. "Eu o venci e aqui está meu diadema brilhante". Cristo arrancou-o da sua fronte na hora em que feriu a cabeça da serpente. E agora, Satanás não pode se orgulhar de uma única vitória; ele está completamente derrotado.

Na primeira batalha, ele venceu a humanidade, mas na segunda batalha, a humanidade o venceu. A coroa foi tirada de Satanás. Ele não é mais o príncipe do povo de Deus. Seu poder reinante se foi. Ele pode tentar, mas não pode obrigar; ele pode ameaçar, mas não pode subjugar; porque a coroa lhe foi tirada da cabeça, e os poderosos foram abatidos. Ó cantai ao SENHOR uma nova canção, todos vocês, seu povo (Salmos 96:1); façam-lhe um barulho alegre com salmos, todos vocês, seus remidos; porque Ele quebrou os portões de bronze e cortou as barras de ferro (Salmos 107:16), quebrou o arco e cortou a lança, queimou as carruagens no fogo (Salmos 49:9), despedaçou nossos inimigos, e dividiu o despojo com os fortes (Isaías 53:12).

E agora, o que isso nos diz? Simplesmente isto: se Cristo, na cruz, despojou Satanás; não tenhamos medo de encontrar este grande inimigo de nossas almas. Meus irmãos e irmãs, em todas as coisas devemos ser semelhantes a Cristo. Devemos carregar a nossa cruz (Lucas 9:23), e nessa cruz, devemos lutar como Ele fez com o pecado, a morte e o inferno. Não tenhamos medo. O resultado da batalha é certo, pois assim como o Senhor nosso Salvador venceu uma vez, nós certamente venceremos nele. Não se deixem surpreender pelo medo quando o maligno vier sobre vocês.

Se ele os acusar, respondam-lhe com estas palavras: "Quem acusará alguma coisa aos escolhidos de Deus?" (Romanos 8:33). Se ele os condenar, riam dele com desprezo, clamando: "Quem é o que condenará? É Cristo que morreu, sim, que foi ressuscitado" (Romanos 8:34). Se ele ameaçar separá-los do amor de Cristo, enfrentem-no com confiança: "Pois eu sou persuadido, de que nem a morte, nem a vida, nem os anjos, nem os principados, nem as potestades, nem as coisas do presente, nem as coisas porvir, nem a altura, nem a profundidade, nem alguma outra criatura será capaz de nos separar do amor de Deus, que está em Jesus Cristo nosso Senhor" (Romanos 8:38,39).

Se ele lançou seus pecados sobre vocês, afastem os cães do inferno com isto: "Se algum homem pecar, temos um advogado com o Pai, Jesus Cristo, o justo" (1João 2:1). Se a morte o ameaçar, gritem bem na cara dela: "Ó morte, onde está o teu ferrão? Ó sepultura, onde está a tua vitória?" (1Coríntios 15:55). Segurem a cruz diante de vocês. Que ela seja o seu escudo e broquel (Salmos 91:4), e tenham certeza de que, como seu mestre não apenas derrotou o inimigo, mas depois tomou o despojo, assim será com vocês.

Suas batalhas contra Satanás lhes serão vantajosas. Vocês se tornarão ainda mais ricos pelos seus antagonistas. Quanto mais numerosos eles forem, maior será a sua parte no despojo. Sua tribulação produzirá paciência, e sua paciência, experiência, e sua experiência, esperança — uma esperança que não se envergonha (Romanos 5:3-5). Através de tantas tribulações, vocês herdarão o reino (Atos 14:22), e pelos próprios ataques de Satanás vocês serão ajudados a desfrutar melhor o descanso que resta ao povo de Deus.

Coloquem-se em ordem de batalha contra o pecado e Satanás. Todos vocês que empunham o arco, atirem contra eles, não poupem flechas, pois seus inimigos são rebeldes contra Deus. Vão contra eles; coloquem seus pés sobre seus pescoços; não temam, nem se assustem, pois a batalha é do Senhor (2Crônicas 20:15), e Ele os entregará em suas mãos.

Sejam muito corajosos, lembrando que vocês terão que lutar contra um dragão sem ferrão. Ele pode sibilar, mas seus dentes estão quebrados e sua presa venenosa foi extraída. Vocês têm que lutar contra um inimigo já marcado pelas armas do seu Mestre. Vocês têm que lutar com um inimigo nu. Cada golpe que vocês lhe dão, afeta-o, pois ele não tem mais nada para protegê-lo. Cristo o despiu, dividiu sua armadura, e o deixou indefeso diante de seu povo. Não tenham medo.

O leão pode bramir (1Pedro 5:8), mas ele nunca poderá despedaçá-los. O inimigo pode avançar sobre vocês com ruídos hediondos e alarde terríveis, mas não há motivo real para medo. Fiquem firmes no Senhor (Filipenses 4:1). Vocês lutam contra um rei que perdeu sua coroa; vocês lutam contra um inimigo cujas maças do rosto foram atingidas, e cujas juntas do quadril foram soltas. Alegrem-se, alegrem-se no dia da batalha, pois é para vocês apenas o começo de uma eternidade de triunfo!

Assim, procurei discorrer sobre a primeira parte do texto: Cristo na cruz dividiu o despojo, e Ele gostaria que fizéssemos o mesmo.

II

A segunda parte do nosso texto refere-se não apenas à divisão do despojo, mas ao *triunfo*. Quando um general romano realizava grandes feitos num país estrangeiro, sua maior recompensa era que o Senado lhe decretasse um triunfo. É claro que havia uma divisão do despojo no campo de batalha, e cada soldado e cada capitão ficava com sua parte, mas todos aguardavam com entusiasmo o dia em que desfrutariam do triunfo público.

Num determinado dia, as portas de Roma eram abertas; todas as casas eram decoradas com enfeites; as pessoas subiam ao topo das casas ou formavam grandes multidões pelas ruas. Os portões eram abertos e, aos poucos, a primeira legião começava a entrar com suas bandeiras hasteadas e suas trombetas soando. O povo via os austeros guerreiros enquanto

marchavam pela rua, retornando de seus campos de batalha vermelho-
-sangue. Depois de metade do exército ter sido assim desfilado, seu olhar
pousaria naquele que era o centro de toda atração: cavalgando em uma
nobre carruagem puxada por cavalos brancos como leite, lá vinha o próprio conquistador, coroado com a coroa de louros e de pé.

Acorrentados à sua carruagem, estavam os reis e poderosos das regiões
que ele havia conquistado. Imediatamente atrás deles vinha parte da pilha-
gem. Eram levados o marfim e o ébano, e os animais dos diferentes países
que ele havia subjugado. Depois deles, vinha o resto da tropa, um longo,
longo fluxo de homens valentes, todos compartilhando os triunfos de seu
capitão. Atrás deles vinham estandartes, as velhas bandeiras que tremularam
na batalha, os estandartes que foram tirados do inimigo.

E depois destes, grandes emblemas pintados das grandes vitórias do
guerreiro. Sobre um deles, havia um enorme mapa descrevendo os rios
que ele havia atravessado, ou os mares através dos quais sua marinha havia
encontrado o caminho. Tudo estava representado numa imagem, e o popu-
lacho dava um novo grito ao ver o memorial de cada triunfo. E então,
atrás, junto com os troféus, viriam os prisioneiros de categoria inferior.
Então a retaguarda seria fechada com o som da trombeta, aumentando a
aclamação da multidão.

Era um dia nobre para a Roma Antiga. As crianças nunca esqueceriam
esses triunfos; elas calculariam seus anos desde o momento de um triunfo
até o outro. Um feriado era observado. As mulheres lançavam flores diante
do conquistador, e ele era o verdadeiro soberano do dia.

Ora, nosso apóstolo evidentemente tinha visto tal triunfo, ou lido
sobre ele, e ele toma isso como uma representação do que Cristo fez na
cruz. Ele diz: "Jesus abertamente fez deles um espetáculo, triunfando sobre
eles". Vocês já pensaram que a cruz poderia ser o palco de um triunfo?
A maioria dos antigos comentaristas dificilmente pode conceber isso
como verdade. Eles dizem: "Isto certamente deve referir-se à ressurreição

e ascensão de Cristo". Mas, no entanto, assim diz a Escritura que, mesmo na cruz, Cristo desfrutou de um triunfo.

Sim! Enquanto aquelas mãos sangravam, as aclamações dos anjos eram derramadas sobre sua cabeça. Sim! Enquanto aqueles pés eram rasgados pelos pregos, os seres espirituais mais nobres no mundo aglomeravam-se em torno dele em admiração. E quando naquela cruz manchada de sangue Ele morreu em agonias indescritíveis, ouviu-se um grito como nunca antes fora ouvido pelos resgatados no céu, e todos os anjos de Deus com a mais alta harmonia, cantaram seu louvor. Foi cantada, no mais grandioso coro, a canção de Moisés, o servo de Deus, e do Cordeiro (Apocalipse 15:3), pois Ele realmente despedaçou Raabe[2] e feriu gravemente o dragão (Isaías 51:9). Cantem ao Senhor, pois Ele triunfou gloriosamente! O Senhor reinará para todo o sempre, Rei dos Reis e Senhor dos Senhores!

Contudo, não me sinto capaz esta manhã de elaborar uma cena tão grandiosa, e ainda assim tão contrária a tudo o que a carne poderia imaginar, como uma imagem de Cristo realmente triunfando na cruz — em meio ao seu sangramento, às suas feridas, e suas dores, sendo na verdade um vencedor triunfante e admirado por todos. Prefiro interpretar meu texto assim: a cruz é a base do triunfo final de Cristo. Pode-se dizer que Ele realmente triunfou ali, porque foi por aquele único ato seu, por aquela única oferta de si mesmo, que Ele derrotou completamente todos os seus inimigos, e sentou-se para sempre à destra da Majestade nos céus (Hebreus 1:3). Na cruz, ao olhar espiritual, está contida toda vitória de Cristo. Pode não estar lá de fato, mas está lá virtualmente; o gérmen de suas glórias pode ser descoberto pelos olhos da fé nas agonias da cruz.

Fiquem comigo enquanto tento humildemente descrever o triunfo que agora resulta da cruz.

---

[2] O termo "Raabe" em hebraico está relacionado a uma ideia de arrogância ou insolência. Nesse contexto, "Raabe" é usada como um símbolo ou metáfora, referindo-se ao Egito, que foi derrotado por Deus durante o Êxodo.

Cristo venceu para sempre todos os seus inimigos e dividiu o despojo no campo de batalha, e agora, mesmo hoje, Ele está desfrutando da merecida recompensa e do triunfo de sua terrível luta. Ergam os olhos para as ameias do céu, a grande metrópole de Deus. Os portões perolados estão abertos (Apocalipse 21:21), e a cidade brilha com suas paredes adornadas com joias (Apocalipse 21:18) como uma noiva preparada para o marido (Apocalipse 21:2). Vocês veem os anjos aglomerando-se nas ameias? Vocês os observam em todas as mansões da cidade celestial, desejando e procurando ansiosamente por algo que ainda não chegou?

Por fim, ouve-se o som de uma trombeta, e os anjos correm para os portões — a vanguarda dos remidos aproxima-se da cidade. Abel entra sozinho, vestido com roupa carmesim, o arauto de um glorioso exército de mártires. Ouçam o grito de aclamação! Ele é o primeiro guerreiro de Cristo, ao mesmo tempo soldado e troféu, que foi liberto. Logo atrás dele seguem outros que, naqueles primeiros tempos, souberam da fama do Salvador vindouro. Atrás deles pode ser descoberta uma hoste poderosa de veteranos patriarcais, que testemunharam a vinda do Senhor numa era imoral.

Vejam Enoque ainda andando com seu Deus e cantando docemente: "Eis que é vindo o Senhor com dez mil de seus santos" (Judas 1:14). Ali também está Noé, que navegou na arca tendo o Senhor como piloto. Depois seguem Abraão, Isaque e Jacó, Moisés e Josué, e Samuel e Davi, todos homens valentes. Ouçam-nos enquanto entram! Cada um deles agitando seu capacete no ar, clama: "Àquele que nos amou e em seu sangue nos lavou de nossos pecados, a Ele seja honra, e glória, e domínio, e poder, para todo o sempre!" (Apocalipse 1:5).

Vejam, meus irmãos e irmãs, com admiração este nobre exército! Observem os heróis enquanto eles marcham pelas ruas douradas (Apocalipse 21:21), encontrando em todos os lugares uma recepção entusiástica por parte dos anjos que mantiveram seu primeiro estado. Mais e mais eles vertem, aquelas incontáveis legiões — já houve tal espetáculo? Não é o espetáculo de um dia, mas o "show" de todos os tempos. Por milhares de anos, o exército dos remidos de Cristo flui como um rio caudaloso. Às vezes há uma fileira curta, pois o povo muitas vezes foi diminuído e rebaixado; mas, em seguida, uma multidão os sucede, e eles continuam, todos gritando, todos adorando aquele que os amou e se entregou por eles (Efésios 5:2).

Mas, vejam, *Ele* vem! Vejo seu arauto imediato, vestido com uma vestimenta de pelo de camelo e um cinto de couro em volta dos lombos (Mateus 3:4). O Príncipe da casa de Davi não está muito atrás. Que todos os olhos estejam abertos! Agora, observem como não apenas os anjos, mas também os remidos lotam as janelas do céu! Ele vem! Ele vem! É o próprio Cristo! Ele chicoteia os corcéis brancos como a neve subindo as colinas eternas. "Levantai as vossas cabeças, ó portões; e levantai, ó portas eternas; e o Rei da glória há de entrar" (Salmos 24:7).

Vejam, Ele entra em meio a aclamações. É Ele! Mas Ele não está coroado com espinhos. É Ele! Mas, embora suas mãos tenham a cicatriz, elas não estão mais manchadas de sangue. Os seus olhos são como chamas de fogo, e na sua cabeça há muitas coroas, e na sua veste e na sua coxa tem escrito: REI DOS REIS E SENHOR DOS SENHORES (Apocalipse 19:12; 16). Ele está no alto daquela carruagem "revestida com amor, para as filhas de Jerusalém" (Cantares 3:10). Vestido com uma vestimenta encharcada de sangue, Ele se torna o imperador reconhecido do céu e da terra (Mateus 28:18). Ele segue em frente, e mais alto que o barulho de muitas águas, e como grandes trovões são as aclamações que o cercam!

Vejam como a visão de João se tornou realidade, pois agora podemos ver por nós mesmos, e ouvir com nossos ouvidos a nova canção, sobre a qual ele escreve:

> E eles cantavam uma nova canção, dizendo: "Tu és digno de tomar o livro, e de abrir seus selos; porque foste morto e nos resgatastes

para Deus pelo teu sangue, de cada família, e língua, e povo e nação; e nos fizeste reis e sacerdotes para o nosso Deus, e nós reinaremos sobre a terra". E eu olhei, e ouvi a voz de muitos anjos ao redor do trono, e dos animais, e dos anciãos; e o número deles era dez mil, vezes dez mil, e milhares de milhares; dizendo em alta voz: "Digno é o Cordeiro que foi morto para receber poder, e riquezas, e sabedoria, e força, e honra, e glória, e bênção". E cada criatura que está no céu, e na terra, e debaixo da terra, assim como as que estão no mar, e tudo o que neles há, eu as ouvi dizendo: "Bênção, e honra, e glória, e poder, sejam àquele que está assentado sobre o trono, e ao Cordeiro, para sempre e sempre". E os quatro animais disseram: "Amém!" E os vinte e quatro anciãos se prostraram e adoraram aquele que vive para sempre e sempre (Apocalipse 5:9-14).

Mas quem são estes que se prostram diante sua carruagem dele? Quem são esses monstros sombrios que vêm uivando na retaguarda? Eu os conheço. Em primeiro lugar, lá está o arqui-inimigo. Olhem para a antiga serpente, amarrada e acorrentada, como ela vem retorcendo sua escabrosa extensão; seus tons azuis todos manchados por rastejar na poeira; suas escamas despojadas de seu brilho outrora ostentado. Agora, o cativeiro é levado cativo (Efésios 4:8), e a morte e o inferno serão lançados no lago de fogo (Apocalipse 20:14). Com que escárnio é considerado o chefe dos rebeldes. Como ele se tornou objeto de desprezo eterno. Aquele que está sentado nos céus ri, e o Senhor dele escarnece (Salmos 2:4).

Vejam agora como a cabeça da serpente é quebrada, e o dragão é pisoteado. E agora observem atentamente aquele monstro horrível, o *Pecado*, acorrentado de mãos dadas com seu pai satânico. Vejam como ele revira seus olhos de fogo; observem como ele se contorce e se retorce em agonia. Observem como ele olha para a cidade santa, mas é incapaz de cuspir seu veneno ali, pois está acorrentado e amordaçado, e arrastado como um cativo relutante nas rodas do vencedor.

E lá também está a velha Morte, com seus dardos quebrados e as mãos para trás — a repugnante rainha dos terrores, ela também é uma cativa. Ouçam as canções dos remidos, daqueles que entraram no paraíso, ao verem esses poderosos prisioneiros arrastados! "Digno é Ele", gritam, "de viver e reinar ao lado de seu Pai todo-poderoso, pois Ele ascendeu às alturas, levou cativo o cativeiro e recebeu dons para os seres humanos" (Efésios 4:8).

E agora, atrás dele, vejo a grande massa de seu povo chegando. Os apóstolos são os primeiros a chegar em um belo companheirismo, cantando ao seu Senhor; e depois os seus sucessores imediatos; e então uma longa série daqueles que através de zombarias cruéis e sangue, através de chamas e espadas, seguiram seu Mestre. Estes são aqueles de quem o mundo não era digno (Hebreus 11:38), os mais brilhantes entre as estrelas do céu. Observem atentamente também aqueles poderosos que pregaram e professaram a fé: Crisóstomo[3], Atanásio[4], Agostinho[5] e outros. Testemunhem sua santa unanimidade em louvar seu Senhor.

Então, deixem seu olhar percorrer as fileiras brilhantes até chegar aos dias da Reforma. Vejo no meio do esquadrão Lutero[6], Calvino[7] e Zuín-

---

[3] João Crisóstomo (c. 347-407) foi arcebispo de Constantinopla e um dos mais importantes Pais da Igreja Oriental. Reconhecido por suas pregações poderosas.

[4] Atanásio I (c. 328-373) foi arcebispo de Alexandria, no Egito, e um dos Pais da Igreja Ocidental. Teólogo reconhecido por sua defesa da doutrina da trindade, e por ser o primeiro a mencionar o cânon do Novo Testamento como conhecido pela Igreja do Ocidente hoje.

[5] Aurélio Agostinho (354-430) foi um importante Pai da Igreja Ocidental, teólogo e filósofo de Hipona, na atual Argélia. Reconhecido como sistematizador de algumas doutrinas da Igreja Ocidental.

[6] Martinho Lutero (1483-1546) foi um monge agostiniano alemão, e uma das figuras centrais da primeira geração da Reforma Protestante no século 16 nos reinos de língua alemã.

[7] João Calvino (1509-1564) foi um teólogo e líder religioso francês. Foi um dos principais líderes da segunda geração da Reforma Protestante nos países de língua francesa, além de influente na Inglaterra e Escócia.

glio[8], três santos irmãos. Vejo logo diante deles Wycliffe[9], Huss[10] e Jerônimo de Praga[11], todos marchando juntos. E então vejo um número que ninguém pode contar, convertidos a Deus por meio desses poderosos reformadores, que agora seguem na retaguarda do Rei dos reis e Senhor dos senhores.

E olhando para o nosso tempo, vejo o fluxo cada vez mais amplo. Pois muitos são os soldados que nestes últimos tempos entraram no triunfo do seu Mestre. Podemos lamentar a sua ausência entre *nós*, mas devemos regozijar-nos na sua presença com o *Senhor*. Mas qual é o grito unânime, qual é a única música que ainda ressoa do primeiro ao último lugar? É esta: "Àquele que nos amou, em seu próprio sangue nos lavou dos nossos pecados, a Ele seja a glória e o domínio para todo o sempre!" (Apocalipse 1:5,6).

Eles mudaram o tom? Eles suplantaram o nome dele por outro? Colocaram a coroa sobre outra cabeça, ou elevaram um outro herói na carruagem? Ah, não: eles ainda se contentam em deixar a procissão triunfante seguir ao longo de sua extensão gloriosa; ainda para se alegrar ao contemplarem novos troféus de seu amor, pois cada soldado é um troféu, cada guerreiro no exército de Cristo é outra prova de seu poder para salvar, e de sua vitória sobre a morte e o inferno.

Não tenho tempo para estender-me ainda mais; caso contrário, poderia descrever as poderosas imagens no final da procissão; pois nos antigos

---

[8] Ulrico Zuínglio (1484-1531) foi um teólogo suíço, e o principal líder da segunda geração da Reforma Protestante na Suíça.
[9] John Wycliffe (c. 1328-1384) foi um teólogo e professor da Universidade de Oxford, pré-Reforma Protestante. Trabalhou na primeira tradução da Bíblia para o inglês, que ficou conhecida como *Bíblia de Wycliffe*.
[10] Jan (ou João) Huss (c. 1374-1415) foi um teólogo e precursor tcheco da Reforma Protestante que foi influenciado pelas ideias de John Wycliffe.
[11] Jerônimo de Praga (c. 1379-1416) foi o principal discípulo e grande amigo de Jan Huss.

triunfos romanos, os feitos do conquistador eram todos retratados em pinturas. As cidades que conquistou, os rios por onde passou, as províncias que subjugou, as batalhas que travou, eram representados em imagens e expostos à vista do povo, que com grande festa e alegria o acompanhava em multidão, ou contemplavam-no das janelas de suas casas, e enchiam o ar com suas aclamações e aplausos.

Eu poderia apresentar-lhes, em primeiro lugar, a imagem das masmorras do inferno reduzidas a átomos. Satanás havia preparado, nas profundezas das trevas, uma prisão para os eleitos de Deus; mas Cristo não deixou pedra sobre pedra. Na imagem, vejo as correntes quebradas em pedaços, as portas da prisão queimadas pelo fogo, e todas as profundezas do vasto abismo abaladas até os seus alicerces.

Em outra imagem, vejo o céu aberto a todos aqueles que creem; vejo os portões que eram firmemente fechados abertos com grande força pela alavanca dourada da expiação de Cristo. Vejo uma outra imagem: o túmulo despojado; contemplo Jesus nele, dormindo por algum tempo, e depois removendo a pedra e subindo para a imortalidade e glória.

Mas não podemos ficar para descrever essas imagens poderosas das vitórias de seu amor. Sabemos que chegará o tempo em que a procissão triunfante cessará, quando o último dos seus remidos tiver entrado na cidade da felicidade e da alegria, e quando, com o toque de uma trombeta ouvido pela última vez, Ele ascenderá ao céu, e levará seu povo para reinar com Deus, nosso Pai, para todo o sempre, por toda eternidade (1Coríntios 15:52).

Nossa única pergunta, e com isso concluímos, é: temos uma boa esperança, através da graça, de que marcharemos naquela tremenda procissão? Seremos vistos naquele dia de pompa e glória? Diga, minha alma, você terá um papel humilde nesse glorioso espetáculo? Você seguirá as rodas de sua carruagem? Você se juntará aos estrondosos "hosanas"? A sua voz ajudará a aumentar o coro eterno? Às vezes, temo que não. Há momentos em que surge a terrível pergunta: e se meu nome for omitido quando Ele for ler a lista de convocação? Irmãos e irmãs, esse pensamento não os incomoda? Vocês podem responder? Vocês estarão lá? Verão esta pompa? Vocês o verão triunfar sobre o pecado, a morte e o inferno, finalmente? Vocês podem responder a esta pergunta?

Há outra, mas a resposta servirá para ambas: vocês creem no Senhor Jesus Cristo? Ele é a sua certeza e confiança? Vocês entregaram suas almas à guarda dele? Repousando em seu poder, vocês podem dizer pelo seu espírito imortal:

> Outro refúgio eu não tenho,
> Segure minha alma indefesa em ti?

Se vocês podem dizer isso, seus olhos o verão no dia de sua glória; mais ainda, vocês compartilharão sua glória, e se sentarão com Ele em seu trono, assim como Ele venceu e se sentou com seu Pai em seu trono (Apocalipse 3:21).

Eu coro ao pregar como fiz esta manhã sobre um tema muito além da minha capacidade; no entanto, eu não poderia deixar de cantá-lo, mas, da melhor maneira que pudesse, cantá-lo. Que Deus amplie sua fé, e fortaleça sua esperança, e inflame seu amor, e os preparem para serem feitos participantes da herança dos santos na luz (Colossenses 1:12), para que, quando Ele vier com nuvens voadoras sobre as asas do vento, vocês possam estar prontos para encontrá-lo, e subir com Ele para contemplar para sempre a visão de sua glória.

Que Deus conceda esta bênção, pelo amor de Cristo. Amém!

SERMÃO PROFERIDO EM 1859.

7

CRISTO, O QUE BUSCA E SALVA OS PERDIDOS

*Porque o Filho do homem veio para buscar
e salvar o que estava perdido.*
LUCAS 19:10

JÁ consideramos seis das gloriosas conquistas de nosso divino Senhor e Salvador, e é hora de concluir a série. Como coroaremos o edifício? O melhor vinho deve ser guardado até o fim, mas onde o encontraremos? A escolha é ampla, mas, entre tantas maravilhas, qual escolheremos? Qual será a sétima grande obra por meio da qual o exaltaremos? Muitas maravilhas me ocorreram, e cada uma delas era, seguramente, digna de ocupar o lugar, mas como não poderia pegar todas, resolvi encerrar com uma das mais simples e práticas: *salvar pecadores* parecia-me ser realmente a principal de todas as suas obras, pois foi com esse propósito que o restante de seus feitos foram tentados e realizados.

Se não fosse pela salvação dos seres humanos, não sei se alguma vez conheceríamos nosso Senhor como o Destruidor da morte ou como aquele que venceu Satanás, e certamente, se Ele não tivesse salvado os perdidos, eu não seria capaz de perceber que glória teria existido em vencer o mundo, ou em criar todas as coisas novas. A salvação dos seres humanos foi o prêmio da corrida de sua vida; para isso Ele cingiu seus lombos e distanciou-se de todos os adversários. A salvação dos perdidos foi "a alegria que lhe foi proposta", pela qual Ele "suportou a cruz, desprezando a desonra" (Hebreus 21:2).

Embora pareça, à primeira vista, que ao selecionar o nosso presente tópico descemos das glórias transcendentes do nosso Vencedor para coisas mais comuns, na verdade não é assim. As vitórias de nosso Senhor que estão escritas no Livro das Guerras do Senhor[1], quando Ele levou cativo o cativeiro (Efésios 4:8) e roubou o aguilhão da morte (1Coríntios 15:55), podem nos parecer mais surpreendentes, mas ainda assim, na verdade, este é o resumo de suas grandes obras, esta é a conclusão, a flor e a coroa de todas. "O Filho do homem veio para buscar e salvar o que estava perdido" é uma frase tão majestosa quanto qualquer outra que um profeta, em sua plena inspiração, escreveu para exaltar o Príncipe da Paz.

I

Observem, primeiro, *a graciosa missão de nosso Senhor:* "*O Filho do homem veio*". Quando Ele estava aqui entre os humanos, Ele poderia usar o passado e dizer "veio". Isso foi um progresso em relação ao que os profetas tinham a dizer, pois eles apenas falavam dele como aquele que viria — como alguém que, na plenitude dos tempos, seria manifestado (Gálatas 4:4). A promessa foi incrível, mas o que direi do cumprimento real

---

[1] Em Números 21, é dito que os versículos 14 e 15 seriam uma citação de um livro com esse nome, anterior ao livro de Números. Não é um livro conhecido, a não ser por essa citação. Aqui, Spurgeon dá o nome desse livro como se referindo, espiritualmente, aos feitos de Jesus após sua ressurreição.

quando o Verbo feito carne pôde dizer: "O Filho do homem *veio*"? Para nós, hoje, a vinda de Cristo para buscar e salvar o perdido é um fato consumado, uma questão histórica, muitíssimo segura e certa. E de fato ela é!

Vocês já pensaram nisso muitas vezes, mas já tentaram compreender o cerne disso — que Deus realmente visitou este mundo em forma humana —, que aquele diante de quem os anjos se curvam realmente esteve aqui, como nós, alimentando as multidões famintas da Palestina, curando seus doentes e ressuscitando seus mortos? Não sei qual pode ser a ostentação peculiar de outros planetas, mas esta pobre estrela não pode ser superada, pois neste mundo o Criador esteve presente. Esta terra foi pisada pelos pés de Deus e, no entanto, não foi esmagada sob o poderoso fardo, porque Ele se dignou a ligar a sua divindade à nossa humanidade. A encarnação é a maravilha das maravilhas, mas não pertence ao reino da imaginação ou mesmo da expectativa, pois na verdade foi contemplada por olhos mortais.

Afirmamos a sua fé por um fato que realmente aconteceu. Se lhe pedíssemos pela fé que esperassem uma maravilha que ainda estaria por vir, confiamos que o Espírito de Deus os capacitaria a fazer isso, para que, como Abraão, vocês pudessem antever a bênção e se alegrar (João 8:56). Mas o milagre dos milagres foi realizado. O Filho do Altíssimo esteve aqui. De Belém ao Calvário, Ele atravessou a peregrinação da vida. Por trinta anos ou mais, a abóboda celeste pairou acima da cabeça da Deidade em forma humana. Ó alegria maravilhosa! Digamos melhor, ó favos incomparáveis de doçura perfeita! Pois mil alegrias estão compactadas na palavra "Emanuel" — Deus conosco! (Mateus 1:23)

> Vejam com enorme admiração:
> A eternidade do tamanho de um palmo!
> O verão no inverno! O dia na noite!
> O céu na terra! E Deus em um homem!

O grande pequenino, cujo nascimento glorioso
eleva a terra ao céu, e baixa o céu à terra.

Nosso Senhor cumpriu sua missão salvífica assim que Ele realmente tornou-se o Filho do Homem (Marcos 10:45), pois antes Ele era conhecido apenas como o Filho de Deus (João 20:31). Outros levaram o nome de "filho do homem", mas nenhum o merecia tanto quanto Ele. Ezequiel, por razões que não precisamos considerar agora, é chamado de "filho do homem" diversas vezes (Ezequiel 2:1). Talvez, como João nos dias de Cristo, Ezequiel tivesse muito do espírito e caráter que se manifestaram em nosso Senhor, e por isso o nome era mais adequado para ele. Certamente ele via as coisas como Cristo, e tinha a natureza espiritual de Cristo, e estava cheio de luz e conhecimento, e assim, como que para lembrá-lo de que aquele que é como seu Senhor em excelência também deve ter comunhão com Ele em humildade, ele é frequentemente lembrado de que ele ainda é "o filho do homem".

Quando nosso Senhor veio a este mundo, Ele pareceu escolher aquele título de "Filho do Homem" para si mesmo, e o tornou seu próprio título especial, e adequadamente, pois outros seres humanos são filhos desta ou daquela pessoa, mas a humanidade do Senhor não é restritiva, é a condição humana do tipo universal. Jesus não nasceu apenas no povo judeu, mas sim na família humana. Ele não deve ser reivindicado por nenhuma época, lugar ou nacionalidade; Ele é "o Filho do Homem"! E é assim, digo, que Ele vem ao ser humano, para que, enquanto Cristo for o Filho do Homem, ainda possamos dizer que Ele vem buscar e salvar o perdido.

Eu sei que, corporalmente, Ele voltou para o céu; eu sei que a nuvem o recebeu fora de nossas vistas, mas o propósito de tomar sobre si a nossa humanidade foi descer para buscar e salvar o perdido, e como Ele não deixou essa humanidade de lado, Ele ainda está com os seres humanos, buscando e salvando, pois até hoje "Ele também é capaz de salvar perfeitamente os que vêm a Deus por Ele, pois vive sempre para interceder por eles" (Hebreus 7:25).

Se eu tratar o texto como se Jesus ainda estivesse entre nós, não errarei, pois Ele está aqui, no sentido de buscar a mesma finalidade, embora seja por seu Espírito e por seus servos, e não por sua própria presença corpórea. Ele disse: "Eis que eu estou convosco sempre, até o fim do mundo" (Mateus 28:20), e essa afirmação é encontrada em conexão com a atividade que Ele estabeleceu para buscar e salvar seres humanos perdidos: fazer discípulos e ensiná-los o caminho da vida (Mateus 19:20). Enquanto durar esta dispensação, continuará sendo verdade que o grande Salvador e Amigo do ser humano veio entre nós, e está buscando e salvando o perdido.

II

Agora, em segundo lugar, vejamos *sua intenção principal ao vir aqui abaixo*: "O Filho do homem veio *buscar e salvar o que estava perdido*". A intenção se divide em dois pontos: as pessoas (os perdidos) e o propósito (a busca e a salvação deles).

A principal intenção de Cristo ao vir aqui recaiu sobre *os perdidos*. Orgulhosos não gostam que preguemos esta verdade. Foi apenas recentemente que vi uma alegação contra o cristianismo, de que ele desencoraja a virtude e tolera os culpados. Dizem que nós, ministros, elevamos os pecadores ao lugar de maior destaque e lhes damos preferência acima dos que são morais e excelentes em nossa pregação. Esta é uma acusação leve, da qual, num sentido melhor do que o pretendido por aqueles que a apresentam, temos o prazer de nos declarar culpados. Podemos muito bem ser desculpados se a nossa pregação busca o perdido, pois estas são as pessoas que o nosso Senhor veio buscar e salvar.

A principal ênfase e intenção da encarnação de Deus na pessoa de Cristo reside nos culpados, nos caídos, nos indignos, nos perdidos. Sua missão de misericórdia não tem nada a ver com aqueles que são bons e justos em si mesmos (Lucas 5:32), se é que existem, mas tem a ver com pecadores, pecadores reais, culpados não de pecados nominais, mas de pecados reais, e que foram tão longe neles a ponto de estarem perdidos.

Por que vocês criticam isso? Por que Ele deveria vir buscar e salvar aquele que não está perdido? Deveria o Pastor buscar a ovelha que não se extraviou? (Lucas 15:3-7). Respondam-me! Por que Ele deveria vir a ser o Médico daqueles que não estão doentes? Deveria Ele acender uma vela e varrer a casa em busca de moedas de prata que não estejam perdidas (Lucas 15:8-10), mas que estejam brilhantes e imaculadas em suas mãos? Qual seria o propósito disso? Vocês gostariam que Ele pintasse o lírio e dourasse o ouro refinado? Vocês fariam dele um mero intrometido, oferecendo ajuda supérflua? O que o sangue purificador de Jesus tem a ver com aqueles que se consideram puros? O Salvador é uma pessoa desnecessária, e sua obra foi um serviço desnecessário? Deve ser assim se for destinado a quem não precisa dele.

Quem mais precisa de um Salvador? Respondam isso! Não deveria a misericórdia exercer-se onde há mais necessidade dela? Este mundo é como um campo de batalha, sobre o qual o furacão feroz do conflito passou, e os médicos militares vieram para lidar com aqueles que se encontram em seu sofrimento. Para quem eles irão primeiro? Não deveriam eles se voltarem primeiro para aqueles que estão terrivelmente feridos e que estão sangrando quase até a morte?

Vocês discutirão conosco se declararmos que os primeiros a serem levados ao hospital devem ser aqueles que estão mais necessitados? Vocês ficarão zangados se dissermos que o unguento é para os feridos, que as bandagens são para os membros quebrados e que o remédio é para os doentes? Seria uma discussão estranha. Se alguma vez ela começar, um tolo deveria começá-la, pois nenhum sábio jamais levantaria a questão. Bendito Cristo de Deus, não iremos questionar, porque tu também vens em tua misericórdia para aqueles que mais precisam de ti, justamente para os perdidos.

E quem, vocês acham, irá amá-lo mais e, assim, mais ser-lhe grato se Ele vier até eles? (Lucas 7:47). O fariseu orgulhoso em sua perfeição de santidade imaginária — ele valorizará o Cristo que lhe diz que vem para lavar seus pecados? Ele lhe dará as costas com desprezo. Que pecado ele tem para lavar? O moralista satisfeito que ousa dizer: "Todos esses mandamentos tenho guardado desde a minha juventude; o que me falta ainda?" (Mateus 19:20) — é provável que ele se torne um discípulo do Grande Mestre, cujas primeiras lições são: "Necessário vos é nascer de novo" (João 3:3), e "se não vos converterdes e não vos tornardes como criancinhas, de modo algum entrareis no reino do céu" (Mateus 18:3).

O fato é que Jesus não tem aparência nem formosura para aqueles que têm beleza própria. Cristo recebe mais amor onde Ele perdoa o maior número de pecados, e a mais doce obediência ao seu mandamento é prestada por aqueles que antes eram mais desobedientes, mas que são gentilmente conduzidos sob seu domínio pela força do amor agradecido. As colinas estéreis da santidade imaginada não lhe rendem nenhuma colheita e, portanto, Ele as deixa entregues à sua própria arrogância, mas enquanto isso, Ele espalha grãos abundantes entre as terras baixas, onde o solo está aberto e pronto para a semente (Lucas 8:15). Ele prega perdão para aqueles que sabem que pecaram e confessam seus pecados, mas aqueles que não têm pecado não têm Salvador.

Mas afinal, queridos amigos, se Jesus dirigiu sua missão de salvação aos perdidos, a quem mais Ele poderia ter vindo? Pois, para dizer a verdade, não há ninguém além dos perdidos na face de toda a terra. O fariseu mais orgulhoso é apenas um pecador, e ainda mais pecador por seu orgulho, e o moralista que se considera tão limpo é imundo aos olhos de Deus. Embora se esforce para esconder as manchas, a pessoa hipócrita é uma leprosa, e assim permanecerá para sempre, a menos que Jesus a purifique. É um fato três vezes bendito que Cristo veio para salvar os perdidos (Timóteo 1:15), pois assim somos todos nós, e se Ele não tivesse feito dos perdidos o objeto de sua busca e salvação, não haveria esperança para nós.

O que significa "*o perdido*"? Bem, "perdido" é uma palavra terrível. Eu precisaria de muito tempo para explicá-la, mas se o Espírito de Deus, como um *flash* de luz, entrar em seus corações, e lhes mostrar o que vocês são por natureza, vocês aceitarão a palavra "perdido" como descritiva de sua condição, e a compreenderão melhor do que mil palavras minhas permitiriam que vocês o fizessem.

Vocês estão perdidos pela queda, perdidos por herdar uma natureza depravada, perdidos por seus próprios atos e ações, perdidos por mil omissões de dever e perdidos por incontáveis atos de transgressões evidentes; perdidos por hábitos de pecado, perdidos por tendências e inclinações que reuniram forças e arrastaram vocês para baixo, para trevas e iniquidade cada vez mais profundas; perdidos por inclinações que nunca se voltam para o que é certo, mas que recusam resolutamente a misericórdia divina e o amor infinito. Estamos perdidos intencional e voluntariamente, perdidos de maneira perversa e total, mas ainda perdidos por nosso próprio querer, que é o pior tipo de se estar perdido que pode haver.

Estamos perdidos para Deus, que perdeu o amor do nosso coração, e perdeu a nossa confiança e perdeu a nossa obediência; perdidos para a igreja, à qual não podemos servir; perdidos para a verdade, que não queremos ver; perdidos para a justiça, cuja causa não defendemos; perdidos para o céu, em cujos recintos sagrados nunca poderemos entrar; perdidos — tão perdidos que, a menos que a misericórdia onipotente intervenha, seremos lançados no abismo sem fundo, para afundarmos para sempre.

"PERDIDOS! PERDIDOS! PERDIDOS!" A própria palavra me parece ser o soar lúgubre de uma alma impenitente. "*Perdidos! Perdidos! Perdidos!*" Eu ouço o badalar triste! O funeral de uma alma está sendo celebrado! A morte sem fim se abateu sobre um ser imortal! Ele surge como um lamento terrível vindo de muito além dos limites da vida e da esperança, vindo daquelas regiões sombrias de morte e escuridão, onde habitam espíritos que não aceitariam Cristo para reinar sobre eles. "*Perdidos! Perdidos! Perdidos!*" Ai, ai! Que esses ouvidos ouçam aquele som pesaroso! Melhor um mundo inteiro em chamas do que uma alma perdida! Melhor cada estrela apagada e aquele céu em ruínas do que uma única alma perdida!

Ora, é para as almas que em breve estarão naquela pior de todas as condições, e já estão se preparando para isso, que Jesus veio aqui buscar e salvar. Que alegria é isso! Na proporção em que a aflição foi pesada, a alegria é grande. Se as almas puderem ser libertas de cair em tal estado, é um feito digno do próprio Deus. Glória ao seu santo nome!

Agora, observem o propósito: Ele "veio *buscar e salvar o que estava perdido*". Ah, esta é uma verdade que vale a pena pregar — esta doutrina de que Jesus Cristo veio buscar e salvar pecadores. Algumas pessoas me dizem que Ele veio "para tornar os seres humanos salváveis", para colocar todos em tal condição que seja possível que sejam salvos. Acredito que os seres humanos possam ser salvos, mas não vejo grande admiração nesse fato.

Isso não faz meu sangue ferver nem me incita a dançar de alegria. Não sei se isso me causa a menor impressão. Posso dormir e tenho certeza de que não acordarei durante a noite e ansiarei por me levantar imediatamente para pregar notícias tão medíocres como a de que Jesus veio para tornar as pessoas salváveis. Eu não teria me tornado ministro para pregar um evangelho tão pífio; mas que nosso Senhor veio para salvar os seres humanos, essa é uma notícia substancial e satisfatória, que excede em muito a outra. Tornar os seres humanos salváveis é um esqueleto, ossos e pele, mas salvá-los é uma bênção viva. Tornar os seres humanos salváveis é uma bênção de valor ínfimo, mas salvá-los é riqueza incalculável.

Dizem também que Jesus veio ao mundo para permitir que os seres humanos sejam salvos, se assim o desejarem. Estou feliz com isso. É verdadeiro e bom. Acredito que toda alma verdadeiramente disposta pode ser salva; sim, tal pessoa já está, em certa medida, salva. Se houver uma vontade sincera em direção à salvação — entenda, em direção à verdadeira salvação —, essa mesma vontade indica que uma grande mudança começou dentro daquela pessoa, e me alegro que esteja escrito: "Aquele que quiser, que tome gratuitamente da água da vida" (Apocalipse 22:17).

Mas agora, apenas leiam nosso texto como se fosse assim: "O Filho do homem veio para que todo aquele que quiser ser salvo seja salvo". O sentido é bom, mas muito fraco! Como se misturasse o vinho com a água! Mas, oh, que sabor, que essência, que tutano, que gordura há nisso: "O Filho do homem veio *buscar e salvar o que estava perdido*"! Este é o evangelho, e o outro é apenas uma parte das boas-novas.

Novamente, leiam o texto de outra forma: "O Filho do homem veio ajudar os seres humanos a salvarem-se". Isso não servirá de jeito nenhum. É algo como ajudar pessoas que não têm pernas a marchar, ou ajudar cegos a avaliar as cores ou ajudar mortos a se tornarem vivos. Ajudar aqueles que não podem fazer nada é uma zombaria miserável. Não, não podemos ter as nossas Bíblias alteradas dessa forma; vamos deixar o texto permanecer como está, em toda a sua plenitude de graça.

Nem é possível reduzir nosso texto a isto: "O Filho do homem veio para salvar aqueles que o buscam". Se assim fosse, eu louvaria a Deus para sempre por isso, pois já seria um glorioso texto evangélico. Existem Escrituras que ensinam essa doutrina, e é uma verdade bendita pela qual devemos ser extremamente gratos, mas meu texto vai muito além, pois diz: "O Filho do homem veio buscar e salvar o que estava perdido".

Outro dia, deparei-me com uma pergunta e uma resposta: "Onde a mulher samaritana encontrou o Salvador? Ela o encontrou no poço". Não critico esse modo de expressão, mas vejam bem, não é assim que devo fazer a pergunta. Eu deveria antes perguntar: "Onde o Salvador encontrou a mulher?". Pois certamente ela não o estava buscando; não vejo nenhuma indicação de que ela tivesse tal ideia em mente. Ela estava procurando água do poço e, se a tivesse encontrado, teria voltado para casa satisfeita. Não: os que encontram, certamente, são os que buscam, por isso Cristo encontrou a mulher, pois Ele a estava buscando.

Embora eu bendiga ao meu Senhor porque Ele irá salvá-los se vocês o buscarem, sou ainda mais grato por haver homens e mulheres a quem Ele buscará e salvará, ou melhor, porque nunca houve uma alma salva sequer sem Cristo tê-la buscado primeiro. Ele é o Autor e também o Consumador da fé (Hebreus 12:2). Ele é o Alfa e o Ômega (Apocalipse 22:13), o início e o fim da obra da graça. Que o seu nome seja louvado por isso! O texto deve permanecer como está, e adoraremos o comprimento e a largura, a altura e a profundidade do amor que o tornou verdadeiro (Efésios 3:18). A busca bem-sucedida e a salvação completa pertencem ao Filho do Homem; alguns de nós já experimentamos ambas. Oh, que todos nós ainda possamos fazer isso!

III

Agora passamos, em terceiro lugar, a notar *uma dupla dificuldade*. Vemos a missão de Cristo e imediatamente percebemos que Ele veio para lidar com pessoas que estão perdidas em dois sentidos, e em cada sentido é necessário um milagre da graça para sua libertação. Elas estão tão perdidas que precisam ser *salvas*, mas também estão tão perdidas que precisam ser *buscadas*. As pessoas podem estar tão perdidas em terra ou no mar que precisam ser salvas e não buscadas, mas estávamos espiritualmente perdidos, de modo que também precisamos ser tanto salvos quanto buscados.

Ouvi, há pouco tempo, sobre um grupo de amigos que foi aos lagos de Cumberland[2] e se esforçou para escalar os Picos de Langdale. Um dos

---
[2] No extremo noroeste da Inglaterra, na divisa com a Escócia. Parte de seu território possui muitos lagos e montanhas.

muitos achou o esforço da subida muito cansativo e resolveu voltar para a pequena estalagem de onde partiram. Sendo mais sábio do que alguns, em sua própria opinião, ele não seguiu o caminho sinuoso pelo qual eles haviam subido. Ele pensou que iria descer direto, pois podia ver a casa logo abaixo, e imaginou que chegaria nela rapidamente e mostraria aos montanhistas que uma linha reta é a estrada mais rápida.

Bem, depois de descer e descer, saltando por muitos lugares acidentados, ele finalmente se encontrou em um despenhadeiro do qual não podia subir nem descer. Depois de muitas tentativas vãs, ele viu que era um prisioneiro. Num estado de terror descontrolado, ele tirou as roupas e rasgou-as em pedaços e os amarrou para formar uma corda. Ele a desceu, mas descobriu que não chegava a lugar nenhum no grande e aparentemente insondável abismo que se abria abaixo dele. Então ele começou a gritar em voz alta, mas nenhuma resposta vinha das colinas ao redor além do eco de sua própria voz. Ele gritou durante meia hora, mas não houve resposta, nem havia ninguém à vista.

Seu pavor quase o deixou louco. Por fim, para sua intensa alegria, ele viu uma figura se mover na planície abaixo e começou a gritar novamente. Felizmente, era uma mulher que, ao ouvir a voz dele, parou e, quando ele chamou novamente, ela chegou mais perto e gritou: "Fique onde está. Não se mexa nem um centímetro. Fique onde você está". Ele estava perdido, mas não precisava mais ser buscado, pois alguns pastores amistosos logo viram onde ele estava. Tudo o que ele queria era ser salvo, e assim os montanhistas desceram com uma corda, como costumavam fazer ao resgatar ovelhas perdidas, e logo o tiraram do perigo. Ele estava perdido, mas não desejava ser buscado, pois eles podiam ver onde ele estava.

Há um ou dois meses, vocês devem ter notado nos jornais um anúncio de um cavalheiro que havia deixado Wastwater[3] alguns dias antes para

---

[3] Um lago na mesma localidade mencionada anteriormente.

atravessar as colinas, e desde então não se ouviu falar dele. Seus amigos tiveram que buscá-lo para que, se ainda estivesse vivo, ele pudesse ser salvo, e houve quem atravessasse colinas e brejos para descobri-lo, mas não conseguiram salvá-lo, porque não conseguiram encontrá-lo.

Se pudessem ter descoberto onde ele estava, não duvido que, se ele estivesse em perigo mais iminente, os corajosos habitantes das colinas teriam arriscado suas vidas para resgatá-lo, mas, infelizmente, ele nunca foi encontrado ou salvo, seu cadáver sem vida foi a única descoberta que foi finalmente feita. Esta última é a verdadeira imagem da nossa condição deplorável: estamos por natureza perdidos, de modo que nada além de buscar e salvar ao mesmo tempo nos servirá.

Vejamos como nosso Senhor realizou *a salvação*. Ele o fez completamente. Meus queridos amigos, vocês e eu estávamos perdidos na sensação de termos violado a lei de Deus e incorrido em sua ira, mas Jesus veio e tomou sobre si o pecado dos seres humanos (1Pedro 2:24), e como seu Fiador e seu Substituto, Ele suportou a ira divina, para que Deus possa doravante ser justo, e ainda assim o Justificador daquele que crê em Jesus.

Gostaria de morrer falando desta bendita doutrina da substituição, e pretendo, pela graça divina, viver proclamando-a, pois é a pedra angular do evangelho. Jesus Cristo literalmente tomou sobre si a transgressão e iniquidade de seu povo (Isaías 53:5), e foi feito maldição por ele (Gálatas 3:13), visto que estava sob a ira de Deus, e agora toda alma que crê em Jesus é salva, porque Ele removeu a penalidade e a maldição devidas ao pecado. Nisto alegremo-nos!

Cristo também nos salvou do poder de Satanás. A Semente da mulher feriu a cabeça da serpente (Gênesis 3:15), de modo que o poder de Satanás foi quebrado. Jesus, pelo seu poder onipotente, libertou-nos do jugo horrível do inferno ao derrotar o príncipe das trevas e, além disso, salvou-nos do poder da morte, para que, para aqueles que creem, morrer não seja a morte. Cristo nos salvou do pecado e de todas as suas consequências por meio de suas mais valiosas morte e ressurreição.

> Contemplem Deus em forma humana descendo,
> O ofendido sofrendo em nome do ofensor:
> Vejam todos os seus erros a Ele imputados,
> E Ele, toda sua justiça, a vocês transmitindo.[4]

A obra salvadora de nosso Senhor está, neste sentido, concluída, mas sempre há sua obra de *busca* acontecendo no mundo, e quero que vocês pensem nisso.

Ele pode nos salvar, bendito seja o seu nome! Não há nada mais para Ele fazer para salvar qualquer alma que nele confie. Mas nós vagamos para muito longe, e estamos escondidos nas regiões selvagens de um país distante. Estamos com muita fome, e embora haja pão suficiente e de sobra, qual é a utilidade dele enquanto estamos perdidos do lar onde ele é distribuído tão livremente! Estamos muito esfarrapados; lá está a melhor túnica, e está pronta para ser colocada em nós, mas de que adianta quando estamos tão longe? Existem músicas e danças para nos alegrar e nos animar, mas qual é a utilidade delas enquanto ainda permanecemos entre os porcos? Aqui está a grande dificuldade. Nosso Senhor deve nos descobrir, seguir nossas andanças e nos tratar como ovelhas perdidas; Ele deve nos carregar sobre seus ombros, regozijando-se (Ezequiel 34:16).

Muitos precisam ser buscados porque estão perdidos em más companhias. Maus companheiros se reúnem em torno das pessoas, e as impedem de ouvir o evangelho pelo qual os seres humanos são salvos. Não há lugar para se perder como em uma grande cidade. Quando alguém quer fugir

---

[4] *Religio Laici* [Religião secular], John Dryden, 1682.

da polícia, ele não foge para um pequeno vilarejo, mas se esconde numa cidade densamente povoada.

E esta cidade tem muitos esconderijos onde os pecadores fogem do caminho do evangelho. Perdem-se na grande multidão e são mantidos cativos dos costumes escravistas da sociedade perversa na qual foram absorvidos. Se cederem por um momento, algum mundano os agarra pela manga e diz: "Sejamos felizes enquanto podemos! Por que você está tão tristonho?".

Satanás cuidadosamente vigia seus servos mais jovens para evitar que escapem de suas mãos. Esses soldados trabalham arduamente para impedir que o ser humano ouça as boas-novas da salvação, para que não se converta. Os pecadores, portanto, precisam ser buscados na sociedade em que estão inseridos, precisam ser buscados tanto quanto as pérolas do golfo arábico[5].

O Senhor Jesus Cristo, ao buscar os seres humanos, tem que lidar com preconceitos profundamente arraigados. Muitos se recusam a ouvir o evangelho; viajariam muitos quilômetros para escapar à sua mensagem de advertência. Alguns são demasiado sábios ou demasiado ricos para ouvir sua pregação. Coitados dos pobres ricos! O pobre tem muitos missionários e evangelistas que o buscam, mas quem vai atrás dos grandes? Alguns vêm do Oriente para adorar, mas quem vem do Ocidente? Muitos mais encontrarão o caminho para o céu saindo das favelas mais afastadas do que das grandes mansões e palácios. Jesus deve buscar os seus eleitos entre os ricos sob grandes desvantagens, mas bendito seja o seu nome, Ele os busca!

Vejam como os vícios e hábitos depravados dominam a massa das classes mais pobres. Que busca é necessária entre os trabalhadores, pois muitos deles estão obcecados pela embriaguez! Olhem para grande parte

---

[5] Consideradas como algumas das mais bonitas e caras do mundo.

dessa cidade no Dia do Senhor: o que tem feito a população trabalhadora? Eles têm lido o jornal de domingo, vagando pela casa em suas camisas de manga e esperando nos batentes das portas — não da sabedoria, mas de uma loja de bebidas. Eles têm sede, mas não de justiça. Baco[6] ainda continua sendo o deus desta cidade, e multidões estão perdidas entre os tonéis de cerveja e de bebidas destiladas. Em tais atividades, as pessoas desperdiçam as benditas horas do domingo. Como elas serão buscadas? No entanto, o Senhor Jesus está fazendo isso pelo seu Espírito Santo.

Infelizmente, devido aos seus maus caminhos, os ouvidos das pessoas são tapados, os seus olhos são cegos e seus corações endurecem-se, de modo que os mensageiros da misericórdia precisam de grande paciência. Seria um trabalho fácil salvar os seres humanos se eles pudessem estar dispostos a receber o evangelho, mas eles nem mesmo o ouviriam. Quando você os recebe para um dia de domingo sob a pregação de um ministério fiel, como eles lutam contra isso! Eles necessitam que os busquem cinquenta vezes mais.

Você os traz até a luz e a projeta diretamente em seus olhos, mas eles voluntária e deliberadamente fecham as pálpebras. Você coloca diante deles a vida e a morte e implora até às lágrimas que eles se apoderem da vida eterna, mas eles escolhem suas próprias ilusões. Devem ser buscados por tanto tempo e com tanta paciência que esta obra de busca revela tanto o coração gracioso de Jesus quanto a obra salvadora que Ele realizou no madeiro sangrento.

Observem como Ele está diariamente realizando sua busca pelo amor. Todos os dias, amados, Jesus Cristo busca os *ouvidos* das pessoas. Você acreditaria? Ele tem que agir com maravilhosa sabedoria até mesmo para ser ouvido. Eles não querem conhecer a mensagem de amor do seu Deus. "Deus amou tanto o mundo" (João 3:16) — eles sabem tudo sobre isso, e

---

[6] Deus romano da fertilidade, agricultura e vinho.

não querem ouvir mais nada. Há um sacrifício infinito pelo pecado, mas eles dão meia-volta com essas notícias obsoletas. Preferem ler um artigo numa revista infiel, ou um parágrafo nas colunas policiais. Eles não querem mais saber de assuntos espirituais.

O Senhor Jesus, para chegar aos seus ouvidos, clama em voz alta por meio de muitas vozes sinceras. Graças a Deus, Ele ainda tem ministros vivos que desejam ser ouvidos e não se deixarão intimidar por recusas. Mesmo o ruído contínuo deste mundo barulhento não pode abafar o seu testemunho. Clame alto, meu irmão, clame alto e não se detenha, pois, por mais que clame, você não clamará alto demais, pois o ser humano não ouvirá se puder evitar. Nosso Senhor, para conquistar os ouvidos das pessoas, deve usar uma variedade de vozes, melodiosas ou ásperas, conforme sua sabedoria julgar melhor. Às vezes, Ele conquista uma audiência por meio de uma voz estranha, cuja singularidade chama a atenção. Ele alcançará os seres humanos quando quiser salvá-los.

Uma voz estranha, certamente a mais estranha que já ouvi, foi a que veio há pouco tempo em uma cidade italiana para um dos eleitos de Deus ali. Ele era tão depravado que na verdade passou a adorar o Diabo em vez de adorar a Deus. Aconteceu um dia que correu pela cidade um boato de que um protestante estava indo lá para pregar. O padre, alarmado com a sua religião, disse ao povo no altar que os protestantes adoravam o Diabo e aconselhou-os a não se aproximarem do salão das reuniões.

A notícia, como vocês podem imaginar, não despertou nenhum horror na mente do adorador do Diabo. "Sim", pensou ele, "então me encontrarei com os irmãos", e então ele foi ouvir nosso amado missionário, que agora está trabalhando em Roma. Nada mais teria levado o pobre coitado a ouvir a boa palavra, mas esta mentira do padre foi sobrepujada para esse fim. Ele foi e ouviu falar, não do Diabo, mas daquele que conquistou o Diabo, e em pouco tempo foi encontrado aos pés de Jesus um pecador salvo.

Eu já vi meu Senhor, quando seus ministros falharam, tirar uma flecha de sua aljava, e fixar nela uma mensagem, e colocá-la em seu arco, e atirá-la bem no peito de alguém até que o ferisse, e enquanto o feria, e ele estava deitado gemendo em sua cama, a mensagem foi considerada, sentida e aceita. Quero dizer que muitos doentes foram levados a ouvir a mensagem de salvação. Frequentemente, perdas e cruzes têm levado pessoas aos pés de Jesus. Ele as busca assim. Quando Absalão não conseguiu uma conversa com Joabe, ele disse: "Ide e ateai fogo no campo de cevada dele". Então Joabe desceu a Absalão e disse: "Por que os teus servos atearam fogo ao meu campo?" (2Samuel 14:3,-31). O Senhor às vezes envia perdas de propriedades a pessoas que de outra forma não o ouviriam, e finalmente seus ouvidos são conquistados. Quem Ele busca, no devido tempo, Ele encontra.

Bem, depois que meu Senhor busca os ouvidos das pessoas, Ele em seguida busca os seus *desejos*. Ele as fará com que anseiem por um Salvador, e isso não é algo fácil de conseguir, mas Ele tem uma maneira de mostrar aos seres humanos seus pecados, e então eles desejam misericórdia. Outras vezes, Ele lhes mostra a grande alegria da vida cristã, e então eles desejam entrar no mesmo deleite. Oro para que, neste momento, Ele possa levar alguns de vocês a considerar o perigo que correm enquanto ainda não são convertidos, para que possam começar a desejar Cristo e, dessa forma, serem buscados e encontrados por Ele.

Então, Ele busca a *fé* deles. Ele busca que eles possam vir e confiar nele, e Ele tem maneiras de levá-los a isso, pois Ele lhes mostra a pertinência de sua salvação, e a plenitude e a gratuidade dela; e quando Ele se mostrou como o Salvador dos pecadores, e o Salvador que desejam, então eles realmente vêm e colocam sua confiança nele. Então, Ele os encontra e os salva.

Ele busca seus *corações*, pois foram seus corações que Ele perdeu. E, oh, como Cristo, pelo Espírito Santo, docemente conquista os sentimentos dos seres humanos e os segura firmes! Jamais esquecerei como Ele conquistou os meus, como primeiro conquistou meus ouvidos, e depois meus desejos, de modo que desejei tê-lo como meu Senhor; e então, Ele me ensinou a confiar nele, e quando eu confiei nele e descobri que havia sido salvo, então eu o amei, e ainda o amo.

Assim, querido ouvinte, se Jesus Cristo o encontrar, você se tornará seu amoroso seguidor para sempre. Tenho orado para que Ele leve esta mensagem ao conhecimento daqueles a quem Ele pretende abençoar. Pedi a Ele que me deixasse semear um bom solo (Lucas 8:15). Espero que, entre aqueles que lerem estas páginas, haja muitos a quem o Senhor Jesus remiu especialmente com seu preciosíssimo sangue, e confio que Ele lhes aparecerá imediatamente e dirá a cada um deles: "Eu te amei com um amor eterno, portanto, com ternura te atraí" (Jeremias 31:3).

Que o Espírito eterno abra seus ouvidos para ouvir a voz mansa e delicada do amor! Pela graça onipotente, que vocês possam se render ao Senhor com o consentimento alegre de suas vontades conquistadas e aceitar aquela graça gloriosa que os levará a louvar o Salvador no céu que busca e salva! Amém!

SERMÃO REDIGIDO EM 1912.

8

CRISTO, O SALVADOR DA PARTE DE DEUS

Os meus olhos têm visto a tua salvação.
Lucas 2:30

MILHARES de vezes esse cântico de Simeão foi cantado por pessoas descuidadas e desatentas, mas certamente é um daqueles cânticos que nunca deveriam ser entoados, exceto dos lábios crentes. Torná-lo apenas parte de uma liturgia e permitir que homens vergonhosamente ímpios digam: "Os *meus* olhos *têm visto* a tua salvação" deve ser um pecado atroz diante de Deus. Que todos os que se aventuraram a usar palavras como essas sem ter pensado em seu significado, confessem seus pecados diante de Deus, e peçam que Ele faça com que sejam verdadeiras aquelas palavras que até agora foram proferidas tão levianamente, e que antes de fecharem seus olhos na morte, eles *possam* ver a salvação de Deus.

I

Devo, em primeiro lugar, *pegar o texto que escorre dos lábios de Simeão* e seguir para onde nos leva.

Começaremos com a ideia principal de Simeão. Ele entrou no templo, viu ali um bebezinho e reconheceu, naquela criança recém-nascida, Jesus, o Salvador prometido. E ao tomar aquele Salvador em seus braços, ele disse: "Os meus olhos têm visto" "— o quê? "A tua salvação", a salvação de Deus; não apenas o agente da salvação, mas a própria salvação.

Pelo que deduzo que, onde quer que vejamos Jesus, vemos a salvação de Deus. Onde quer que nossos olhos pousem espiritualmente no Cristo de Deus, ali vemos a salvação de Deus: seja na manjedoura de Belém, ou na cruz do Calvário, ou naquele trono de glória de onde Ele julgará os vivos e os mortos — onde quer que o vejamos, vemos a salvação de Deus.

Deixe-me então levar seus pensamentos ao longo da história de nosso Salvador por alguns momentos. Há muito tempo atrás, quando este mundo, o Sol e a Lua, ainda não haviam sido criados, quando Deus habitava sozinho, então, na presciência de Deus, era evidente que o ser humano pecaria, que as pessoas eleitas, amadas por Deus, cairiam na ruína comum.

Então, veio a grande controvérsia, a poderosa questão a ser resolvida apenas pelo intelecto supremo do céu: "Como podem os pecadores ser reconciliados com Deus?", e a aliança foi feita, aquela antiga aliança sobre a qual Davi cantou, "ordenada em todas as coisas e segura" (2Samuel 23:5). Jesus, a segunda pessoa da bendita Divindade, fez uma aliança com seu Pai para que, na plenitude dos tempos, Ele se colocasse no lugar do pecador e pagasse sua dívida (Gálatas 4:4), para que Ele reunisse em si mesmo todos aqueles que o Pai lhe deu, tornando-se o segundo Adão e o restaurador para eles (1Coríntios 15:43-45), embora, através do primeiro Adão e da queda dele, eles, bem como os outros, tivessem sido destruídos.

Então, quando a aliança foi assinada, e as partes divinas daquela grande transação deram as mãos e ratificaram o compromisso, meus olhos, ao olharem para aquela vasta eternidade e com santa curiosidade, desejaram esquadrinhar aquela câmara do conselho —, meus olhos percebem a salvação de Deus na pessoa de Jesus Cristo. Isso foi tudo o que poderia ter sido visto pela fé, mesmo depois que o mundo fora criado e o ser humano caiu, até aquele dia em que chegou a plenitude dos tempos, quando Jesus Cristo, aquele que havia feito a aliança de salvar seu povo, veio para realizar a obra. Oh, a grandeza daquele dia em que os anjos vieram apressados para cantar que o bebê havia nascido em Belém! (Lucas 2:13,14).

Ah, Simeão! O que você vê ali não é um mero bebê, uma criança pendurada no peito de uma mulher — é a Palavra encarnada, o *Logos*, sem o qual nada do que foi feito se fez (João 1:3). Aquele que falou, e tudo foi feito, está ali. Aquele que disse: "Haja luz", e houve luz (Gênesis 1:3). A Palavra que estava com Deus quando Ele firmou as nuvens e quando Ele fixou as bases do universo, Ele mesmo está lá na pessoa daquela criança.

O filho de Maria é também o Filho de Deus (Gálatas 4:4). E sempre que vocês, amados, olharem para o Deus encarnado e compreenderem aquele mistério maravilhoso: "A Palavra se fez carne e habitou entre nós", e os seres humanos escolhidos por Ele contemplaram sua glória, "a glória do unigênito do Pai, cheio de graça e verdade" (João 1:14) — então, quando vocês veem Deus em carne humana, vocês veem a salvação de Deus.

Sigam com os olhos do seu amor aquele bebê quando Ele se tornou adulto. Vejam-no, em obediência por trinta anos ao seu suposto pai, manuseando a enxó[1] e o martelo na carpintaria de José. "Achado na forma de homem, humilhou-se a si mesmo" (Filipenses 2:8). Vejam-no nos três anos de seu benditíssimo ministério. Aqueles anos foram abarrotados de trabalho! Como o zelo da casa de Deus o devorou! (João 2:17).

O orvalho caía sobre Ele durante a noite, quando Ele guardava as ovelhas de Deus em lugares ermos, e no cume da montanha as pastoreava em suas orações à meia-noite. Muitas vezes, o suor escorria dele naquele

---

[1] Ferramenta que lembra um martelo, com cabo curto e curvo, e uma cabeça de aço cortante usada para desbastar madeira em carpintaria.

serviço diário que, como Servo dos servos, Ele prestava a todos os seus irmãos. Ninguém se afadigou com o trabalho duro como Ele — ninguém tão arduamente, ninguém tão perfeitamente, ninguém tão voluntariamente, ninguém com uma submissão tão completa de todas as suas faculdades à sua obra de total entrega.

Eis a justiça dos santos — esta obra de Cristo consiste em fazer uma túnica com a qual os santos serão vestidos (Apocalipse 6:11). Sua obediência ativa rende a Deus uma compensação por nossas violações de sua santa lei. Em Cristo, o ativamente obediente, vê-se a salvação de Deus.

Mas ah! Deixem seus olhos banharem-se em lágrimas enquanto vocês o seguem desde sua obediência ativa até sua obediência passiva. Pausei no meio de um versículo agora mesmo: "Achado na forma de homem, humilhou-se a si mesmo" — conforme prossegue-se, lê-se: "sendo obediente até a morte, e morte de cruz" (Filipenses 2:8). Lá está Ele naquele jardim entre as oliveiras. Vocês ouvem seus suspiros, seus gemidos profundos?

Vocês observam as gotas de suor de seu sangue caindo sobre a terra? Ele está implorando: "Se é possível, passe de mim este cálice" (Mateus 26:39). Mas não é possível. Vocês o veem levado às pressas com o beijo do criminoso ainda em sua bochecha; levado às pressas por mãos traidoras para Caifás (Mateus 26:46-50; 57); levado às pressas para Pilatos (Lucas 23:1) e Herodes (Lucas 23:7), um após o outro, desprezado e escarnecido por toda parte?

Ele, cujo rosto é brilhante como a manhã quando o sol nasce (2Samuel 23:4) e cujo semblante é como o Líbano, formoso como os cedros (Cantares 5:15), é Ele que eles menosprezam, e exploram, e zombam. Em seu rosto, que os anjos contemplam com silencioso temor, eles lançaram sua maldita saliva (Marcos 14:65). Eles o esbofetearam e clamaram: "Salve, Rei dos Judeus" (Mateus 27:29). Eles zombam de sua realeza com uma coroa de espinhos e de seu sacerdócio, vendando seus olhos e dizendo: "Quem é que te bateu?" (Lucas 22:64).

Lembrem-se de que aquele que está passando por essa vergonha é a salvação de Deus. Ele foi feito inferior aos servos mais vis da terra para que pudesse nos elevar mais alto do que os serafins mais brilhantes do céu — descendo de onde Ele estava na excelência do céu para toda esta profundidade de vergonha, para que, de toda a nossa vergonha, Ele pudesse nos elevar à excelência celestial.

Então, finalmente, chega ao clímax, e o sofredor paciente entrega as mãos ao ferro, e os pés aos pregos. Eles o elevam; Ele deve morrer a morte de um criminoso. Ele deve sofrer fora do arraial (Hebreus 13:13). Feito pecado por nós (2Coríntios 5:21), Ele não pode estar na congregação. Ele deve ser contado com os transgressores (Isaías 53:12). Vejam-no morrendo com dores corporais que não podem ser facilmente descritas!

Mas lembrem-se, o pior foi isto: Deus, a quem os seres humanos bons procuram por socorro quando morrem, recusou-lhe ajuda. O Senhor, que nunca abandonou os virtuosos, abandonou-o, o mais virtuoso de todos. Aquele que é nosso castelo e torre alta, nossa muralha e defesa em nossa extrema miséria, escondeu dele, por assim dizer, seu rosto — e aquele mais amargo de todos os gritos, que contém tanta dor quanto todos os gritos dos condenados no inferno, subiu: "Meu Deus, meu Deus, por que tu me abandonaste?" (Mateus 27:46). Lá estava Ele, o abandonado. No entanto, Ele era a salvação de Deus, pois Ele estava "suportando, para que nunca possamos suportar, a justa ira de seu Pai", aguentando ser expulso do céu para que nós, desprezíveis como somos, possamos ser envolvidos no abraço divino e amados com o afeto divino.

Mas isso não é tudo. No terceiro dia, aquele que havia vencido na cruz ressuscitou para reivindicar a vitória. Ei-lo! Ele é a salvação de Deus ao ressuscitar da sepultura. Onde está o seu aguilhão, ó morte? Onde está a sua vitória, sepultura arrogante? (1Coríntios 15:55). O Senhor Jesus nos salvou da morte. Ele ressuscitou do sepulcro. Contemplem-no enquanto

Ele ascende! Não deixem seus olhos ficarem muito ofuscados com a glória. Ele cavalga com pompa solene até o portão do céu.

Mesmo agora, seus ouvidos podem captar os ecos daquela canção: "Levantai as vossas cabeças, ó portões; e levantai, ó portas eternas; e o Rei da glória há de entrar" (Salmos 24:7). Aquele que ali entra nos salvou, e foi receber dons para os seres humanos (Efésios 4:8). Sua entrada ali é a entrada de todo o seu povo, pois Ele é o seu Representante (Colossenses 1:18), e toma posse do céu em seu nome. Por estar lá para nós, somos salvos. Sua presença no trono é a presença da salvação de Deus.

Se o tempo não me faltasse, eu gostaria de prosseguir com a história, e apontar vocês a Ele, ainda parecendo como um cordeiro que foi morto (Apocalipse 5:6), suplicando através de sua intercessão incessante e sempre prevalente. Eu gostaria de convidar a sua fé a antecipar o dia em que Ele virá novamente, sem oferta pelo pecado, mas para a salvação, quando vocês e eu, vendo-o, veremos a salvação de Deus — quando nossos corpos serão aperfeiçoados, não mais para serem fracos e sofredores, mas feitos semelhantes ao corpo glorioso dele (1Coríntios 6:14).

Nossos irmãos que vieram antes de nós, que neste momento dormem em seus túmulos silenciosos entre flores roxas, ou no cemitério lotado, ou na cripta fria, eles também ouvirão o som de seu segundo advento, quando a trombeta do arauto soar, dando saber ao mundo que o Senhor veio (1Tessalonicenses 4:16).

> De leitos de pó e barro silencioso,
> Aos reinos do dia glorioso.

Eles voarão em seu caminho triunfante, pois Jesus Cristo será para eles, como para nós, a salvação de Deus. Essa foi a ideia de Simeão, eu acho. Eu apenas martelei um pouco seu lingote de ouro, para mostrar a vocês que onde Jesus está, aí está a salvação de Deus.

II

E agora, em segundo lugar, *tiraremos algumas folhas da nossa própria autobiografia*.

O texto diz: "Os *meus* olhos têm visto a tua salvação". Não se deve permitir a Simeão o monopólio destas palavras. Eu as reivindico: "Os *meus* olhos têm visto a tua salvação". Irmãos e irmãs, muitos de vocês podem, no sentido espiritual, usar a mesma linguagem que o patriarca que estava prestes a partir usa. Vocês também podem dizer: "Os meus olhos têm visto a tua salvação". Vocês poderiam folhear o livro da sua vida um pouco enquanto eu folheio o da minha?

Bem, não precisamos ler aquelas primeiras páginas, as páginas do nosso estado de pecado. Deixem cair lágrimas e as apaguem. Querida mão de Jesus, manchada de sangue, limpe cada uma delas, e apague-as para sempre! Mas o que é esta primeira página brilhante? É a página em que começamos a viver, *a página que registra o nosso nascimento espiritual*. E acho que encontraremos escrito em algum lugar: "Nesse dia os meus olhos contemplaram a salvação de Deus".

Bem, eu me lembro daquele dia. Eu olhei aqui, e olhei ali. Esta foi a minha pergunta: pequei contra Deus, como Ele pode me perdoar? Não adiantava me dizer que Deus era misericordioso. Eu tinha uma resposta para isso: "Deus é justo". Não adiantava nada dizer: "O pecado é insignificante", eu sabia que não era assim. Se era pesado para mim, o que isso deve fazer com Ele? A pergunta que eu queria que fosse respondida era: como pode Deus, em justiça, ignorar minhas iniquidades?

Então aprendi, como que de repente, esta doce história que tive o prazer de contar de várias formas mil vezes — que Jesus veio e disse: "Eu serei o Fiador do pecador (Hebreus 7:22). Eu permanecerei em seu lugar de maldição e ruína (Gálatas 3:13) e suportarei por ele a penalidade da dor, por ele suportarei até a morte". Aprendi que, se eu olhasse para Jesus

— apenas olhasse, só isso —, que se eu simplesmente confiasse em Jesus, seria salvo (Atos 16:31). Eu olhei, e que dia feliz, os meus olhos têm visto a salvação de Deus! Aquela bendita doutrina da substituição, aquele simples mandamento "Creia e viva!", esse foi os óculos através do qual minha alma olhou, e viu a salvação de Deus.

Mas, se bem me lembro, um pouco mais adiante – no meu caso, não passou mais de uma semana depois de ter visto o meu pecado perdoado, senti-me em outra dificuldade. *Descobri que não poderia fazer o que gostaria*. Minha vontade agora era nunca mais pecar, mas pequei (Romanos 7:15). Queria ser santo, mas não era o que seria. Eu gemi e chorei: "Onde está a salvação deste meu coração maligno, desta corrupção da minha natureza?".

E lembro-me bem de ter ido ao mesmo lugar onde ouvi falar do Salvador, e ouvido o ministro declarar que, se alguém sentisse em si mesmo a natureza maligna, não estava salvo. "Ah!", eu pensei: "Eu sei bem que não é assim". Não pude ser persuadido disso, pois sabia que estava salvo ao olhar para Cristo, mas descobri que estava onde Paulo estava quando ele disse: "pois o querer está presente em mim, mas o executar do bem eu não encontro" (Romanos 7:18). Parecia então que eu dizia para mim mesmo: "Minha vontade é tão inconstante, como posso aguentar? Minha força é tão fraca, como posso resistir ao pecado?".

Ah! E bem me lembro do dia em que pude dizer em um sentido mais enfático do que antes: "Os meus olhos têm visto a tua salvação". Pois, ao pesquisar a Palavra, percebi que *todos os que creram em Cristo tinham a vida eterna*, e a vida eterna não é uma vida que dura pouco tempo. É o que se diz ser — *vida eterna*.

Então percebi na Palavra que contra esta vida eterna o antigo corpo do pecado e da morte lutaria, mas que estava escrito que a nova vida era uma semente viva e incorruptível "que vive e permanece para sempre" (1Pedro 1:23). E descobri as palavras do apóstolo Paulo: "Mas graças a Deus que nos dá a vitória por nosso Senhor Jesus Cristo" (1Coríntios 15:57).

Foi uma grande descoberta quando percebi que a vida que Deus me deu poderia morrer tanto quanto Deus morre. Que foi um feixe de luz vindo dele mesmo. Que Ele me fez participante daquela natureza divina, já que havia escapado da corrupção que havia no mundo, através da luxúria (2Pedro 1:4). Que o Espírito do Altíssimo foi dado ao que crê para habitar nele, e estar com ele para sempre (João 14:17). E que aquele que começou a boa obra havia declarado que a continuaria e a aperfeiçoaria até o dia do aparecimento de nosso Senhor e Salvador Jesus Cristo (Filipenses 1:6).

Quando aprendi essa verdade, senti como se nunca tivesse visto a salvação de Deus antes. Eu tinha visto tão pouco dela na primeira vez — o suficiente para me fazer pular de alegria, é verdade —, mas na segunda descoberta contemplei que *aquele que me remiu da culpa do pecado certamente me remiria do poder do pecado*. Que aquele que me colocou na rocha me manteria lá. Que aquele que me colocou no caminho para o céu disse sobre todos os seus servos: "colocarei meu temor nos seus corações, para que eles não se afastem de mim" (Jeremias 32:40). Essa foi uma descoberta gloriosa!

Nada daquelas salvações baratas que algumas pessoas professam ter, que duram apenas um dia ou dois, ou algumas semanas no máximo, e então se vão — em Cristo hoje e fora de Cristo amanhã! Cristo perdoou os seus pecados, e ainda assim elas pensam que Ele não lhes deu a salvação! Mas saber que "os dons e o chamado de Deus são sem arrependimento" (Romanos 11:29), que Ele disse: "Quem crer e for batizado será salvo" (Marcos 16:15), que "o justo também permanecerá em seu caminho, e aquele que tem mãos limpas ficará cada vez mais forte" (Jó 17:9), que a Palavra de Cristo permanece firme: "dou-lhes a vida eterna, e nunca hão de perecer, e nenhum homem as arrancará da minha mão" (João 10:28), isto é ver a salvação de Deus sob uma luz mais ampla. Oro para que todo ouvinte que viu a Cristo possa continuar a ver mais dele até que tenha visto sua total segurança na pessoa do Bem-Amado.

Mas, mais adiante (e isso aconteceu comigo muito tempo depois), quando descobri que o Cristo que me salvara da culpa também estava comprometido em me salvar do poder do pecado, descobri novamente que Ele era a salvação de Deus. Descobri em parte através do pensamento, e em parte através do testemunho claro da Palavra escrita, que toda alma que crê em Cristo, crê em Cristo porque Deus a fez crer em Cristo; que em relação àquela alma havia um desígnio divino para que aquela alma cresse, e esse desígnio foi estabelecido desde toda a eternidade, e esse desígnio, uma vez realizado, nunca seria mudado. Era como montanhas de bronze que nunca poderiam ser movidas.

Digo que a salvação do que crê em Cristo não depende de sua própria vontade, mas da vontade de Deus. Que o desígnio que o salvou não era o seu próprio desígnio, assim como está escrito: "não é daquele que quer, nem daquele que corre, mas de Deus, que manifesta misericórdia" (Romanos 9:16). Ora, lembro que foi uma descoberta tão boa para mim quanto a primeira que fiz. Foi quase como outra conversão. Eu já havia estado na água da vida até os tornozelos antes, mas agora estava até o peito (Ezequiel 47:1-5). E o que eu poderia dizer senão isto:

> Sou um monumento da graça,
> Um pecador pelo sangue salvo.
> As correntes de amor eu traço,
> Até a Fonte, Deus;
> E no coração divino ver
> pensamentos eternos de amor para mim.

É aqui que "os meus olhos têm visto a salvação de Deus" — viram a fonte dela, suas nascentes secretas, sua eternidade, sua imutabilidade e sua divindade. Oro para que todo filho de Deus sobrecarregado possa ver isso também. Então, ele realmente cantará de alegria no coração.

Provavelmente, queridos irmãos e irmãs, nem todos nós fomos além disso, se é que fomos tão longe, mas é uma coisa muito bendita quando somos levados a ver outra verdade, a saber, que *todo o que crê e é vivificado é um com Jesus Cristo*. "Somos membros do seu corpo, da sua carne, e dos seus ossos" (Efésios 5:30). O Cristo no céu é o mesmo Cristo que está aqui na terra em cada um dos seus salvos. Todos eles são partes dele. Existe uma união vital subsistindo entre eles, de modo que tudo o que Cristo é, eles são. Eles eram um com Ele no passado, eles eram um na sepultura, um quando Ele ressuscitou, um quando Ele triunfou sobre os inimigos dele e eles são hoje um com Ele, pois

> Agora no céu Ele toma seu assento,
> Enquanto os serafins cantam toda a derrota do inferno.

Cada um que crê é um com Cristo tanto quanto o dedo é um com o corpo. Se eu perdesse meu dedo, não seria um ser humano perfeito quanto ao meu corpo. E se Cristo perdesse o membro mais insignificante de seu corpo, seria uma parte de Cristo que seria perdida, e Cristo não seria um Cristo perfeito. Somos um com Jesus por meio de uma união vital e indissolúvel, e se a sua alma perceber isso, você baterá palmas e dirá ao Pai: "Eu realmente tenho visto a tua salvação, pois agora vejo que estou no céu". Ele "nos ressuscitou juntamente com ele, e nos fez assentar nos lugares celestiais" (Efésios 2:6). Somos salvos e glorificados em Cristo Jesus como nosso Representante e Cabeça da Aliança.

Ainda nem esgotei este tema, e apenas oro para que vocês e eu possamos conhecer cada vez mais as alturas e profundezas da salvação de Deus. Eu estava pensando agora mesmo, antes de começar a pregar, que, se algum dia vocês e eu tivéssemos permissão de olhar para baixo, para o mundo do sofrimento — se em algum estado futuro, algum dia olharmos para aquela terra de escuridão e desespero, onde os pecadores lançados longe de Deus estão sofrendo a devida recompensa por seus pecados —, se nossos olhos algum dia vissem suas agonias, e nossos ouvidos ouvissem seus gritos de desespero, deveríamos, entre outras coisas, dizer: "Meu Deus, eu nunca soube antes como é grande a tua salvação, pois eu também deveria estar lá, se não fosse pela tua misericórdia. Até que eu visse algo sobre o que é o inferno, eu não saberia dizer quanto lhe devia. Eu não poderia dizer que, em suas alturas e profundezas, meus olhos tivessem visto a tua salvação".

E irmãos e irmãs (para colocar uma luz melhor e mais agradável sobre isso),

> Quando ante o trono estiver eu,
> Com bons trajes vestido estarei, mas não os meus.

Quando eu o vir — e o verei, pois posso dizer como Jó: "a quem verei por mim mesmo, e meus olhos o contemplarão; e não outros" (Jó 19:25). Quando vocês e eu lançarmos nossas coroas a seus pés (Apocalipse 4:10), quando erguermos nossas vozes com toda a multidão vestida de branco nos aleluias eternos (Apocalipse 7:9), então diremos: "Meu Deus, meu Pai, os meus olhos têm visto a tua salvação".

III

O tempo me falta, então devo dedicar alguns minutos a uma terceira parte do meu tópico. É esta: *há alguns aqui que nunca viram a salvação de Deus*. O evangelho está escondido para eles. E se estiver escondido, não estará escondido porque usamos palavras difíceis para escondê-lo. "Mas, se o nosso evangelho está escondido, está escondido para aqueles que estão perdidos; nos quais o deus deste mundo cegou as mentes daqueles que não creem" (2Coríntios 4:3). Pecador cego, você deseja ver a salvação de

Deus? "Ah!" você diz: "Se eu conheço meu próprio coração, eu desejo". Por que, então, você não consegue ver isso? É muito claro. Ah! Entendo, seus olhos estão lacrados.

O primeiro lacre que vejo em seus olhos, como uma escama fixa (e, ah, eu gostaria de poder tirá-la para você), é este: *você nem mesmo crê que precisa de alguma salvação*. Aquele que não acredita que precisa de salvação é claro que nunca verá a salvação de Deus. Em seu coração você diz: "Eu sou rico, e cheio de bens, não tenho necessidade de nada" (Apocalipse 3:17).

Mas, meu pobre amigo, seja persuadido a aceitar o parecer de Deus sobre você, que está muito mais próximo da verdade do que o seu. Você está nu, cego, pobre e miserável (Apocalipse 3:17). Você está perdido, arruinado e condenado, como está escrito: "Quem não crê já está condenado". Essa escama desapareceu?

Agora vejo outra (eu gostaria de poder tirar essa também), e isto é, você sabe que é cego, mas diz: "*Preciso tentar me salvar*". Esta é uma escama muito espessa. Você nunca verá enquanto ela estiver em seus olhos. Você não percebe como Simeão expressou isso? Não: "Os meus olhos têm visto a *minha própria* salvação", mas: "Os meus olhos têm visto a *tua* salvação", isto é, a salvação de Deus, a salvação do Senhor.

Deixe-me dizer-lhe, pobre ser, se algum dia você for salvo, sua salvação deve ser de Deus no início, de Deus no desenvolvimento e de Deus na conclusão. Nenhuma salvação servirá o seu propósito, a não ser aquela que é divina da cabeça aos pés. Se os dedos da natureza pudessem tecer com agilidade uma vestimenta que cobrisse a nudez humana, isso seria inútil. Tudo o que a natureza tece, Deus deve desfiar antes que uma alma possa ser revestida da justiça de Cristo. Não são seus feitos humanos — são os feitos de Cristo que devem salvá-lo. Não são suas lágrimas, mas o sangue de Cristo. Nem seus sentimentos, nem nada em você, ou vindo de você. Ouça você que tem ouvidos para ouvir: "A salvação vem do Senhor" — do início ao fim.

Se essa escama cair do seu olho, sei que você dirá: "Agora começo a ver o suficiente para saber que não posso ver. Tenho luz suficiente para descobrir a escuridão em que estou. Vejo que ninguém pode me salvar, exceto Deus; Ele deve fazer isso. Mas Ele me salvará? Ele me salvará?". Empreste-me seu dedo, caro. Você vê? Não, você não precisa ver, mas aí está a orla das vestes de Jesus — toque nela com o dedo, e sua visão será restaurada imediatamente (Mateus 9:20-22).

Eu quero dizer isso: Jesus morreu para salvar pessoas iguais a você — confie nele, e você será salvo, você será salvo completamente e de imediato. Um médico que estava preocupado com sua alma perguntou ao seu paciente, que era temente a Deus: "Você pode me explicar o que é fé?". "Sim", disse seu paciente temente, "posso deixá-lo ver isso daqui a pouquinho, se Deus permitir que você veja. É o seguinte: estou muito doente, não consigo me tratar sozinho, nem tento fazer isso; tenho confiança em você, me coloco sob seus cuidados, tomo os remédios que você me envia, faço o que você me manda. Isso é fé. Você deve confiar a si mesmo nas mãos de Cristo dessa maneira". É isso. Quando você, meu querido amigo, confia-se total e inteiramente nas mãos de Cristo, então seus olhos têm visto a salvação de Deus.

Não tenho tempo para mais. Gostaria de ter. Mas quero dizer esta palavra final aos que viram a salvação de Deus: talvez um de vocês seja pobre. Bem, vá para casa dizendo: "Sou pobre, mas os meus olhos têm visto a tua salvação". Talvez um de vocês esteja sofrendo. Então diga: "Estou me sentindo mal. Mas não importa, os meus olhos têm visto a tua salvação".

E talvez haja alguns avisos e indicações que façam outro de vocês pensar que em breve será levado à morte. Essa doença devastadora está minando seu físico; não tem importância, não se preocupe — os seus olhos têm visto a salvação de Deus. Como é melhor morrer em um sótão ou em uma vala e ver a salvação de Deus do que ser levado da maneira mais pomposa para a sepultura, uma alma que nada sabe de Deus e do Salvador.

Ó vocês que são muito provados e muito atribulados, aguentem, aguentem, sua tristeza não durará muito mais! Quando vocês e eu chegarmos ao céu, como confio que iremos, como sei que iremos se estivermos descansando na expiação de Cristo, esses problemas, por certo, serão apenas assunto para conversarmos e dizermos uns aos outros: "Como o Senhor nos sustentou em sua providência graciosamente, e como Ele nos conduziu de forma maravilhosa em todas as provações! Mesmo na minha pobreza, os meus olhos têm visto a salvação dele. Na minha doença e na minha morte, eu apenas vi isso ainda mais claramente por causa das nuvens e da escuridão que estavam ao meu redor!"

Deus os abençoe, queridos amigos! Oro sinceramente para que todos vocês possam ver a salvação de Deus. Que Ele ouça minha oração, pelo amor de Cristo. Amém!

SERMÃO PROFERIDO EM 1909.

9

CRISTO, O PODEROSO SALVADOR

Poderoso para salvar.
Isaías 63:1

ISTO, é claro, refere-se ao nosso bendito Senhor Jesus Cristo, que é descrito como quem "vem de Edom, de Bozra, com vestes tingidas", e que, quando é questionado quem ele é, responde: "Eu que falo em justiça, poderoso para salvar" (Isaías 63:1). Será bom, então, no início da nossa pregação, fazer uma ou duas observações sobre a pessoa misteriosamente complexa do ser humano e Deus a quem chamamos de nosso Redentor, Jesus Cristo, nosso Salvador.

Um dos mistérios da religião cristã que somos ensinados a crer é que Cristo é Deus e, ainda assim, um ser humano. De acordo com as Escrituras, sustentamos que Ele é "Deus verdadeiro"[1], igual e coeterno com o Pai, possuindo, como seu Pai, todos os atributos divinos em um grau infinito. Ele participou com seu Pai de todos os atos de seu poder divino; Ele estava

---

[1] Terceiro ponto do Credo Niceno de 325, que diz que Jesus é "Deus de Deus, Luz de Luz, Deus verdadeiro de Deus verdadeiro".

envolvido com o decreto da eleição, na formação da aliança; na criação dos anjos, na formação do mundo, quando foi trazido a partir do nada ao universo, e na ordenação desta bela estrutura da natureza.

Antes de qualquer um desses atos, o divino Redentor era o eterno Filho de Deus. "De eternidade a eternidade Ele é Deus" (Salmos 90:2). Ele também não deixou de ser Deus quando se tornou um ser humano. Ele era igualmente "sobre todos, Deus bendito para sempre" (Romanos 9:5), quando era "um homem de dores e familiarizado com a tristeza" (Isaías 53:3), como antes de sua encarnação.

Temos provas abundantes disso nas constantes afirmações das Escrituras e, de fato, também nos milagres que Ele realizou. A ressurreição dos mortos (João 11:1-44), o pisar nas ondas do oceano (Mateus 14:22-26), o silenciar dos ventos (Marcos 4:39), e o rasgar das rochas (Mateus 27:51), com todos aqueles seus atos maravilhosos, que não temos tempo aqui para mencionar, foram provas fortes e poderosas de que ele era Deus, verdadeiramente Deus, mesmo quando concordou em ser humano. E as Escrituras certamente nos ensinam que Ele é Deus agora, que Ele compartilha o trono de seu Pai (Apocalipse 3:21), que Ele está sentado "acima de todo principado, e poder [...] e de todo nome que se nomeia" (Efésios 1:21), e é o verdadeiro e próprio objeto da veneração, da adoração e da reverência de todos os mundos.

Somos igualmente ensinados a crer que Ele é um ser humano. As Escrituras nos informam que, em um dia marcado, Ele desceu do céu e se tornou um ser humano ao mesmo tempo que era Deus, assumindo a natureza de um bebê na manjedoura de Belém (Lucas 2:11,12). Aquele bebê, somos informados, cresceu até se tornar adulto e tornou-se "osso dos nossos ossos e carne da nossa carne" (Gênesis 2:23), em tudo, exceto no nosso pecado (Hebreus 4:15). Os seus sofrimentos, a sua fome, sobretudo a sua morte e sepultamento, são fortes provas de que Ele era um ser humano, um ser humano verdadeiramente; e, no entanto, a religião cristã exige de nós que creiamos que, enquanto Ele era um ser humano, Ele era verdadeiramente Deus.

Somos ensinados que Ele foi um "menino nascido, um filho dado" e, ainda assim, ao mesmo tempo, o "Maravilhoso, Conselheiro, poderoso Deus, o Pai eterno" (Isaías 9:6). Qualquer um que queira ter uma visão clara e correta de Jesus não deve misturar suas naturezas. Não devemos considerá-lo como um Deus diluído na natureza humana deificada, ou como um mero ser humano oficialmente exaltado à divindade, mas como sendo duas naturezas distintas em uma pessoa; não Deus fundido no ser humano, nem o ser humano transformado em Deus, mas o ser humano e Deus juntos em união[2]. Portanto, confiamos nele, como o Árbitro, o Mediador (Jó 9:32,33), Filho de Deus e Filho do Homem. Esta é a pessoa que é o nosso Salvador. É deste ser glorioso, mas misterioso, de quem fala o texto, quando diz que ele é poderoso — "poderoso para salvar".

Que Ele é poderoso, não precisamos informá-los; pois, como leitores das Escrituras, todos vocês acreditam no poder e na majestade do Filho de Deus Encarnado. Vocês creem que Ele é o Regente da providência, o Rei da morte, o que conquistou o inferno, o Senhor dos anjos, o Mestre das tempestades e o Deus das batalhas e, portanto, vocês não precisam de provas de que Ele é poderoso. O assunto desta manhã é uma parte de seu poder. Ele é "poderoso para salvar". Que Deus Espírito Santo nos ajude a entrar brevemente neste assunto e a utilizá-lo para a salvação de nossas almas!

Primeiro, consideraremos o que significa a palavra "salvar"; segundo, como provamos o fato de que Ele é "poderoso para salvar"; em terceiro lugar, a razão pela qual Ele é "poderoso para salvar"; e então, em quarto lugar, as inferências que devem ser deduzidas da doutrina de que Jesus Cristo é "poderoso para salvar".

---

[2] Como dita o Credo Atanasiano.

I

Primeiro, então, *o que devemos entender pela palavra "salvar"?*

Geralmente, a maioria das pessoas, quando lê essa palavra, considera como significando ser salvo do inferno. Elas estão parcialmente corretas, mas a noção é altamente deficiente. É verdade que Cristo salva a humanidade da pena de sua culpa; Ele leva para o céu aqueles que merecem a ira e o desagrado eternos do Altíssimo; é verdade que Ele apaga "iniquidades, transgressões e pecados" e que as iniquidades do remanescente de seu povo são ignoradas por causa de seu sangue e expiação. Mas esse não é todo o significado da palavra "salvar".

Essa explicação deficiente está na raiz dos erros que muitos teólogos têm cometido, e pelos quais eles cercaram seu sistema teológico com névoa. Eles disseram que salvar é arrancar os seres humanos do fogo como tições — salvá-los da destruição, se eles se arrependerem. Ora, significa imensamente, ou melhor dizendo, infinitamente mais do que isso. "Salvar" significa algo mais do que apenas livrar os penitentes da descida ao inferno.

Pela palavra "salvar", entendo toda a grande obra da salvação, desde o primeiro desejo santo, a primeira convicção espiritual, até a completa santificação. Tudo isso feito por Deus através de Jesus Cristo. Cristo não é apenas poderoso para salvar aqueles que se arrependem, mas também é capaz de fazer os seres humanos se arrependerem; Ele está empenhado não apenas em levar aqueles que creem para o céu, mas é poderoso para dar aos seres humanos novos corações e despertar neles a fé; Ele é poderoso não apenas para dar o céu a quem o deseja, mas Ele é poderoso para fazer com que o ser humano, que odeia a santidade, a ame; para compelir aquele que despreza seu nome a dobrar os joelhos diante dele e para fazer com que o maior pecador abandone o erro dos seus caminhos.

Não entendo o significado que alguns atribuem à palavra "salvar". Eles nos dizem, em suas teologias, que Cristo veio ao mundo para possibilitar que todos os homens sejam salvos — para tornar possível a salvação de todos através dos seus próprios esforços. Creio que Cristo não veio para tal coisa: não creio que Ele veio ao mundo não para tornar os homens passíveis de salvação, mas sim para salvá-los, de fato. Ele não veio para capacitar o homem a alcançar sua própria salvação, mas para realizá-la em sua plenitude, do primeiro deles até o último.

Se eu cresse que Cristo veio apenas para capacitar vocês, meus ouvintes, e a mim mesmo, para nossa própria salvação, eu deveria desistiria de pregar imediatamente e para sempre; pois conhecendo um pouco da maldade do coração humano, porque conheço algo do meu próprio — sabendo o quanto os seres humanos naturalmente odeiam a religião de Cristo —, eu perderia a esperança de alcançar qualquer sucesso na pregação de um evangelho que eu apenas pudesse propor, cujos efeitos dependeriam de sua aceitação voluntária por seres humanos não renovados e não regenerados.

Se eu não cresse que há um poder grandioso, que os desvia do erro de seus caminhos pela força poderosa, irresistível e coercitiva de uma influência divina e misteriosa, eu deixaria de me gloriar na cruz de Cristo. Cristo, repetimos, é poderoso não apenas para tornar o ser humano passível de salvação, mas poderoso absoluta e inteiramente para salvá-lo. Considero este fato uma das maiores provas do caráter divino da revelação bíblica.

Muitas vezes tive dúvidas e medos, como a maioria de vocês; e onde está o cristão forte que às vezes não vacilou? Eu disse, dentro de mim mesmo: "É verdadeira esta religião que, dia após dia, prego incessantemente ao povo? É a correta? É verdade que esta religião tem influência sobre a humanidade?". E vou lhes contar como me tranquilizei: olhei para as centenas, ou melhor, para os milhares que tenho ao meu redor, que já foram os mais vis dos vis — bêbados, xingadores e coisas do gênero —, e agora vejo-os "vestidos e em sã consciência" (Marcos 5:15): deve ser a verdade, então, porque vejo seus efeitos maravilhosos.

É verdade, porque é eficiente para propósitos que o erro nunca poderia realizar. Ela exerce uma influência entre a ordem mais baixa dos mortais e sobre os mais abomináveis da nossa raça. É um poder, um agente irresistível do bem; quem então negará sua verdade. Entendo que a maior prova do poder de Cristo não é o fato de Ele oferecer a salvação, não o fato de Ele convidar você a aceitá-la, se quiser, mas que, quando você a rejeita, quando a odeia, quando a despreza, Ele tem um poder pelo qual Ele pode mudar sua mente, fazer você pensar de forma diferente de seus pensamentos anteriores, e desviá-lo do erro de seus caminhos. Creio que este seja o significado do texto "poderoso para salvar".

Mas não é todo o significado. Nosso Senhor não é poderoso apenas para fazer os seres humanos se arrependerem, para vivificar os mortos no pecado, para desviá-los de suas loucuras e iniquidades. Mas Ele é exaltado para fazer mais do que isso: Ele é poderoso para mantê-los crendo depois de tê-los feito crer, e poderoso para preservá-los em seu temor e amor, até consumar sua existência espiritual no céu. O poder de Cristo não reside em fazer alguém crer e depois deixá-lo mudar por si mesmo; mas quem começa a boa obra, continua (Filipenses 1:6), aquele que transmite o primeiro germe de vida que vivifica a alma morta, dá depois a vida que prolonga a existência divina e concede aquele grande poder, que finalmente rompe todos os laços do pecado, e pousa a alma aperfeiçoada na glória.

Defendemos e ensinamos a autoridade bíblica, e cremos nela; defendemos que todos a quem Cristo concedeu o arrependimento devem infalivelmente permanecer em seu caminho. Cremos que Deus nunca começa uma boa obra em alguém sem terminá-la; que Ele nunca torna alguém verdadeiramente vivo para as coisas espirituais sem levar a cabo essa obra na sua alma até o fim, dando-lhe um lugar entre os coros dos santificados. Não pensamos que o poder de Cristo resida apenas em trazer-me um dia à graça e depois dizer-me para me manter lá, mas em colocar-me num estado de graça e dar-me uma tal vida interior e um tal poder dentro de mim que eu possa voltar atrás tanto quanto o próprio sol nos céus pode permanecer em seu curso por si mesmo, ou possa deixar de brilhar.

Amados, consideramos que as palavras "poderoso para salvar" expressam esse conceito. Isto é comumente chamado de doutrina calvinista; não é outra senão a doutrina cristã, a doutrina da Bíblia Sagrada; pois, apesar de ser agora chamado de calvinismo, não poderia ser assim chamado nos dias de Agostinho; e ainda assim nas obras de Agostinho você encontra exatamente as mesmas coisas. E não deve ser chamado de agostinianismo; pode ser encontrado nos escritos do apóstolo Paulo. E ainda assim não foi chamado de paulinismo, simplesmente por esta razão: que é a expansão, a plenitude do evangelho de nosso Senhor Jesus Cristo.

Para repetir o que dissemos antes, sustentamos e ensinamos com ousadia que Jesus Cristo não é apenas capaz de salvar seres humanos que se colocam em seu caminho e que estão dispostos a ser salvos, mas que Ele é capaz de tornar os seres humanos dispostos: que Ele é capaz de fazer o bêbado renunciar à sua embriaguez e ir até Ele, que Ele é capaz de fazer o que despreza dobrar os joelhos e de fazer derreter corações duros diante de seu amor. Agora, cabe a nós mostrar que Ele é capaz de fazê-lo.

II

Como podemos provar que Cristo é "poderoso para salvar"?

Apresentaremos primeiro o argumento mais forte; e precisaremos de apenas um. O argumento é que Ele fez isso. Não precisamos de outro; seria supérfluo adicionar outro. Ele os salvou, em toda a extensão e significado da palavra que nos esforçamos para explicar. Mas, para esclarecer esta verdade, suporemos o pior dos casos. É muito fácil imaginar, dizem alguns, que quando o evangelho de Cristo for pregado a alguns aqui que são bondosos e amáveis, e sempre foram treinados no temor de Deus, eles receberão o evangelho com amor. Muito bem, não aceitaremos esse caso.

Imaginem um ilhéu do mar do Sul[3]. Ele acaba de comer uma refeição diabólica de carne humana; ele é um canibal; em seu cinto estão pendurados os escalpos das pessoas que ele assassinou, e em cujo sangue ele se gloria. Se vocês desembarcarem na costa, ele também os comerá, a menos que vocês prestem atenção por onde vão. Esse homem se curva diante de um bloco de madeira. Ele é uma pobre criatura ignorante e degradada, pouco acima do animal. Ora, tem o evangelho de Cristo o poder para domar essa pessoa, para tirar os escalpos de seu cinto, para fazê-la desistir de suas práticas sangrentas, renunciar a seus deuses e se tornar uma pessoa civilizada e cristã?

Vocês sabem, meus queridos amigos, vocês falam sobre o poder da educação neste país; pode haver muita coisa nela; a educação pode fazer muito por alguns que estão aqui, não de uma forma espiritual, mas de uma forma natural; mas o que a educação faria com esse selvagem? Vão lá e tentem. Mandem o melhor professor daqui até ele: ele o comerá antes que o dia acabe. Isso será tudo que se conseguirá. Mas se o missionário for com o evangelho de Cristo, o que acontecerá a ele?

Ora, em muitos casos, o missionário foi o pioneiro da civilização e, sob a providência de Deus, escapou de uma morte cruel. Ele vai com amor nas mãos e nos olhos; ele fala com o selvagem. E observem, estamos contando fatos agora, não sonhos. O selvagem deixa cair sua machadinha. Ele diz: "É maravilhoso! As coisas que esta pessoa me diz são maravilhosas; vou sentar e escutar". Ele escuta, e as lágrimas rolam pelo seu rosto; um sentimento de humanidade que nunca ardeu em sua alma antes é aceso nele. Ele diz: "Eu creio no Senhor Jesus Cristo"; e logo ele está vestido, e em sã consciência, e se torna um ser humano em todos os aspectos, um ser humano como poderíamos desejar que todos fossem.

---

[3] Como era chamado o oceano Pacífico ao sul do equador.

Ora, dizemos que isso é prova de que o evangelho de Cristo não vem à mente que está preparada para isso, mas prepara a mente para ele; que Cristo não apenas coloca a semente no solo que foi preparado de antemão, mas também ara o solo — sim, e o rastela e faz todo o trabalho. Ele é completamente capaz de fazer tudo isso. Perguntem aos nossos missionários que estão na África, no meio dos maiores bárbaros do mundo:— perguntem-lhes se o evangelho de Cristo é capaz de salvar, e eles apontarão para o *kraal*[4] dos hotentotes[5], e depois apontarão para as casas dos kuraman[6], e eles dirão: "O que fez essa diferença, senão a palavra do evangelho de Cristo Jesus?".

Sim, queridos irmãos e irmãs, já tivemos provas suficientes em países pagãos; e por que precisamos dizer mais, senão apenas acrescentar isto: já tivemos provas suficientes aqui mesmo. Há alguns que pregam um evangelho que é muito adequado para treinar o ser humano na moral, mas totalmente inadequado para salvá-lo, um evangelho que funciona bem o suficiente para manter sóbrio quem já superou a embriaguez. É uma coisa boa o suficiente para fornecer-lhes um tipo de vida, quando eles já a têm, mas não para vivificar os mortos e salvar a alma, e isso pode deixar desesperados os próprios indivíduos a quem o evangelho de Cristo tinha como principal alvo.

Eu poderia contar uma história sobre alguns que mergulharam de cabeça nos abismos mais negros do pecado, o que horrorizaria vocês e a mim, se lhes permitíssemos narrar seus pecados. Eu poderia lhes contar como eles entraram na casa de Deus resolutos a desgostar do ministro,

---

[4] Curral para gado ou outros animais domesticados em uma vila ou assentamento no sul-africano.
[5] Antiga designação de um grupo étnico nativo do sudoeste da África. Atualmente chamados cóis ou khoi. São considerados um dos grupos mais próximos genética e culturalmente dos seres humanos mais antigos.
[6] Spurgeon provavelmente se referia à cidade de Kuruman, na África do Sul. Kuruman é uma ilha na Malásia.

determinados a que, não importando o que ele dissesse, poderiam ouvir, mas zombariam daquilo. Eles ficaram um momento; alguma palavra prendeu sua atenção; eles pensaram consigo mesmos: "Vou escutar essa frase".

Foi uma declaração direta e concisa que entrou em suas almas. Eles não sabiam como aconteceu, mas ficaram fascinados, e ficaram para ouvir um pouco mais; e aos poucos, inconscientemente para si mesmos, as lágrimas começaram a cair e, quando foram embora, tiveram um sentimento estranho e misterioso que os levou aos seus aposentos. Eles caíram de joelhos; a história de suas vidas foi toda contada diante de Deus; Ele lhes deu paz através do sangue do Cordeiro, e eles foram à casa de Deus, muitos deles a dizer: "Venham e ouçam o que Deus fez por minha alma", e para

> Dizer aos pecadores ao redor
> Que eles encontraram um querido Salvador.

Lembrem-se do caso de John Newton[7], o grande e poderoso pregador de Saint Mary Woolnoth[8] — um exemplo do poder de Deus para mudar o coração, bem como para dar paz quando o coração é mudado.

Ah! Queridos ouvintes, muitas vezes penso comigo mesmo: "Esta é a maior prova do poder do Salvador". Que se pregue outra doutrina: fará o mesmo? Se for assim, por que não deixar cada um reunir uma multidão ao seu redor e pregá-la? Será que realmente irá funcionar? Se assim for, então o sangue das almas dos seres humanos deverá repousar sobre aquele que não a proclama com ousadia. Se tal crê que seu evangelho salva almas, como explicar que ele permanece em seu púlpito de primeiro de janeiro até o final de dezembro e nunca ouve falar de uma prostituta tornada

---

[7] John Newton (1725-1807) foi um pastor anglicano inglês. Antes de se converter, era traficante de escravizados africanos. Após, tornou-se um abolicionista. Foi o autor do hino *Amazing Grace* [Maravilhosa graça].

[8] Igreja anglicana em Londres.

honesta, nem de um bêbado recuperado? Por quê? Por esta razão: é uma pobre diluição do cristianismo. É algo parecido, mas não é o cristianismo ousado e vasto da Bíblia; não é o evangelho completo do Deus bendito, pois este tem poder para salvar.

Mas se eles creem que o evangelho é deles, que saiam para pregá-lo, e que se esforcem com todas as suas forças para ganhar almas do pecado, que é abundante o suficiente, Deus o sabe. Dizemos novamente que temos provas positivas em casos mesmo aqui diante de nós, de que Cristo é poderoso para salvar até o pior dos seres humanos, para desviá-los das loucuras às quais eles se entregaram por muito tempo, e cremos que o mesmo evangelho pregado em outros lugares produziria os mesmos resultados.

A melhor prova que vocês podem ter de que Deus é poderoso para salvar, queridos ouvintes, é que ele os salvou. Ah, meu caro ouvinte, seria um milagre se ele salvasse o companheiro que está ao seu lado; mas seria mais um milagre se ele salvasse você. O que vocês são esta manhã? Respondam! "Eu sou um infiel", diz alguém. "Eu odeio e desprezo a religião de Cristo." Mas suponha, caro, que exista tal poder naquela religião, e que um dia você seja levado a crer nela! O que você diria então? Ah! Eu sei que você estaria apaixonado por esse evangelho para sempre; pois você diria: "Eu, acima de todos, fui o último a recebê-lo; e ainda assim aqui estou, agora sei como fui levado a amá-lo". Oh, tal pessoa, quando forçada a crer, torna-se a pregadora mais eloquente do mundo.

"Ah, mas", diz outro, "tenho violado a observância do domingo por princípio; desprezo-o, odeio completa e totalmente tudo o que é religioso". Bem, nunca poderei provar que a religião é verdadeira, a menos que ela tome conta de você e o faça uma nova pessoa. Então você dirá que há algo nela. "Nós falamos o que sabemos, e testemunhamos o que temos visto" (João 3:11). Quando sentimos a mudança que ela opera em nós mesmos, então falamos de fatos, e não de fantasias, e falamos com muita ousadia. Dizemos novamente, então, que Ele é "poderoso para salvar".

III

Mas agora se pergunta: *por que Cristo é "poderoso para salvar?"* Para isso existem diversas respostas.

Primeiro, se entendermos a palavra "salvar" na acepção popular da palavra — que não é, afinal, o sentido pleno, embora seja verdadeiro —, se entendermos que salvação significa o perdão do pecado e a salvação do inferno, Cristo é poderoso para salvar por causa da eficácia infinita de seu sangue expiatório. Pecador! Por mais escarlate que seja seu estado pecaminoso, Cristo nesta manhã é capaz de torná-lo mais alvo do que a neve (Salmos 51:7). Você pergunta por quê. Eu lhe direi. Ele é capaz de perdoar, porque foi punido pelo seu pecado (2Coríntios 5:21).

Se você sabe e se sente um pecador, se não tem esperança ou refúgio diante de Deus senão em Cristo, então saiba que Cristo é capaz de perdoar, porque Ele já foi punido exatamente pelo pecado que você cometeu, e, portanto, Ele pode perdoar livremente, porque a punição foi inteiramente paga por Ele mesmo. Sempre que entro neste assunto fico tentado a contar uma história; e embora já a tenha contado muitas vezes a muitos de vocês, outros de vocês nunca a ouviram, e é a maneira mais simples que conheço de expor a crença que tenho na expiação de Cristo.

Certa vez, um homem pobre de uma região de gente simples veio até mim em minha sacristia. Ele se apresentou mais ou menos assim:

— Vossa Reverência, vim fazer uma pergunta ao senhor.

— Em primeiro lugar — disse eu —, não sou um Reverendo, nem reivindico o título; e em segundo lugar, por que você não vai fazer essa pergunta ao seu padre?

— Bem — disse ele —, Vossa Rev... — senhor, eu quis dizer — eu fui até ele, mas ele não me respondeu exatamente de modo satisfatório; então, vim perguntar-lhe, e se o senhor respondê-la, deixará minha mente descansar, pois estou muito perturbado com a questão.

— Qual é a pergunta? — disse eu.

— Ora, essa: o senhor diz, e outros dizem também, que Deus é capaz de perdoar pecados. Agora, não consigo ver como Ele pode ser justo e ainda assim perdoar pecados, pois — disse este homem simples — tenho me sentido tão culpado que, se o Deus todo-poderoso não me punir, Ele deveria; sinto que Ele não seria justo se me permitisse ficar sem punição. Como, então, senhor, pode ser verdade que Ele pode perdoar, e ainda manter o título de justo?

— Bem — disse eu —, é através do sangue e méritos de Jesus Cristo.

— Ah! — disse ele —, mas, então, não entendo o que quer dizer com isso. É o tipo de resposta que recebi do padre, mas queria que ele me explicasse mais detalhadamente como é que o sangue de Cristo poderia fazer Deus justo. O senhor diz que sim, mas eu quero saber como.

— Bem, então — disse eu —, vou lhe dizer o que considero ser todo o sistema da expiação, que considero ser a soma e a substância, a raiz, a medula e a essência do evangelho. É desse modo que Cristo é capaz de perdoar: suponhamos que você tivesse matado alguém. Você foi um assassino, você foi condenado à morte e mereceu isso.

— Isso mesmo! — disse ele. — Sim, eu mereceria.

— Bem, Sua Majestade[9] deseja muito salvar sua vida, mas, ao mesmo tempo, a justiça universal exige que alguém morra por causa do ato cometido. Agora, como isso deve ser feito?

— Essa é a questão — disse ele. — Não consigo ver como ela pode ser inflexivelmente justa, e ainda assim permitir que eu escape.

— Bem — disse eu —, suponha, Pat[10], que eu fosse até ela e dissesse: — Aqui está este pobre homem; ele merecia ser enforcado, Majestade; não quero discutir a sentença, porque acho que é justa; mas, por favor, eu o

---
[9] A monarca da Grã-Bretanha, na época, era a rainha Vitória.
[10] O nome do interlocutor.

amo tanto que, se Vossa Majestade me enforcasse no lugar dele, eu estaria muito disposto em fazer isso. Pat, suponha que ela concordasse com isso e me enforcasse em seu lugar; e então? Ela seria justa se deixasse você ir?.

— Sim — disse ele. — Eu acho que ela seria. Ela enforcaria dois por uma coisa? Eu diria que não. Eu iria embora, e não há um policial que me pegaria por isso.

Ah! — disse eu —, é assim que Jesus salva. "Pai", disse Ele, "eu amo esses pobres pecadores; deixe-me sofrer no lugar deles!". "Sim", disse Deus, "tu irás"; e no madeiro Ele morreu, e sofreu o castigo que todo o seu povo eleito deveria ter sofrido (1Pedro 2:24), para que agora todos os que creem nele, provando assim serem seus escolhidos, possam concluir que Ele foi punido por eles; eles nunca podem ser punidos.

Bem — disse ele, olhando-me no rosto mais uma vez —, eu entendo o que você quer dizer; mas como é que, se Cristo morreu por todos, apesar disso, alguns são punidos novamente? Pois isso é injusto.

Ah! — disse eu. — Eu nunca lhe contei isso. Digo-lhe que Ele morreu por todos os que creem nele, e por todos os que se arrependem, e que Ele foi punido por seus pecados de forma tão absoluta e tão real, que nenhum deles jamais será punido novamente.

— Isso mesmo! — disse o homem, batendo palmas — Isso é o evangelho; se não for, então não sei mais o que possa ser, pois ninguém poderia ter inventado isso; é tão maravilhoso! Ah! — ele disse, enquanto descia as escadas: — Estou seguro agora; com todos os meus pecados, confiarei naquele que morreu por mim, e assim serei salvo.

Caro ouvinte, Cristo é poderoso para salvar, porque Deus não retirou a espada, mas embainhou-a no coração de seu próprio Filho; Ele não perdoou a dívida, pois foi paga em gotas de sangue precioso; e agora a grande escrita de dívida está pregada na cruz (Colossenses 2:14), e nossos pecados com ela, para que possamos ser libertos se crermos nele. Por isso ele é "poderoso para salvar", no verdadeiro sentido da palavra.

No sentido mais amplo da palavra, no entanto, entendendo que significa tudo o que eu disse que significa, Ele é "poderoso para salvar". Como é que Cristo é capaz de fazer os seres humanos se arrependerem, de fazê-los acreditarem, e de fazê-los voltarem-se para Deus? Alguém responde: "Ora, pela eloquência dos pregadores". Deus nos livre de dizer isso! Não é "por força, nem por poder" (Zacarias 4:6). Outro responde: "É pela força da persuasão moral". Deus nos livre de dizermos "sim" a isso, pois a persuasão moral já foi tentada por tempo suficiente no ser humano e, ainda assim, não teve sucesso. Como Ele faz isso? Respondemos por algo que alguns de vocês desprezam, mas que, no entanto, é um fato: Ele faz isso pela influência onipotente de seu Espírito Divino.

Enquanto os seres humanos ouvem a Palavra, (naqueles a quem Deus salvará) o Espírito Santo opera arrependimento; Ele muda o coração, e renova a alma. É verdade que a pregação é o instrumento, mas o Espírito Santo é o grande agente. É certo que a verdade é o meio de salvação, mas é o Espírito Santo aplicando a verdade que salva almas. Ah! E com esse poder do Espírito Santo podemos ir até às pessoas mais degeneradas e degradadas, e não precisamos ter medo, pois Deus pode salvá-las.

Se Deus quisesse, o Espírito Santo poderia neste momento fazer com que cada um de vocês caísse de joelhos, confessasse seus pecados, e se voltasse para Deus. Ele é um Espírito todo-poderoso, capaz de fazer maravilhas. Na vida de Whitfield[11], lemos que às vezes, depois um de seus sermões, duas mil pessoas professavam ao mesmo tempo estarem salvas, e muitas delas realmente o eram. Perguntamos por que era assim. Outras vezes, ele pregava com o mesmo poder, e nenhuma alma era salva. Por quê? Porque em um caso, o Espírito Santo acompanhava a Palavra, e

---

[11] George Whitfield (1714-1770) foi um ministro anglicano inglês. É conhecido como um poderoso pregador. Junto com os irmãos Wesley, fundou o metodismo, que mais tarde daria origem à Igreja Metodista. Ao contrário dos irmãos Wesley, que adotaram uma teologia arminiana, ele adotou a teologia calvinista.

no outro não. Todo o resultado celestial da pregação se deve ao Espírito Divino enviado do alto.

Eu não sou nada; meus irmãos no ministério ao redor não são nada; é Deus quem faz tudo. "Quem, então, é Paulo, e quem é Apolo, senão ministros pelos quais crestes, conforme o Senhor deu a cada homem?" (1Coríntios 3:5). Deve ser "não por força, nem por poder, mas pelo meu Espírito, diz o Senhor" (Zacarias 4:6). Vá em frente, pobre ministro! Você não tem poder para pregar com dicção polida e refinamento elegante; vá e pregue como puder. O Espírito pode tornar suas palavras fracas mais poderosas do que a eloquência mais arrebatadora.

Que tristeza! Que tristeza pela oratória! Que tristeza pela eloquência! Já foi tentada há muito tempo. Tivemos sentenças elegantes, e frases bem elaboradas; mas em que lugar as pessoas foram salvas por elas? Tivemos uma linguagem rebuscada e extravagante; mas onde os corações foram renovados! Mas agora, "pela loucura da pregação" (1Coríntios 1:21), pela simples declaração da Palavra por um filho de Deus, Ele tem o prazer de salvar aqueles que creem e de salvar os pecadores do erro de seus caminhos. Que Deus prove sua Palavra novamente esta manhã!

IV

O quarto ponto é: *quais são as inferências que devem ser derivadas do fato de que Jesus Cristo é poderoso para salvar?*

Ora, primeiro, há um fato que os ministros devem aprender — que eles devem se esforçar para pregar com fé, sem vacilar. "Ó Deus", às vezes clama o ministro, quando está de joelhos, "sou fraco; preguei aos meus ouvintes e chorei por eles; gemi por eles; mas eles não se voltarão para ti. Seus corações são como a pedra de moinho; eles não chorarão pelo pecado nem amarão o Salvador". Então penso ver o anjo parado ao seu lado e sussurrando em seu ouvido: "Você é fraco, mas Ele é forte; você não pode fazer nada, mas Ele é 'poderoso para salvar'".

Não é o instrumento, mas Deus. Não é a caneta com que o autor escreve que merece o elogio da sua sabedoria, ou da realização do livro, mas é o cérebro que o pensa, e a mão que move a caneta. Assim, na salvação. Não é o ministro, não é o pregador, mas é Deus quem primeiro designa a salvação, e depois usa o pregador para realizá-la. Ah, pobre pregador desconsolado, se você teve poucos frutos de seu ministério, continue com fé, lembrando que está escrito: "Minha palavra [...] não retornará para mim vazia, porém, ela fará acontecer aquilo que eu desejo, e ela prosperará na coisa para a qual eu a enviei" (Isaías 55:11). Prossiga; tenha coragem; Deus o ajudará; Ele o ajudará prontamente.

Novamente, aqui está outro encorajamento para homens e mulheres que oram, que oram a Deus pelos seus amigos. Mãe, você tem gemido por seu filho há muitos anos; ele agora cresceu e saiu de debaixo do seu teto, mas suas orações não foram ouvidas... Assim você pensa. Ele está tão dissoluto como sempre; ainda não alegrou o seu coração. Às vezes, você pensa que ele levará seus cabelos grisalhos com tristeza para o túmulo. Ainda ontem você disse: "Vou desistir dele, nunca mais orarei por ele".

Pare, mãe, pare! Por tudo o que é sagrado e celestial, pare! Não pronuncie essa decisão novamente; comece mais uma vez! Você orou por ele; você chorou sobre sua cabecinha quando criança, quando ele estava deitado em seu berço; você o ensinou quando ele atingiu a idade de compreensão, e muitas vezes o advertiu desde então; mas tudo em vão. Oh!, não desista de suas orações; pois lembre-se, Cristo é "poderoso para salvar". Pode ser que Ele espere para ser gracioso e a mantenha esperando, para que você possa saber mais de sua graça quando a misericórdia chegar. Mas continue orando.

Ouvi falar de mães que oraram por seus filhos durante vinte anos; sim, e de algumas que morreram sem vê-los convertidos, e então a sua própria morte foi o meio de salvar os seus filhos, levando-os a pensar. Certa feita, um pai tinha sido uma pessoa temente a Deus por muitos anos, mas nunca tivera a felicidade de ver um de seus filhos convertido. Ele tinha seus filhos ao redor de sua cama e disse-lhes ao morrer: "Meus filhos, eu poderia morrer em paz, se pudesse acreditar que vocês iriam seguir-me para o céu; mas esta é a coisa mais triste de todas: não que eu esteja morrendo, mas que estou deixando vocês para não mais encontrá-los".

Eles olharam para ele, mas não quiseram pensar em seus caminhos. Eles foram embora. Seu pai foi repentinamente tomado por grandes nuvens e escuridão mental; em vez de morrer pacificamente e felizmente, ele morreu em grande sofrimento de alma, mas ainda confiando em Cristo. Ele disse, quando morreu: "Oh, que eu tivesse uma morte feliz, pois isso teria sido um testemunho para meus filhos; mas agora, ó Deus, essas trevas e essas nuvens, até certo ponto, tiraram meu poder de testemunhar a verdade da tua religião". Bem, ele morreu e foi enterrado. Os filhos foram ao funeral. No dia seguinte, um deles disse ao irmão: "Irmão, estive pensando, meu pai sempre foi uma pessoa temente a Deus, e se a morte dele ainda foi tão sombria, como deve ser sombria a nossa, sem Deus e sem Cristo!"; disse o outro: "Esse pensamento também me ocorreu".

Eles foram até a casa de Deus, ouviram a Palavra de Deus, voltaram para casa, e dobraram os joelhos em oração e, para sua surpresa, descobriram que o resto da família havia feito o mesmo, e que o Deus que nunca respondeu à oração de seu pai em sua vida, a respondeu após sua morte, e também por sua morte, e por uma morte que pareceria muito improvável de ter causado a conversão de alguém. Então, continue orando, minha irmã; continue orando, meu irmão! Deus ainda trará seus filhos e filhas ao seu amor e temor, e vocês se regozijarão por eles no céu, se nunca o fizeram na terra.

E finalmente, meus queridos ouvintes, há muitos de vocês aqui esta manhã que não têm amor a Deus, nem amor a Cristo; mas vocês têm o desejo em seus corações de amá-lo. Você está dizendo: "Oh! Ele pode me salvar? Um desgraçado como eu pode ser salvo?". Você está no meio da multidão e agora diz consigo mesmo: "Poderei um dia cantar entre os santos? Poderei ter todos os meus pecados apagados pelo sangue divino?"; sim, pecador, Ele é "poderoso para salvar"; e isto é consolo para você.

Você se considera o pior dos seres humanos? A consciência fere você com um punho fechado, e ela diz que está tudo acabado para você? Você estará perdido; seu arrependimento será inútil; suas orações nunca serão ouvidas; você está perdido para todos os efeitos? Meu ouvinte, não pense que é assim. Ele é "poderoso para salvar". Se você não consegue orar, Ele pode ajudá-lo a fazê-lo; se você não consegue se arrepender, Ele pode lhe dar arrependimento; se você acha difícil crer, Ele pode ajudá-lo a crer, pois Ele é exaltado nas alturas para dar arrependimento, bem como para dar remissão de pecados.

Ó pobre pecador, confie em Jesus; entregue-se a Ele. Chore, e que Deus ajude você a fazer isso agora, no primeiro domingo do ano; que Ele possa ajudar você neste mesmo dia a entregar sua alma a Jesus; e este será um dos melhores anos de toda a sua vida. "Voltai-vos! Voltai-vos; pois, por que morrereis, ó casa de Israel?" (Ezequiel 33:11). Voltem-se para Jesus, almas cansadas; venham até Ele, pois eis que Ele ordena que vocês venham. "O Espírito e a noiva dizem: 'Vem!'. E aquele que ouve diga: 'Vem!' [...] e aquele que quiser, venha e tome da água da vida" (Apocalipse 22:17), e tenha a graça de Cristo gratuitamente. Ela foi pregada a vocês; e a todos vocês que estão dispostos a recebê-la, já foi dada.

Que Deus, pela sua graça, torne você dispostos, e assim salve as suas almas, por meio de Jesus Cristo, nosso Senhor e Salvador. Amém!

SERMÃO PROFERIDO EM 1857.

10

CRISTO, O SALVADOR REAL

A este, Deus exaltou com a sua destra, para ser Príncipe e Salvador, para dar arrependimento a Israel, e perdão dos pecados.
ATOS 5:31

ESTA foi parte da resposta de Pedro e dos outros apóstolos à pergunta e declaração do sumo sacerdote: "Não vos ordenamos expressamente que não ensinásseis nesse nome? E eis que enchestes Jerusalém com vossa doutrina e intentais lançar o sangue desse homem sobre nós". Então Pedro e os outros apóstolos responderam: "Devemos antes obedecer a Deus do que aos homens. O Deus de nossos pais ressuscitou a Jesus, ao qual vós matastes, pendurando-o no madeiro" (Atos 5:28-30), e no versículo seguinte ao nosso texto, eles alegaram ser testemunhas do Príncipe e Salvador ressuscitado e reinante, e mais do que isso, declararam que eram testemunhas juntamente com o "Espírito Santo, o qual Deus deu aos que lhe obedecem" (Atos 5:32).

Esses apóstolos eram os representantes do Príncipe Messias, agindo sob sua autoridade e, até onde podiam, preenchendo a lacuna causada por sua ausência. Eles afirmavam que sua pregação e ensino tinham sido feitos por ordem divina, que não poderiam ser anulados por nenhuma autoridade, imperial ou eclesiástica, e que somente o verdadeiro Príncipe de Israel, o Filho de Davi, tinha o poder e o direito de outorgar incumbências aos que eram leais ao Senhor. Eles declararam que Jesus, a quem os principais sacerdotes haviam crucificado (Mateus 27:1), ainda estava vivo, reinando em glória, entronizado à direita de Deus (1Pedro 3:22) e que eles estavam apenas cumprindo suas ordens reais quando estavam "no templo, postos em pé, ensinando ao povo" (Atos 5:25).

Além disso, quando os apóstolos declararam que, além de ser um Príncipe, Jesus também era um Salvador, e que Ele havia sido exaltado à destra de seu Pai para que pudesse "dar arrependimento a Israel, e perdão dos pecados" (Atos 5:31), eles deram a melhor razão do mundo para sua pregação, pois todos estavam empenhados em pregar que os pecadores deveriam se arrepender, e em assegurar àqueles que se arrependessem que seus pecados eram perdoados por causa de Cristo.

Não consigo conceber nenhum argumento melhor do que este que os apóstolos usaram ao responder ao sumo sacerdote: "Você nos ordena que não ensinemos em nome de Cristo; mas a ordem do Filho de Deus, nosso Príncipe e Salvador, é 'que em seu nome se pregasse o arrependimento e a remissão dos pecados a todas as nações, começando por Jerusalém' (Lucas 24:47), então, como 'devemos antes obedecer a Deus do que aos homens' (Atos 5:29), enchemos Jerusalém com a doutrina dele e pretendemos continuar pregando arrependimento e remissão até que, tanto quanto pudermos, tenhamos enchido o mundo inteiro com esta doutrina".

Esse propósito de Cristo foi, pelo menos em parte, cumprido pelos apóstolos. Deus deu arrependimento e remissão de pecados a um remanescente escolhido de Israel, e quando o restante dos judeus rejeitou o testemunho dos servos de Cristo, eles disseram, como Paulo e Barnabé disseram aos judeus em Antioquia: "Era necessário que a vós se pregasse primeiro a palavra de Deus; mas, visto que a rejeitais, e vos julgais não dignos da vida eterna, eis que nos voltamos para os gentios" (Atos 13:46).

Nunca devemos esquecer, amados irmãos e irmãs em Cristo, que devemos a primeira pregação do Evangelho aos judeus. Eles foram, em todas as terras que eram então conhecidas, os arautos de Cristo, anunciando a proclamação real por toda parte. Sob a antiga dispensação, "foram-lhes confiados os oráculos de Deus" (Romanos 3:2) e o evangelho da nova aliança foi primeiramente confiado a eles, e foi por meio dos judeus que nós, os gentios, o conhecemos. Vamos lembrar desse fato enquanto contemplamos o futuro glorioso tanto de judeus quanto de gentios.

Israel como nação ainda reconhecerá seu bendito Príncipe e Salvador (Romanos 11:26). Durante muitos séculos, o povo escolhido, que, no passado, era tão altamente favorecido acima de todas as outras nações, foi espalhado e despojado, oprimido e perseguido, a ponto de, por vezes, parecer que seria completamente destruído, mas ele será restaurado em sua própria terra, que novamente será uma terra que mana leite e mel (Isaías 11:12,13). Então, quando seus corações se voltarem para o Messias, o Príncipe, e eles olharem para aquele a quem traspassaram (Zacarias 12:10), e lamentarem seus pecados por terem-no rejeitado por tanto tempo, a plenitude dos gentios também virá (Romanos 11:25), e judeus e gentios igualmente se alegrarão em Cristo, seu Salvador.

Ao tomar um texto como este, acho que é sempre correto dar primeiro o significado real da passagem antes de usá-la de qualquer outra forma. Isso eu já fiz mostrando a vocês o que suponho que os apóstolos queriam dizer ao responder ao sumo sacerdote como fizeram; agora vamos tentar reunir outras verdades desta passagem.

I

Primeiro, aprendamos que *todos os que recebem a Cristo corretamente, o recebem tanto como Príncipe como Salvador.*

Ele é exaltado hoje para muitos propósitos: como uma recompensa por todas as dores que Ele suportou na cruz, como nosso Cabeça e Representante da aliança (Colossenses 1:18), e para que Ele possa governar sobre todas as coisas para o bem de sua igreja, como José governou sobre o Egito para o bem de seus irmãos (Gênesis 37—50). Cristo é exaltado como uma garantia de nossa exaltação, pois "sabemos que, quando ele aparecer, haveremos de ser semelhantes a ele; porque haveremos de vê-lo assim como ele é" (1João 3:2).

Mas nosso texto declara que *Deus exaltou Jesus para que Ele seja, para seu próprio povo escolhido, um Príncipe e um Salvador* — não para que Ele seja apenas um Príncipe, ou apenas um Salvador, mas para que Ele seja tanto um Príncipe quanto um Salvador. Ele é um Príncipe, para receber honras reais; um Príncipe, para ser o Líder e Comandante de seu povo; um Príncipe, cuja palavra deve ser obedecida instantânea e completamente, um Príncipe, diante de quem nós, que o amamos, nos curvaremos alegremente, assim como no sonho de José, os feixes de seus irmãos fizeram reverência ao seu feixe (Gênesis 37:7), e como eles próprios depois "se curvaram diante dele com a face em terra" (Gênesis 43:26) quando ele se tornou um grande senhor no Egito.

O Senhor Jesus Cristo é um Príncipe entre os seres humanos, um Príncipe em sua igreja e um Príncipe nos céus mais altos; de fato, Ele é mais do que um Príncipe como entendemos essa palavra, pois Ele é "Rei dos reis e Senhor dos senhores" (Apocalipse 17:14). Mas Ele também é um Salvador em que se pode confiar, um Salvador a ser aceito de todo o coração, um Salvador que atende exatamente às nossas necessidades, pois sentimos que precisamos ser salvos, reconhecemos nossa incapacidade de nos salvar e percebemos nele a capacidade, a graça, o poder e tudo o mais que é necessário para nos salvar. Portanto, Ele é um Salvador em que se pode confiar e que podemos aceitar, bem como um Príncipe a ser obedecido e honrado.

Nunca imitemos *aqueles que falam de Cristo como um Príncipe, mas não o aceitam como Salvador*. Há alguns que falam respeitosamente de Cristo como um grande líder entre as pessoas, um mestre muito iluminado e um homem santo cuja vida foi perfeitamente consistente com seus ensinamentos, de modo que Ele pode ser seguido com segurança como um exemplo; Ele é o Príncipe deles, mas isso é tudo. Não podemos ocupar uma posição como essa; se disséssemos que Cristo é nosso Príncipe, mas não nosso Salvador, teríamos roubado dele aquela honra que é, talvez, mais cara a Ele do que qualquer outra. Não foi simplesmente para reinar sobre os filhos dos homens que Ele veio do céu para a terra; Ele tinha legiões de espíritos mais nobres do que aqueles que habitam em corpos de barro, cada um dos quais voaria alegremente ao seu comando para obedecer a suas ordens.

Além disso, se Ele desejasse assim fazê-lo, Ele teria o poder de criar miríades inumeráveis de seres santos que teriam considerado sua maior honra ser subservientes à sua vontade. Mero domínio não é o que Cristo almejava; desde os tempos antigos, seus deleites estavam com os filhos dos homens, porque Ele havia feito aliança com seu Pai de que Ele os salvaria. Portanto, Ele foi chamado de Jesus, porque Ele veio para salvar seu povo de seus pecados (Mateus 1:21). Para realizar esse grande propósito, era necessário que Ele tomasse sobre si nossa natureza (Gálatas 4:4), e vivesse uma vida de perfeita obediência à vontade de seu Pai (João 6:38), e finalmente morresse uma morte vergonhosa na cruz (Hebreus 12:2) para que Ele pudesse oferecer o único sacrifício pelos pecados para sempre (Hebreus 10:12;14), o único que poderia trazer salvação a todos os que creem nele. Nunca lemos que Jesus disse aos seus discípulos: "Estou ansioso pela hora em que tomarei as rédeas do governo em minhas mãos, e usarei sobre minha cabeça a coroa da soberania universal", mas lemos que Ele disse a eles: "Eu tenho um batismo para ser batizado; e como estou afligido até que venha a cumprir-se!" (Lucas 12:50).

Nunca lemos que Ele disse aos judeus: "Eu vim para reinar sobre vocês", pelo contrário, quando eles o teriam tomado à força e o feito rei, Ele se escondeu deles (João 6:15). Ele era um Rei, mas não um rei feito pelos seres humanos, e seu governo deveria ser um contraste com o de todos os outros monarcas. A própria descrição de Cristo de sua missão foi: "o Filho do homem veio para buscar e salvar o que estava perdido" (Lucas 19:10). Penso que nosso Salvador real coloca a salvação antes do governo, e se eu o chamar de Príncipe, e negar a Ele o título de Salvador, Ele não me agradecerá por tais honras desfiguradas e mutiladas. Não, Deus o exaltou para ser um Príncipe e um Salvador, e devemos recebê-lo em ambas as condições, ou então não o receber.

Pois, observem bem, *não podemos realmente receber Cristo como Príncipe a menos que também o recebamos como Salvador.* Se dissermos que o aceitamos como nosso Príncipe, mas o rejeitamos como nosso Salvador, não estaríamos cometendo mais do que meramente deslealdade, mas traição da mais profunda natureza nessa rejeição? Este gracioso Príncipe me diz que estou perdido e arruinado, e me pede para confiar nele para me salvar; se eu praticamente lhe disser que não preciso dele para me salvar, e eu faço isso rejeitando-o, eu praticamente digo que Ele veio do céu para a terra em uma missão desnecessária, pelo menos no que me diz respeito.

Se eu não deposito minha confiança em seu sacrifício expiatório, digo, com efeito, que sua morte no Calvário foi algo supérfluo, que Ele tolamente jogou fora sua vida valiosa em autossacrifício desnecessário, mas isso seria uma blasfêmia grosseira. Se eu rejeito Cristo como Salvador, eu o rejeito por esse mesmo ato como Príncipe. É pura zombaria da minha parte dizer: "Eu honro Jesus de Nazaré, o Rei dos Judeus, mas me recuso a ser lavado do meu pecado e impureza na fonte cheia de seu sangue; estou disposto a aceitar o ser humano Cristo Jesus como meu exemplo, e tentarei, até onde eu puder, seguir seus passos, mas não aceitarei o perdão de suas mãos".

Se eu falar assim, Cristo não é meu Príncipe nem meu Salvador, mas eu sou seu inimigo, e a menos que eu me arrependa, e me curve diante dele em real reverência e o aceite como Príncipe e Salvador, Ele irá, no final, me condenar com o resto de seus inimigos que disseram: "Não queremos que este homem reine sobre nós" (Lucas 19:14). Vocês podem exaltá-lo com sua língua, mas o sacrifício de um coração quebrantado e contrito seria muito mais valorizado por Ele do que todos os seus louvores vazios (Salmos 51:17).

É um louvor maior a Cristo curvar-se para beijar seus pés perfurados, e encontrar em suas feridas a cura perfeita para todas as feridas que o pecado fez, do que pronunciar os mais completos elogios sobre seu caráter imaculado. Ele não quer as lisonjas humanas sem sentido, mas Ele tem sede da confiança das almas que estão dispostas a serem salvas por Ele. Este é o melhor refrigério que Ele pode ter, como Ele disse aos seus discípulos quando Ele ganhou para si a alma daquela pobre mulher caída em Sicar: "O meu alimento é fazer a vontade daquele que me enviou e completar a sua obra" (João 4:34).

Há *alguns que parecem dispostos a aceitar Cristo como Salvador, mas não o receberão como Senhor*. Eles não costumam afirmar o caso de modo tão aberto assim, mas como as ações falam mais claramente do que as palavras, é isso que a conduta deles diz na prática. Como é triste que alguns falem sobre sua fé em Cristo, mas sua fé não é provada por suas obras! Alguns até falam como se entendessem o que queremos dizer com o pacto da graça, mas, ai! Não há nenhuma boa evidência de graça em suas vidas, mas uma prova muito clara de pecado (não graça) abundante. Não consigo conceber que seja possível para alguém verdadeiramente receber Cristo como Salvador, e ainda assim não o receber como Senhor.

Um dos primeiros instintos de uma alma redimida é cair aos pés do Salvador e, com gratidão e adoração, clamar: "Bendito Mestre, comprado com teu precioso sangue, reconheço que sou teu — somente teu, inteiramente teu, para sempre. Senhor, o que queres que eu faça?". Alguém que é realmente salvo pela graça não precisa que lhe digam que está sob obrigações solenes de servir a Cristo; a nova vida dentro dele lhe diz isso. Em vez de considerá-la um fardo, ele se rende alegremente — corpo, alma e espírito — ao Senhor que o redimiu, considerando este como seu serviço justo. Falando por mim mesmo, posso dizer com sinceridade que, quando soube que Cristo era meu Salvador, eu estava pronto para dizer a Ele:

> Sou teu e somente teu,
> Isso alegre e plenamente reconheço;
> E em todas as minhas obras e caminhos,
> Busco somente teu louvor.
>
> Ajuda-me a teu nome confessar,
> Com alegria, tua cruz e vergonha suportar,
> Apenas buscar seguir-te,
> Embora a repreensão seja minha porção.[1]

Não é possível aceitarmos Cristo como nosso Salvador a menos que Ele também se torne nosso Rei, pois boa parte da salvação consiste em sermos salvos do domínio do pecado sobre nós, e a única maneira pela qual podemos ser libertos do domínio de Satanás é nos tornando sujeitos ao domínio de Cristo. O "forte homem armado" (Lucas 11:21) não pode nos manter sob seu domínio cruel quando o mais forte o vence e nos liberta.

Para que possamos ser resgatados deste poder do príncipe das trevas, o Príncipe da luz, da vida e da paz deve entrar em nossa alma, e Ele deve expulsar o intruso, e tomar seu lugar de direito como nosso Senhor e Mestre, guardando por seu próprio poder o que Ele salvou por sua própria

---

[1] *Jesus, Spoteless Lamb of God* [Jesus, imaculado Cordeiro de Deus], James G. Deck, 1906.

mão direita, e seu braço santo. Se o pecado fosse perdoado, e ainda assim o pecador continuasse a viver exatamente como vivia antes, ele não seria realmente salvo. Ele pode ser salvo de alguma parte da punição devida ao pecado, mas ele ainda será uma pessoa muito miserável, pois se houvesse outra punição para o pecado além da escravidão e tirania do próprio pecado, isso seria punição suficiente para tornar a vida de uma pessoa completamente miserável, como o pobre coitado acorrentado a um cadáver e forçado a arrastá-lo consigo para onde quer que fosse.

Deixe alguém saber o que o pecado realmente é, e ele não precisa de mais nada para torná-lo completamente infeliz. Hoje mesmo estava conversando com um irmão cristão sobre nossas cruzes, e eu disse que agradecia a Deus por não termos ficado sem uma cruz para carregar (Lucas 9:23). "Ah!", meu amigo respondeu, "mas há uma cruz que jogaríamos fora de bom grado se pudéssemos, e essa é a cruz mais pesada de todas: o corpo do pecado e da morte, que é um fardo tão grande para nós".

Sim, esse é realmente um fardo doloroso para os verdadeiros cristãos. Esse é o ferro que entra em nossa própria alma. Esse é o fel da amargura, o veneno mortal das presas do antigo dragão, e, portanto, irmãos e irmãs em Cristo, não recebemos realmente Cristo como nosso Salvador, a menos que também o recebamos como Príncipe, mas quando Ele vem para reinar e governar em nossos corpos mortais, a tirania do usurpador é quebrada, e conhecemos Jesus como o Salvador completo de nosso corpo, alma e espírito. Ele não seria nosso Príncipe se não fosse nosso Salvador, e Ele não seria nosso Salvador se não fosse nosso Príncipe, mas que combinação bendita esses dois ofícios fazem!

Aquele que é ensinado por Deus a entender esta grande verdade será um sábio professor para os outros. Acredito que muitos erros na doutrina surgem pela falta de uma clara apreensão dos vários relacionamentos de Cristo para com seu Israel espiritual. Para alguns, Cristo é apenas um Príncipe, então eles têm uma espécie de legalidade sem vida. Outros vivem em licenciosidade antinomiana[2] porque Cristo não é o Príncipe e Senhor de suas vidas. Mas amados, aquele que recebe Cristo como Príncipe e Salvador tem a experiência bendita e feliz de renunciar sua própria vontade, e sujeitar todas as paixões de sua alma ao controle sagrado de seu glorioso Príncipe, e ao mesmo tempo ele diariamente percebe em sua alma o poder purificador do precioso sangue de Jesus, e assim, como Maria cantou, seu espírito se alegra em Deus, seu Salvador (Lucas 1:47).

Esta também é a verdadeira prática cristã, bem como a doutrina e experiência cristãs — estar sempre "olhando para Jesus" (Hebreus 12:2) como meu Salvador, sentindo que sempre o quero nesse papel, e que precisarei dele para me salvar até meu último momento na terra, mas também olhando para Ele como meu Príncipe, buscando ser obediente a Ele em todas as coisas, conforme sua vontade revelada na sua Palavra, e pelo ensino de seu Espírito Santo, moldando toda a minha vida aos mandamentos reais e divinos que Ele emitiu para minha orientação. Não tenho tempo para me aprofundar nesta verdade, mas me parece que há uma lição prática a ser aprendida do fato de que todos os que corretamente recebem a Cristo, o recebem como Príncipe e Salvador.

Existem pregadores que pregam mera moralidade. Espero que seu número seja menor do que costumava ser, mas ainda há muitos ministros professamente cristãos que são como aquele homem notável que disse que pregou moralidade até que não houvesse mais moralidade no lugar. No entanto, depois, quando ele imitou Paulo e pregou Cristo crucificado, ele

---

[2] O termo "antinomianismo" (do greto "anti" [contra] e "nomos" [lei]), descreve a rejeição da lei moral como guia para a vida cristã. Segundo essa corrente teológica, as leis morais do Antigo Testamento não são mais aplicáveis aos cristãos sob a dispensação da graça do Novo Testamento. Os críticos do antinomianismo, como Spurgeon, argumentam que essa doutrina leva ao libertinismo, pois sugere que a conduta moral não importa desde que a pessoa tenha fé em Cristo. Em contraste, muitas tradições cristãs defendem que a graça e a fé devem resultar em uma vida de obediência às leis morais de Deus como uma resposta de gratidão pela salvação recebida.

logo descobriu que o vício escondia sua cabeça desonrada e que todas as graças e virtudes floresciam sob a sombra da cruz.

Assim descobrimos, e, portanto, quem quer que pregue qualquer outra coisa, ainda nos apegaremos ao tema antiquado que Paulo pregou, aquela antiga história que aquele que busca novidades condena como obsoleta, mas que, para aquele que quer a vida eterna e anseia por algo que satisfaça sua consciência e sacie seu coração, tem um frescor e charme que o lapso de anos apenas intensifica, mas não remove.

II

A segunda lição que aprendemos com nosso texto é que *arrependimento e remissão de pecados são ambos necessários para aqueles que desejam ser salvos*.

Essas necessidades são claramente indicadas pelos ofícios de Cristo como Príncipe e Salvador: uma vez que Ele é um Príncipe, devemos nos arrepender de nossa rebelião contra Ele, e uma vez que Ele é um Salvador, Ele é exaltado pela destra de seu Pai para nos dar remissão de pecados, bem como arrependimento, e devemos ter ambas as bênçãos se quisermos ser salvos.

Primeiro, *não podemos ser salvos sem arrependimento*. Nenhuma remissão de pecado pode ser dada sem arrependimento. As duas coisas são tão unidas por Deus, como estão em nosso texto, que não podem ser separadas. Muitos erros são cometidos quanto ao que o verdadeiro arrependimento evangélico realmente é. Agora mesmo, alguns mestres professamente cristãos estão enganando muitos ao dizer que "arrependimento é apenas uma mudança de mente". É verdade que a palavra original transmite a ideia de uma mudança de mente, mas todo o ensino das Escrituras a respeito do arrependimento, do qual não se deve arrepender, é que é uma mudança muito mais radical e completa do que está implícito em nossa frase comum sobre mudar de mente.

O arrependimento que não inclui tristeza sincera pelo pecado não é a graça salvadora operada pelo Espírito Santo. O arrependimento dado por Deus faz as pessoas lamentarem no mais profundo da alma pelo pecado que cometeram, e opera nelas um ódio gracioso ao mal em todas as formas e feitios. Não podemos encontrar uma definição melhor de arrependimento do que aquela que muitos de nós aprendemos no colo de nossas mães.

> Arrependimento é deixar o pecado que amávamos antes,
> E mostrar que lamentamos sinceramente ao não o fazer mais.[3]

Sempre tenho medo de um arrependimento de olhos secos, e observem bem: se o perdão pudesse ser concedido àqueles que não estavam arrependidos de seus pecados, tal perdão tenderia a ajudar e encorajar o pecado, e não seria melhor do que a heresia romana de que, quando se peca, tudo o que se tem a fazer é confessar a um padre, pagar uma certa quantia de acordo com a tarifa romana habitual e recomeçar sua vida de maldade. Deus nos livre de cairmos nessa armadilha do Diabo!

Se eu pudesse continuar vivendo em pecado, e amando-o tanto quanto sempre amei, e ainda assim ter remissão dele, a acusação do blasfemador de que Cristo é o ministro do pecado seria justa, mas não é assim. Pelo contrário, devemos odiar e deixar o pecado e ter um desejo intenso de sermos limpos e libertos dele; caso contrário, nunca podemos esperar que o Deus justo nos diga: "Seus pecados, que são muitos, estão todos perdoados".

Além disso, se a remissão dos pecados pudesse ser obtida sem arrependimento, o pecador ficaria muito parecido com o que era antes; na verdade, ele estaria em uma condição pior do que estava antes. Se Deus

---

[3] *If Jesus Christ Was Sent to Save Us from Our Sin* [Se Jesus foi enviado para nos salvar de nossos pecados], Jane Taylor, 1853.

pudesse dizer-lhe: "Eu perdoo você" e ainda assim ele permanecesse impenitente, não regenerado, não convertido, ele ainda seria um inimigo de Deus, pois "a mentalidade carnal é inimizade contra Deus, pois não é sujeita à lei de Deus, nem de fato, pode ser" (Romanos 8:7). O perdão apenas tornaria tal pessoa uma inimiga de Deus mais insolente, endurecida e hipócrita do que era antes. Se não houver uma mudança tão completa operada pelo Espírito nela que ela jogue fora suas armas de rebelião, e se lance penitentemente aos pés de seu soberano ofendido, não consigo ver em que sentido podemos chamá-la de salva. Não, o arrependimento é o prelúdio absolutamente necessário para a remissão.

Por outro lado, *não podemos ser salvos sem a remissão de nossos pecados após nossa redenção*. Deus exaltou Jesus "com a sua destra, para ser Príncipe e Salvador, para dar arrependimento a Israel e perdão dos pecados" (Romanos 5:31). Notem que "arrependimento" e "perdão dos pecados" são dons separados e distintos do Cristo exaltado. Nosso arrependimento não nos dá o direito de reivindicar de Deus o perdão dos nossos pecados, à parte de sua graciosa promessa de dá-lo a nós.

Se eu fico endividado com alguém, e depois me arrependo de lhe dever tanto dinheiro, esse arrependimento não pagará minha dívida. Se eu transgredir a lei da terra e, quando estiver no banco dos réus, disser o quanto estou triste por ter quebrado a lei, minha tristeza não pagará a penalidade em que incorri. O magistrado ou juiz, ao proferir sentença contra mim, pode perdoar uma parte da pena por causa da minha contrição, mas não tenho o direito de reivindicar nem mesmo essa clemência da parte dele e, diante de Deus, minha tristeza pelos meus pecados não me dá nenhuma reivindicação sobre Ele para a remissão deles. Não, devo dizer a Ele, como Toplady[4] tão verdadeiramente canta:

---

[4] Augustus Montague Toplady (1740-1778) foi um ministro anglicano e escritor de hinos inglês. Era um calvinista e ferrenho oponente do arminianismo de John Wesley. É mais conhecido como o autor do hino *Rock of Ages*.

> Que a água, sangue teu,
> Que fluíram do teu ser,
> Sejam dupla cura a mim,
> Do pecado e seu poder.
>
> Para ti não tem valor
> O que fazem minhas mãos;
> Nada pode apagar
> Meus pecados, transgressões;
> Pela graça vem salvar.[5]

Suponha que eu agora odeie algum pecado que uma vez amei, ou que eu odeie todo o pecado: nenhum crédito me é devido, pois essa aversão ao pecado é o que eu sempre deveria ter tido. Deus tinha o direito de reivindicar de mim o ódio ao pecado de todo tipo, mas esse ódio não quita a dívida que tenho para com Deus.

Irei além disso, e direi que ninguém jamais se arrepende do pecado tão completamente quanto quando sabe que ele foi perdoado (Lucas 7:47). Portanto, quando os cristãos começam sua nova vida, eles não se arrependem uma vez e depois param de se arrepender, mas o arrependimento e a fé andam de mãos dadas com eles até o céu. De fato, o querido velho Rowland Hill[6] costumava quase lamentar que no céu ele não mais teria a lágrima de penitência brilhando em seus olhos; mas é claro, isso não é possível, pois dos remidos na glória é expressamente declarado que "Deus enxugará todas as lágrimas de seus olhos" (Apocalipse 21:4).

---

[5] *Rock of Ages* [*Rocha eterna*, encontrado em vários hinários brasileiros com versões diferentes], Augustus M. Toplady, 1776.
[6] Rowland Hill (1745-1833) foi um apaixonado pregador independente inglês. Esteve ligado a organizações que imprimiam e distribuíam Bíblias e literatura evangélica. Também foi um forte defensor da vacinação contra varíola.

III

Em terceiro lugar, e muito rapidamente, *tanto o arrependimento quanto a remissão são dons de cristo*. Deus o exaltou "para dar arrependimento [...] e perdão dos pecados".

O mesmo Senhor que dá a remissão também dá o arrependimento. Isso é realizado em nós pela operação eficaz do Espírito Santo, mas não é Ele quem se arrepende; Ele não pode fazê-lo, e Ele não tem nada do que precise se arrepender, mas *nós* nos arrependemos, e embora deva ser sempre nosso próprio ato, ainda assim é um dom de Jesus para nós e a obra do Espírito em nós. Jesus nos concede esse presente em sua capacidade como Salvador, e nunca nos arrependemos verdadeiramente até que reconheçamos Jesus como nosso Salvador e coloquemos toda a nossa confiança em seu sacrifício expiatório.

Ferido pela cruz, nosso coração rochoso é quebrado, e as correntes de lágrimas penitenciais jorram assim como a água saltou da rocha ferida pela vara de Moisés no deserto (Êxodo 17:6). Quando Jesus concede a graça do perdão, no mesmo momento Ele dá o coração terno que lamenta que deveria ter precisado de perdão. Creio que, se essa verdade fosse completamente compreendida, ajudaria muitos mais a receber o sistema calvinista de teologia[7] que agora os confunde. Sei que, quando percebi pela primeira vez que meu arrependimento era um dom de Deus, toda a doutrina da salvação pela graça caiu em minha alma como um relâmpago.

O outro lado da verdade é que *o mesmo Senhor que dá o arrependimento também dá a remissão*. Ninguém contestará o fato de que o perdão dos pecados é o dom gratuito do Salvador exaltado. Esta bênção inestimável

---

[7] O calvinismo é uma tentativa de explicar a relação entre Deus, sua salvação e o poder de escolha humano. O calvinismo explica a partir do ponto de vista de Deus, mostrando sua soberania e agência em todo o processo. Já o arminianismo explica a partir do ponto de vista do ser humano, focando mais na agência humana e seu livre-arbítrio.

nunca poderia ser comprada por nós, ou merecida por nós por conta de nossos sentimentos, promessas, ações ou qualquer outra coisa; ela é um dom — livre, total e absolutamente um dom da graça de Deus.

Ela é dada *com* arrependimento, mas não dada *para* ou por causa do arrependimento, e onde quer que a remissão do pecado seja dada, ela opera na alma mais e mais arrependimento do pecado, mas é, em si mesma, um dom independente do arrependimento, ainda que dada com ele, um dom real do Salvador real exaltado à destra de seu Pai. Então o que vocês têm que fazer, queridos amigos, é olhar para Cristo, e somente para Cristo, para dar-lhes penitência enquanto vocês são impenitentes, e para dar-lhes perdão quando vocês são penitentes. Então, como Hart[8] canta:

> Vinde, ó necessitados,
> E dai glória a Deus Pai;
> Basta crer, arrepender-se;
> Graça que não se esvai
> Sem dinheiro e sem preço,
> Vinde a Jesus, comprai.
> Vinde sem nenhum vacilo,
> Sem tentar se melhorar;
> Tudo o que Deus exige
> É querê-lo procurar;
> Ele isso vos concede:
> Seu Espírito sem par.[9]

SERMÃO PROFERIDO EM 1872.

---

[8] Joseph Hart (1711-1768) foi um ministro inglês. Calvinista, foi autor de um hinário inteiro.

[9] *Come, Ye Sinners, Poor and Needy* [*Vinde, pobres pecadores*], Joseph Hart, 1759.

11

CRISTO, O PASTOR DOS CORDEIROS

Ele ajuntará os cordeiros com seu braço, e os carregará em seu colo.
Isaías 40:11

No capítulo diante de nós, nosso Salvador é descrito como o Senhor Deus. Ele é descrito revestido de poder irresistível; Ele "virá com forte mão, e seu braço governará por Ele" (Isaías 40:10). Mas como se para suavizar uma glória resplandecente para os olhos fracos dos que não estão firmes, o profeta introduz as palavras encantadoras do texto: "Ele alimentará seu rebanho como um pastor. Ele ajuntará os cordeiros com seu braço, e os carregará em seu colo e conduzirá gentilmente aquelas que estão com cria" (Isaías 40:11).

Aqui está a divindade: não o Senhor o Homem de Guerra, mas o Senhor o Pastor de Israel. Aqui está o fogo da deidade, mas sua influência suave e calorosa é sentida, e a força consumidora é velada. Grandeza em aliança com gentileza, e poder ligado à afeição, agora passam diante de nós. A bondade amorosa e a terna misericórdia são puxadas em sua carruagem dourada pelos nobres corcéis da onipotência e da sabedoria.

Heróis que foram mais distinguidos pela fúria na luta, foram ternos de coração como criancinhas. Afiadas eram suas espadas para o inimigo, mas gentis suas mãos para com os fracos. É o indicador de uma natureza nobre que ela possa ser majestosa como um leão no meio da briga, e rugir como um jovem leão na cena do conflito e ainda ter um olhar de pomba e um coração de donzela. Assim é nosso Senhor Jesus Cristo: Ele é o Capitão conquistador da salvação, mas Ele é manso e humilde de coração.

Nesta manhã, ao considerar o texto, temos um olhar especial para aqueles que são os fracos entre nós. Nosso desejo é, como um pastor-ajudante, ministrar consolo àqueles que estão angustiados em espírito e fracos de mente, esperando que, enquanto falamos, o Espírito Santo, o Consolador, possa falar eficazmente a eles.

I

Nossa primeira consideração esta manhã será a pergunta: *quem são os cordeiros que nosso bendito Senhor diz que ajunta e carrega em seu colo?*

Em certo sentido, podemos afirmar que *todo o seu povo* é como *cordeiros*. Na medida em que exibem o espírito cristão, são semelhantes a cordeiros. Jesus os envia como ovelhas ao meio de lobos (Mateus 10:16). Eles são um pequeno rebanho, um povo sem malícia. Assim como o cordeiro era limpo e aceitável a Deus, assim é todo cristão. Assim como o cordeiro pode ser apresentado em sacrifício, assim também todo o que crê apresenta seu corpo como um sacrifício vivo a Deus (Romanos 12:1). Assim como o cordeiro era o símbolo da inocência, assim também o que crê deve ser santo, inofensivo, imaculado e separado dos pecadores, e assim como o cordeiro não luta e não tem arma de ataque, assim também aquele que crê não é valentão, briguento ou alguém que goste de contenda (2Timóteo 2:23).

Ele odeia guerras e brigas, e segue a paz com todos (Hebreus 12:14). Quando ele está totalmente conformado à vontade de seu Mestre, ele não resiste ao mal, mas é paciente, dando a outra face quando é atingido (Mateus 5:39). Ele sabe que a vingança é prerrogativa de Deus (Deuteronômio 32:35) e, portanto, é lento para retrucar a um adversário que o insulta, lembrando que o arcanjo Miguel apenas respondeu ao adversário: "O Senhor te repreenda" (Judas 9). Um cordeiro é tão inocente e insuspeito que lambe a mão do matador, e aqueles que procuram destruí-lo acham isso um trabalho fácil.

Assim, os santos têm sido mortos continuamente; eles são considerados ovelhas para o matadouro (Romanos 8:36). E a acusação de Tiago é verdadeira: "Condenastes e matastes o justo; e ele não vos resistiu" (Tiago 5:6). Aqueles que são de espírito manso e semelhante ao de um cordeiro são precisamente aqueles que se tornam pessoas que amam o gentil Profeta de Nazaré. Semelhante atrai semelhante. Ele é manso e humilde de coração (Mateus 11:29) e, portanto, aqueles que são como Ele vêm a Ele. O poder de seu evangelho, onde quer que seja manifesto, produz pessoas de tal caráter.

Aqueles que vieram a Cristo, quando Ele estava na terra, podem ter sido bastante impetuosos em seu temperamento natural, mas depois que receberam o batismo de seu Espírito, eram uma raça inofensiva. Eles proclamaram o evangelho com ousadia, e por seu Mestre eles foram muito valentes, mas não se levantaram em armas contra César. Eles não lideraram sedições, não eram competidores na corrida pelo poder, não derramaram sangue nem mesmo para ganhar suas liberdades. Eles foram exemplos de sofrimento, aflição e paciência. Eles estavam prontos para viver ou morrer pela verdade, mas essa verdade era o amor a Deus e ao ser humano. Orgulho próprio, ganância, ira, como obras da velha natureza (Gálatas 5:19-21), buscavam mortificar (Romanos 8:13), e era seu desejo diário fazer o bem a todos, conforme tivessem oportunidade (Gálatas 6:10). Jesus sempre ajuntará tais cordeiros. O mundo os odeia (João 15:18) e os dispersa, o mundo os ridiculariza e despreza, mas Jesus os torna seus amigos íntimos.

O mundo antigo os perseguiu até a morte, os fez definhar na umidade das catacumbas de Roma, ou perecer entre as neves dos Alpes, mas seu Senhor glorificado os ajuntará às dezenas de milhares da prisão, do anfiteatro, da estaca, do cadafalso sangrento, e em seu colo bendito eles descansam em companhia agradável; para sempre como os cordeiros do Senhor são eles glorificados com o Cordeiro de Deus (João 1:29).

Ainda assim, este não é o significado preciso do texto. A palavra "cordeiro" frequentemente significa *a prole jovem*, e nosso Senhor Jesus Cristo graciosamente recebe muitos jovens em seu coração. Os antigos mestres da lei judaica não convidavam crianças para se ajuntarem ao redor deles. Suponho que não havia um rabino em toda Jerusalém que desejasse que uma criança o ouvisse, e se tivesse sido dito de qualquer um do Sinédrio "aquele homem ensina de modo a ser compreendido por uma criança", ele teria se sentido insultado por tal descrição.

Mas não é assim com nosso Mestre; Ele sempre teve crianças entre seus ouvintes; elas são frequentemente mencionadas (Mateus 13:15). Na enumeração daqueles a quem Ele alimentou milagrosamente, lemos, "além de mulheres e crianças" (Mateus 18:21). Sua entrada triunfante em Jerusalém incluiu, entre os mais visíveis da multidão jubilosa, aquelas crianças que foram ouvidas gritando "Hosana!" no templo (Mateus 21:9).

Quando Jesus pegou uma criança pequena e a colocou no meio (Marcos 9:36), Ele não teve que ir muito longe para a ilustração viva, pois as crianças pequenas estavam sempre perto "do santo menino Jesus", o grande homem-criança. Nosso Senhor Jesus era tão inocente, tão gentil, Ele deixava transparecer tanto seus sentimentos, que, embora um adulto em todas as coisas viris e dignas, a natureza como de uma criança era eminentemente notável nele, e Ele atraía os pequeninos para si. Nunca esqueceremos a voz do bendito Salvador, o Senhor dos anjos, quando Ele clama:

"Deixai as criancinhas e não as impeçais de virem a mim; porque de tais é o reino do céu" (Mateus 19:14).

Alguns em nossos dias desconfiam da fé dos jovens, mas nosso Salvador não dá apoio a tais suspeitas. Alguns sussurram cautelosamente: "Que o jovem que tem fé seja testado por um tempo antes de acreditarmos em sua religião. Que ele seja tentado, que suporte as geadas do mundo; talvez as flores caiam e nos decepcionem". Esse não era o caminho do meu Mestre. Cauteloso, sem dúvida, Ele era, prudente além de toda sabedoria humana, mas ainda assim, sempre cheio de amor e generosidade, e, portanto, o encontramos recebendo crianças como Ele nos recebeu em seu reino, no melhor lugar em seu reino, em seu colo amoroso.

Ah, queridas crianças, já que vocês não são jovens demais para morrer e serem julgadas por suas palavras ociosas e ações desobedientes, é uma coisa encantadora para vocês que não sejam jovens demais para crer em Jesus nem jovens demais para serem salvas pela graça dele!

Queridas crianças, eu gostaria que vocês fossem completamente salvas hoje, pois sua tenra idade não é impedimento para que sejam perdoadas e justificadas. Se vocês confiaram no grande Salvador, eu as convido ternamente a declarar sua fé no Senhor Jesus e a se apresentarem e se unirem à igreja de Jesus. Se de fato vocês são convertidas, não ousamos recusá-las.

Espero que a igreja de Jesus não pense em recusá-las tanto quanto o próprio Senhor não as recusou. Se Jesus estivesse aqui nesta manhã, Ele diria: "Deixai as criancinhas e não as impeçais de virem a mim" (Mateus 19:14), e espero que vocês sejam guiadas pelo Espírito Santo para atender ao seu chamado. Apenas deixem seus jovens corações serem entregues a Jesus; deixem sua confiança ser fixada somente no que Ele sofreu pelos pecadores na cruz do Calvário, e vocês não precisam ter medo.

Há o mesmo Cristo para vocês como para os de cabeças grisalhas. As promessas são tanto suas quanto de seus pais, e as consolações do Espírito Santo fluirão tão docemente nos pequenos vasos de seus corações quanto nos corações daqueles que conheceram o Salvador nestes cinquenta anos. Ouçam as palavras do Bom Pastor: "Eu amo aqueles que me amam, e os que cedo me buscarem, me acharão" (Provérbios 8:17).

Mas, novamente, por cordeiros podemos entender muito bem os *jovens convertidos*, aqueles que começam a ter noções religiosas, aqueles que recentemente se arrependeram do pecado, e foram afastados de toda confiança em suas próprias boas obras. Eles ainda não estão estabelecidos na fé. Eles só conhecem, talvez, uma ou duas grandes doutrinas. Eles estão muito longe de serem capazes de ensinar aos outros. Eles precisam sentar-se aos pés de Jesus em vez de servi-lo em atividades que exigem talento e conhecimento. Sua fé é muito propensa a vacilar.

Coitados! Se forem atacados por sofismas, logo ficam perplexos e, embora se apeguem à verdade, ainda assim é uma luta difícil para eles. Eles não podem dar uma razão para a esperança que há neles, embora não sejam deficientes em mansidão e temor.

Nosso Senhor Jesus Cristo nunca descartou um único seguidor por conta de sua juventude na fé. Longe disso! Ele tem se agradado, em sua infinita ternura, de cuidar especialmente destes. Um jovem que não era tão convertido foi a Ele — provavelmente nunca foi — e ainda assim, embora a boa obra nele fosse tão imatura, que pode ter sido comparada à nuvem da manhã, e ao orvalho da manhã que passam, ainda assim nosso Salvador, olhando para ele, o amou, pois Ele se deleita em ver o sinal esperançoso, por mais tênue que seja. Ele não apaga o pavio fumegante e não quebra a cana quebrada (Isaías 42:3). Ele não repeliu o jovem presunçoso. Ele ignorava o primeiro princípio do evangelho, a saber, a justificação pela fé e não pelas obras; no entanto, uma vez que ele desejava fazer o que é certo, e era evidentemente sincero, nosso Senhor Jesus Cristo o instruiu ainda mais (Mateus 19:16-23).

Eu oro sinceramente para que cristãos venham a imitar meu Mestre nisso. Onde vocês virem algo de Cristo, incentivem. Vocês podem observar muito pelo que lamentem, mas eu lhes peço, não matem a criança porque seu rosto está sujo. Não cortem as árvores porque na primavera elas não têm frutos. Sejam gratos por elas exibirem brotos que podem dar frutos aos poucos.

Não é uma linha de conduta na igreja cristã ser severo com aqueles que são, em alguma medida, inclinados a Cristo. É desumanidade, é uma crueldade pior do que a dos monstros marinhos, pois elas dão de mamar a seus filhotes, mas alguns parecem determinados a esmagar todas as esperanças dos bebês na graça. Porque eles não crescem imediatamente para a estatura completa dos adultos, assim, eles dizem: "Ponham-nos para fora! Eles não são adequados para serem recebidos na igreja de Cristo".

Meus queridos amigos, se houver algum de vocês fraco e duvidoso, apenas lutando para sobreviver, que só nos últimos dias conheceu alguma coisa sobre o amor de Cristo, se houver em vocês alguma coisa boa para com o Senhor Deus de Israel, um desejo, um anseio sincero ou um pouco de fé, meu Mestre não será cruel com vocês, pois "Ele ajuntará os cordeiros com seu braço e os carregará em seu colo".

Além disso, temos certeza de que não forçaremos o texto se dissermos que os cordeiros no rebanho são *aqueles que são naturalmente de uma disposição fraca, tímida e vacilante*. Há muitas pessoas que, se fossem mantidas constantemente na estufa do encorajamento cristão, ainda se sentiriam congeladas, pois suas mentes são naturalmente pesadas e desesperançadas. Se elas fazem música, se demoram para sempre no tom baixo, e não mantêm suas harpas longe dos salgueiros por muito tempo (Salmos 137:2).[1] Quando a promessa vem com poder para suas almas, e elas desfrutam de alguns dias brilhantes e ensolarados, ficam muito felizes em sua própria maneira tranquila, como alguém no vale da humilhação, cantando: "Cair

---

[1] Em sinal de melancolia e tristeza.

não teme quem em terra jaz".[2] Mas eles nunca escalam as montanhas da alegria, ou levantam suas vozes com exultação. Eles têm uma esperança humilde e uma confiança graciosa, e muitas vezes estão no cristianismo prático entre os melhores da igreja, e ainda assim, ai! Para eles, seus dias de alegria são poucos. Como o irmão mais velho na parábola, seu pai nunca lhes deu um cabrito para que pudessem se divertir com seus amigos (Lucas 15:29).

Ora, essas pessoas são más companhias, e ainda assim todo cristão deve buscar sua companhia, pois há algo a ser aprendido com elas. E além disso, suas necessidades exigem nossa atenção solidária. Não pensem que Jesus busca os santos fortes para serem seus companheiros em detrimento dos pequenos. Ah, não! "Ele ajuntará os cordeiros com seu braço, e os carregará em seu colo".

Mais uma vez, os cordeiros são *aqueles que sabem pouco das coisas de Deus*. Esta classe de pessoas não é desanimada, mas antes ignorante, ignorante após um mundo de ensinamentos. Quando nos encontramos com pessoas que não entendem as doutrinas da graça, depois de termos feito o nosso melhor para instruí-las, não devemos nos sentir aborrecidos com elas, mas refletir que nosso Mestre disse a Filipe: "Há tanto tempo que estou convosco, e ainda não me conheces, Filipe?" (João 14:9). Ele era um Professor muito melhor do que jamais seremos e, portanto, se Ele foi gentil com seus alunos tardos, não devemos ser duros.

Alguns que creem, após anos de ensino bíblico, não colocam nada em suas cabeças, exceto um amontoado de confusão. Eles estão em uma névoa, pobres almas. Eles querem dizer o que é certo, mas não sabem como colocar seu significado em ordem.

Muitas vezes, vocês encontrarão nossos amigos confundindo coisas que diferem, misturando justificação com santificação, ou o fruto do Espírito

---

[2] O jovem pastor no Vale da Humilhação em *A peregrina*, de John Bunyan, capítulo 11.

com o fundamento de sua confiança. Este é o resultado de um entendimento sem ensinamento. Tais pessoas devem ser dignas de pena, porque se tornam facilmente vítimas de pessoas ardilosas, que as levam ao erro. Mas elas não devem ser evitadas, não devem ser repreendidas, não devem ser denunciadas. Pessoas orgulhosas podem fazer isso, pois são temperamentais, mas o generoso Filho de Deus declara que, para elas, Ele agirá como um pastor e as ajuntará em seus braços.

Se Tomé não aprender por nenhum outro meio, Ele cederá às suas fraquezas infantis e o deixará colocar o dedo na marca dos pregos e enfiar a mão no lado ferido (João 20:24-31). Pois, assim como uma cuidadora é terna com suas crianças, e como um bom professor ensinará a sua criança a mesma coisa vinte vezes se ela não a aprendeu na décima nona lição, assim Jesus o fará. Acrescentando linha sobre linha, e preceito sobre preceito, aqui um pouco e ali um pouco, para que possamos ser nutridos e alimentados na fé uma vez entregue aos santos (Judas 3). Seja qual for a classe a que qualquer um de vocês pertença, que meu texto seja doce ao seu paladar e que o Espírito Santo os anime por ele.

II

Mas agora precisamos prosseguir. Como *Jesus mostra esse cuidado especial pelos fracos?*

Ele faz isso, de acordo com o texto, de duas maneiras.

Primeiro, *ajunta-os*. Na estação do ano em que os cordeirinhos nascem, é interessante observar a vigilância cuidadosa do pastor. Quando Ele encontra os pequeninos na geada fria, quase à morte, como Ele é terno! Ora, a lareira da cozinha do pastor é por um tempo o próprio berçário do cordeiro. Esposa e filhos são deixados de lado por um tempo, e o lugar quente é todo entregue aos cordeirinhos. Lá eles ficam no calor, até que tenham força suficiente para retornar às suas mães.

Então, quando alguém nasce espiritualmente para Deus, ele frequentemente fica tão desanimado, sua fé é tão fraca, e ele está completamente pronto para morrer, que precisa da terna misericórdia do alto para visitá-lo. Pode haver alguém aqui que se converteu a Deus durante a última semana, mas nenhum gentil cristão sabe disso. Ninguém falou com ele para "ajuntá-lo". Mas solitário, não desanime: Jesus virá até você. Ele será uma ajuda presente nesta sua hora de angústia. Agora que você é como uma vela nova acesa que se apaga facilmente, Ele o protegerá do sopro do mal.

Quando o rebanho está em marcha, acontecerá, a menos que o pastor esteja muito atento, que os cordeiros ficarão para trás. Aqueles grandes rebanhos sírios, que se alimentam nas planícies da Palestina, têm que ser conduzidos por muitos quilômetros porque a grama é escassa e os rebanhos são numerosos, e, em longas jornadas, os cordeiros caem um por um de cansaço, e então os pastores os carregam.

Assim é no progresso da grande igreja cristã. Perseguidos frequentemente, sempre mais ou menos molestados pelo mundo exterior, há alguns que fraquejam; eles não conseguem manter o ritmo. A guerra espiritual é muito severa para eles. Eles amam seu Senhor; adorariam, se pudessem, estar entre os primeiros. Mas através dos cuidados deste mundo, através da fraqueza da mente, através da falta de vigor espiritual, eles se tornam coxos e estão à beira de perecer. Esses corações fracos são o cuidado peculiar de seu terno Senhor.

Em outras ocasiões, os cordeiros fazem pior do que isso. Eles são de natureza arisca e, sentindo o vigor natural da vida recém-nascida, não se contentam em manter-se dentro dos limites como as ovelhas mais velhas, mas se entregam a vagar, de modo que, no final do dia, os cordeiros custam muito trabalho ao pastor. "Onde estão aqueles cordeiros?", Ele diz. "Onde estão? As ovelhas estão aqui, em número certo, mas onde estão os cordeiros?". O que o bom homem fará? Irá deixá-los e dirá: "Eles esgotaram minha paciência"? Não, mas Ele os ajuntará.

Assim como há muitos cristãos imaturos, cujas mentes estão soltas e são instáveis como a água, que problema alguns de vocês são para aqueles que os amam! Quando vocês se elevam a uma pequena fé, vocês afundam na descrença antes do dia seguinte. Vocês mudam suas opiniões tão frequentemente quanto a lua muda, e nunca têm o mesmo pensamento por mais de uma semana. Vocês seguem todos que escolhem levantar o dedo para acenar para vocês irem embora. Vocês deixam os bons e velhos caminhos para buscar outros pastos. Às vezes, vocês estão com os chamados Irmãos;[3] no dia seguinte, com a Igreja da Inglaterra;[4] depois, com os Dissidentes;[5] e talvez, se os católicos romanos os tentassem, vocês estariam prontos para ir com eles, na esperança de encontrar consolação. É da natureza dos cordeiros que eles façam isso. Mas o Bom Pastor ficará bravo com vocês e os rejeitará? De forma alguma, pois Jesus ajuntará os cordeiros, e quando Ele coloca seu grande braço amoroso sobre eles, eles não podem mais vagar. Quando seu amor os constrange, e eles chegam ao pleno desfrute de sua verdade do evangelho, então eles se contentam em permanecer perto de sua pessoa bendita.

Quando o texto diz: "Ele ajuntará os cordeiros", isso significa que Jesus ajuntará os pobres trêmulos ao seu precioso sangue, e os lava e lhes dá paz? Isso significa que Ele os ajunta à sua preciosa verdade, e ilumina suas mentes, e instrui seu entendimento? Não significa que Ele os ajunta a si mesmo, e os une à sua pessoa gloriosa, tornando-os membros de seu corpo, de sua carne e de seus ossos (Efésios 5:30)?

---

[3] Os Irmãos [de Plymouth] (ou Casa de Oração) são diversos grupos cristãos evangélicos adenominacionais que surgiram na Irlanda por volta de 1825.
[4] É a igreja nacional e oficial da Inglaterra, e a matriz da Comunhão Anglicana. Fora da Inglaterra, é conhecida como Igreja Episcopal (Anglicana).
[5] Ou Não Conformistas, foram vários grupos reformadores na Inglaterra que se desligaram da Igreja Anglicana nos séculos 17 e 18. Algumas denominações atuais que vieram deles são os batistas, congregacionais, metodistas, moravianos, presbiterianos e *quakers*.

Oh, este é um ajuntamento delicioso! Sua palavra não pode fazer isso sozinha, seus ministros não podem fazer isso, mas *seu braço* pode. O poder e a energia do Espírito Santo, que são como o braço direito do Bom Pastor, ajuntam esses mais fracos e errantes e os colocam seguros no bendito recinto de seu colo.

Mas o texto diz que, depois que Ele os ajunta, Ele *os carrega em seu colo*. Este é, antes de tudo, *o lugar mais seguro*, pois o lobo não pode alcançá-los lá. Furioso e impertinente como o inferno sempre é, quem quem pode esperar tirar o tesouro de Jesus do colo dele? Vocês, fracos, como vocês estão seguros nele, embora tão expostos ao perigo em si mesmos.

O colo, ora, é *o lugar mais terno*, onde deveríamos colocar apenas uma pobre criatura que tivesse um osso quebrado e não suportasse ser tocada rudemente. O colo, esse é *o lugar mais confortável*. Faz com que desejemos ser sempre um cordeiro, se pudéssemos sempre andar naquela carruagem. Deliciosa é a fraqueza que nos lança sobre uma força tão graciosa. "Ele carregará os cordeiros em seu colo". Ora, esse é *o lugar mais honroso*. Não colocaríamos em nosso colo aquilo que desprezamos. Não deveríamos pensar em carregar ali algo que não fosse seleto, querido e extremamente precioso.

Então, vocês fracos, embora pensem ser menos que nada, e não sejam nada em si mesmos, ainda assim terão toda a segurança que o coração da Divindade pode lhe dar, todo o conforto que o amor de Cristo pode derramar sobre vocês, toda a honra e dignidade que a proximidade, a comunhão e o carinho de seu amor podem conceder a um pobre mortal. Alegrem-se, cordeiros, por terem um Pastor assim para carregá-los perto do coração dele!

Para expandir isso, deixe-me observar que nosso Senhor mostra seu cuidado pelos cordeiros *em seus ensinamentos* que são muito simples, principalmente em parábolas, cheias de ilustrações cativantes, mas sempre claras. O evangelho é o evangelho de uma pessoa simples. Você não precisa ser um Platão ou um Sócrates para entendê-lo. O camponês é tão facilmente salvo quanto o filósofo (1Coríntios 1:26-29). Aquele que tem apenas uma pequena quantidade de massa encefálica pode entender que Jesus Cristo veio ao mundo para salvar pecadores (1Timóteo 1:15) e que todo aquele que crê nele não é condenado (João 3:18). Se Cristo não tivesse se importado com os fracos, Ele não teria vindo com uma mensagem tão clara, pois Ele compreende todos os mistérios e conhece as coisas profundas de Deus.

Além disso, Ele tem prazer em *revelar seus ensinamentos gradualmente*. Ele não disse a seus discípulos toda a verdade de uma vez, porque eles não eram capazes de suportá-la. Mas Ele os levou de uma verdade para outra. Ele traz leite antes de oferecer carne pesada. Alguns de vocês, fracos, são muito estúpidos; vocês querem começar com as verdades duras primeiro. Vocês anseiam compreender a eleição antes de entender que Jesus Cristo veio ao mundo para salvar pecadores. Mas vocês não devem fazer isso, pois nosso Senhor gostaria que vocês começassem com estas lições: "Eu sou um pecador: Cristo ficou no lugar do pecador: eu confio nele, estou salvo".

Depois de aprenderem este primeiro bê-á-bá do evangelho, vocês aprenderão o restante. É um sinal do amor do Senhor pelos fracos, que Ele não pendura nossa salvação em nossa compreensão dos mistérios. Ele não repousa nossa base de confiança em nossa ortodoxia, ou em nosso conhecimento das verdades mais sublimes, mas se conhecermos o poder de seu precioso sangue, quer entendamos seu amor que elege os salvos, quer não, somos salvos. É bom aprender tudo o que podemos, mas aqui está uma bela demonstração do amor de Cristo: se apenas confiarmos nele, embora possamos estar muito no escuro, estamos, no entanto, seguros.

A gentileza do Senhor para com os cordeiros é mostrada nisto: que *seus ensinamentos experienciais são todos por graus* também. Ele não ensina ao jovem iniciante toda a depravação de seu coração que ele terá que sentir na vida após a morte. Ele não permite que o jovem convertido seja molestado por insinuações satânicas, como pode ser quando se tornar mais forte. Nem Ele geralmente permite que problemas seculares caiam tão pesadamente sobre aqueles que são apenas avezinhas novas no ninho.

Ele sempre adapta a provação à força, e o fardo às costas. Estou certo de que, se meu Mestre tivesse me concedido algumas das minhas provações atuais quinze anos atrás, eu me desesperaria, e ainda assim, no presente, estou suprido com força suficiente para suportá-las, embora eu não tenha nenhuma força para poupar. Bendito seja o Senhor Jesus por sua gentil consideração por nossas muitas fraquezas! Ele nunca sobrecarrega seus cordeiros. Embora uma certa forma de experiência seja muito útil, Ele não a envia a nós enquanto, por causa do atraso na graça, somos incapazes de suportá-la.

A gentileza divina de nosso Mestre foi demonstrada *nas sérias maldições com as quais Ele efetivamente protegeu os pequeninos*. Observem como elas são severas: "Mas, quem ofender um destes pequeninos que creem em mim, seria melhor para ele que pendurasse ao pescoço uma pedra de moinho, e que se afogasse no fundo do mar" (Mateus 18:6). Ofender é colocar uma pedra de tropeço no caminho. Como é solene essa advertência: "Vede, não desprezeis a nenhum destes pequeninos" (Mateus 181:10). Ele deve tê-los amado, ou não teria colocado tal cerca de fogo ao redor deles.

Quantas *promessas são feitas de propósito para os fracos*. Não as repetirei nesta manhã porque seu próprio estudo da Palavra de Deus deve ter mostrado a vocês como a palavra graciosa é moldada para a condição peculiar de angústia e fraqueza sob a qual os cordeiros estão sofrendo. O Espírito Santo, com a destreza divina, traz para dentro do coração promessas que nunca pareceram tão cheias de graça.

Irmãos e irmãs, a ternura do Senhor Jesus Cristo para com seu povo é ainda mais demonstrada nisto: que *o que Ele requer deles é leve*. "Tomai sobre vós o meu jugo, e aprendei de mim [...]. Porque o meu jugo é suave, e o meu fardo é leve" (Mateus 11:29,30). Ele não ordena que os bebês preguem. Ele não envia aqueles que creem e são fracos para a frente da batalha, como Davi fez com Urias, para que sejam mortos (2Samuel 11:15-17). Ele não lhes dá outro fardo senão este: que confiem nele e lhe entreguem todo o seu coração. Um jugo: como é leve!

Ele mostra sua gentileza, além disso, *ao aceitar o menor serviço que esses pequenos possam oferecer.* Uma tênue oração, um suspiro, uma lágrima — Ele receberá tudo isso tanto quanto as súplicas mais eloquentes de um Elias. O vaso de alabastro quebrado, e o unguento derramado serão recebidos, embora eles venham de alguém que não tem uma firmeza moral que os precedam com o qual apoiar a oferta (Marcos 14:3). E as duas moedinhas que valem meio centavo não serão repudiadas. A melhor obra sinceramente feita por amor a Jesus, em dependência dele, Ele aceita com muita alegria, e assim nos mostra sua real ternura pelos cordeiros. Ele ordenou que seus ministros fossem cuidadosos com os pequenos. "Apascenta meus cordeiros", disse Ele a Pedro (João 21:15), porque Ele queria que todos os seus ministros fizessem isso. Aqueles que desprezam os fraquinhos ganharão um olhar de reprovação de seu Mestre, mas aqueles que com terno cuidado os nutre, terão um sorriso no rosto dele.

Jesus, meu Senhor, fala aos desanimados e tímidos nesta manhã, e Ele clama:

> Então em mim confiem, e não temam; sua vida segura está;
> Minha sabedoria é perfeita, supremo é meu poder;
> Em amor eu os corrijo, sua alma para refinar,
> Para fazer-lhes finalmente em minha semelhança brilhar.

> Os tolos, os medrosos, os fracos são todos meu cuidar,
> Dos desamparados, dos sem-teto, eu ouço seu lamentar:
> De todas as suas aflições, minha glória brotará,
> E quanto mais profundas forem suas tristezas, mais alto hão de cantar.

Eu mostrei a vocês, da melhor forma que pude, o coração terno do meu Senhor para com os cordeiros.

III

Em terceiro lugar, vamos responder a esta pergunta: *por que este cuidado de Cristo para com os cordeiros do rebanho?*

A resposta é: porque eles precisam, e Ele os ama, e, portanto, eles receberão de acordo com suas necessidades.

Mas por que Ele está tão particularmente ansioso para confortá-los? Certamente se Ele perdesse um cordeiro ou dois, não seria perda entre tantos, e se uma das mentes fracas perecesse, não seria grande consequência quando uma multidão que ninguém pode contar for salva (Apocalipse 7:9). A resposta é clara: *os fracos são tão remidos pelo sangue de Cristo quanto os fortes*. Quando o dinheiro da expiação era pago pelos judeus, foi dito: "O rico não dará mais, e o pobre não dará menos" (Êxodo 30:15), porque a alma de cada um tem o mesmo valor diante do Deus eterno.

O filho mais humilde de Deus foi verdadeiramente comprado com o sangue de Cristo, e custou ao Senhor tanto para comprá-lo quanto o mais brilhante dos apóstolos, ou o mais ousado dos confessores.[6] Uma pessoa não perderá uma coisa que lhe custou seu sangue. A alma de um mendigo, se fosse colocada na balança, superaria dez mil mundos, e uma vez que a alma desse mendigo foi remida pelas feridas de Jesus, podem ter certeza: Jesus Cristo não a perderá.

No filho recém-nascido de Deus, *há belezas peculiares* que não são tão aparentes em outros. É uma questão de gosto, suponho, qual é o mais bonito, o cordeiro ou a ovelha. Mas acho que a maioria de nós

---

[6] Cristão na igreja primitiva que não renegou a fé durante perseguições, mas sem ter sido morto por isso.

escolheria o cordeiro. Há um charme em todas as criaturas jovens, e assim há traços de caráter naqueles que creem e são fracos e jovens que são extremamente encantadores.

Vocês sentirão falta, em um estágio posterior, do primeiro amor do iniciante na peregrinação celestial. É verdade que há outras belezas mais substanciais, mas os primeiros rubores e sorrisos se foram. Vocês não desejaram, quando ficaram mais velhos, possuir a mesma ternura de consciência que tinham no início, que tivessem sentido a mesma simplicidade de fé? Vocês não desejaram desfrutar do mesmo intenso deleite no serviço da casa de Deus que desfrutaram durante os primeiros meses após seu novo nascimento? Vocês têm outras graças agora. Vocês têm virtudes mais úteis na batalha da vida, mas ainda assim, havia belezas que Jesus Cristo admirava, e que Ele não permitiria que fossem manchadas.

Jesus tem tanto cuidado com os fracos, porque *eles se tornarão fortes um dia*. Todas as grandes graças já foram pequenas graças, toda grande fé foi uma pequena fé. É sempre primeiro a folha, depois a espiga e depois o milho cheio na espiga (Marcos 4:28). A fé que move montanhas já foi uma coisa trêmula. Matar os cordeiros? Então onde se acharão as ovelhas? Matar os inocentes? (Mateus 2:16-18). Então onde Belém encontrará seus homens adultos? Destruir as crianças? Então de onde virão os guerreiros que marcham em fileiras para a batalha? Jesus vê os fracos não como eles são, mas como eles devem ser. Ele discerne a pessoa madura no bebê da graça.

Além disso, meus irmãos e irmãs, os *compromissos de garantia* de nosso Senhor Jesus Cristo exigem que Ele preserve os mais fracos, bem como os mais fortes. Deus exigirá da mão de Cristo cada um dos eleitos. "Eles foram teus, e tu deste a mim", disse nosso Senhor (João 17:46). Ele deve apresentá-los sem defeito diante de sua presença com grande alegria (Judas 24). Assim como Labão exigiu cada ovelha da mão de Jacó, sob pena de Jacó arcar com a perda para sempre (Gênesis 30:25—31:16), assim Deus exigirá da mão de nosso Pastor cada ovelha, ou Ele deve desonrar para sempre seu compromisso de garantia. Mas isso nunca acontecerá. Ele será fiel à sua palavra e dirá: "Dos que me deste nenhum deles eu perdi" (João 18:9).

Quando um secretário entrega suas contas, ele fica muito satisfeito se os auditores puderem dizer: "Nós as achamos corretas até o último centavo". Mas suponha que ele tivesse dito: "Bem, há pequenos erros, pois nunca tomei nota dos centavos; pensei que eram tão insignificantes que, se prestasse atenção para os valores cheios, já seria o bastante". O que pensariam dele? Quem confiaria nele? O tipo de pessoa honesta é a que é correta até o último centavo.

Se Jesus trouxesse à glória eterna todos os que são grandes em graça, e negligenciasse os mais fracos, isso desonraria seu grande nome. Sua honra é empenhada para preservar os mais humildes do rebanho.

> Pastor dos escolhidos,
> Estão seguros aqueles que tu guardas;
> Outros pastores desmaiam e dormem,
> E esquecem de vigiar as ovelhas;
> Pastor vigilante!
> Tu acordas enquanto outros dormem.[7]

Além de seus compromissos de garantia, há *suas promessas*. Ele declarou que todo aquele que nele crê nunca perecerá, mas terá vida eterna (João 3:16). Essa promessa não é somente para os fortes, mas também para os fracos. Ele disse: "Nenhum homem os arrancará da minha mão" (João 10:28). Ora, Ele não diz: "Ninguém arrancará os grandes, mas podem arrancar os pequenos". Não, "nenhum homem *os* arrancará", isto é, nenhum deles.

---

[7] *Shepherd of the Chosen Number* [Pastor dos escolhidos], Thomas Kelly, 1853.

Eles são todos salvos, e todos igualmente salvos, porque sua segurança não depende de seu crescimento ou vigor, mas depende da força do braço dele e da infalibilidade do propósito dele. Os habitantes doentes e tristes de Jerusalém são protegidos com armas e munições da força divina, e os bastiões do amor eterno abrigam tanto a criança nas ruas quanto aqueles que vão para a guerra.

Podemos ter certeza de que o terno Salvador cuidará dos cordeiros porque *a compaixão sustenta que, se alguém deve ser vigiado, devem ser estes*. Rejeitar seu povo porque eles são tímidos, trêmulos e medrosos? Deus nos livre!

Ali está uma mãe que tem uma família numerosa de filhos. Minha querida mãe, posso discorrer com você? Se você deve negligenciar um de seus filhos, devo lhe dizer qual deve ser? Deve ser aquele que é coxo dos pés, e sempre foi tão doente. Ora, acho que vejo a mãe olhando para mim com raiva: "Pare essa conversa horrível!", ela diz: "É exatamente desse que cuido com a maior preocupação. Se eu negligenciasse um, seria o menino grande, crescido e capaz de cuidar de si mesmo; mas aquele pobrezinho querido, eu não poderia abandoná-lo; eu o carrego em meu colo de manhã à noite. Se há um com quem sou mais terna, é exatamente com esse".

Os instintos da nossa natureza nos dizem isso. As batidas do coração de Jesus são em direção ao trêmulo. Quando um homem deve esquecer ou abandonar sua esposa? Nunca, sob nenhuma circunstância concebível, mas certamente não quando ela estiver doente ou triste. Ele deve processá-la pedindo divórcio porque ela está aflita e cheia de dores e sofrimentos? Ela deve ser expulsa de casa porque seu espírito está quebrado? A baixeza sozinha poderia ditar tal argumento, e fique tranquilo, amado, tal argumento não teria tolerância com o Bem-Amado.

Se você está em Jesus Cristo, fique tranquilo que o amor dele não o abandonará. Seria algo muito deplorável para todo aquele que crê no mundo inteiro se fosse anunciado que o menor cristão deveria perecer. Se fosse proclamado pelo som de trombeta por algum mensageiro angelical que o Bom Pastor pretendia rejeitar um dos menores de seu rebanho, mesmo que fosse apenas um, não sei que conclusão você tiraria disso, meu caro ouvinte, mas a minha seria esta: "Então Ele rejeitará *a mim*".

Eu sentiria imediatamente que todos os fundamentos da minha segurança se foram, para que eu pudesse ser o rejeitado. Mesmo que fosse apenas um, por que não eu? Você não sentiria o mesmo, e onde qualquer um de nós teria algum espaço para conforto? Depois de um anúncio tão contrário à promessa, poderíamos esperar outro, porque se a fraqueza, ou se a ignorância, se algo na natureza de um cordeiro deve destruir um de nós, então, é claro, o próximo, e o próximo, e o próximo, e o próximo podem perecer.

Se uma pessoa tem muitos credores e diz: "Não pagarei a tal", todos nós pensamos que talvez ela não pague o próximo, e o próximo, e o próximo. E se Deus não cumpre sua promessa ao menor, então não ao imediatamente acima do menor, e, assim por diante, a nenhum. De fato, toda a igreja de Deus comprada com sangue pode ir para a perdição se apenas um se perder, e se o mais errante e apóstata for lançado no inferno, então todos o serão.

Se o navio afundar o suficiente para afogar alguém a bordo, ele afogará toda a tripulação. Não há segurança para nenhum dos tripulantes do navio a menos que haja segurança para todos a bordo. Então, herdeiro do céu, olhando para as consequências que viriam da ruína do menor, creia firmemente que o Guarda de Israel ajuntará *você* com seu braço e o carregará em seu colo.

IV

Concluiremos quando tivermos feito uma *conclusão prática*.

E então? Ora, antes de tudo, vamos ajuntar os cordeiros para Cristo. Estou convencido de que há muitos que não estão na comunhão da igreja, e que deveriam estar, mas que, talvez, nunca se apresentarão a menos que recebam uma palavra encorajadora de alguns de seus amigos cristãos.

É de suma importância que eles sejam "ajuntados" a Cristo, pois Ele fez isso por eles. O próximo grau de importância é que eles sejam "ajuntados" à igreja dele. Posso, portanto, pedir a todos vocês que devem algo ao meu Senhor, que façam algum tipo de reconhecimento de sua dívida, cuidando daqueles que querem uma mão amiga.

O Senhor, falando de seu povo, diz: "Ensinei Israel a andar, tomando-o pelos seus braços" (Oseias 11:3). Vocês sabem o que isso significa. Vocês fizeram isso com seus filhos quando os ensinaram a andar, segurando-os pelos braços. Façam o mesmo pelos pequeninos do seu Mestre. Ensinem alguns desses iniciantes a andar, segurando-os por meio de incentivos. Alguém não fez isso por vocês uma vez? Vocês não se lembram de um amigo gentil que os animou e instruiu?

Retornem sua obrigação para com a igreja cristã fazendo o mesmo. Oro sinceramente para ver, durante os próximos meses, um grande ajuntamento em nossa igreja de tais que serão salvos. Não queremos que aqueles que não são convertidos sejam adicionados à igreja, há um passo antes disso: eles devem primeiro se entregar a Cristo. Mas queremos que todos os que realmente pertencem ao nosso Senhor e Mestre entrem na comunhão dos fiéis e compartilhem dos privilégios da igreja de Deus.

Em seguida, aprendamos com o texto a carregar em nossos colos aqueles que estão ajuntados. Ajuntamos muitos na igreja, mas isso não é tudo, é apenas o começo do que os cristãos mais maduros devem considerar como seu ofício fazer para com os jovens. Todo jovem cristão é apresentado à igreja cristã assim como Moisés foi apresentado à sua mãe pela filha do Faraó, com esta comissão: "Toma este menino, e amamenta-o para mim, e eu te darei o teu salário" (Êxodo 2:9).

Não é possível que dois pastores, ou vinte pastores, possam visitar e instruir todos os membros de uma igreja como esta, mas a falta deve ser suprida por vocês, meus irmãos, que conheceram o Senhor estes anos, e por vocês, minhas irmãs, que se tornaram mulheres mais velhas em nossa Jerusalém.

Posso suplicar a vocês, pelo amor daquele que se entregou por vocês, por toda a ternura das entranhas de Cristo, se houver alguma consolação do Espírito: procurem seus companheiros que podem ser fracos na fé e abatidos na mente, e falem a eles de modo a encorajá-los. Digam a eles que a guerra deles foi cumprida, que os pecados deles foram perdoados; apontem-nos para o Senhor Jesus; revelem-lhes as belezas dele, façam-nos, tanto quanto puderem, compreender com todos os santos quais são as alturas e as profundezas, para que possam crescer na graça e no conhecimento de seu Senhor e Salvador Jesus Cristo (2Pedro 3:18).

Espero que este sermão possa ministrar conforto aos entristecidos, mas quanto àqueles que não creem em Cristo de forma alguma, não posso administrar-lhes nenhum conforto, exceto lembrando-os deste único fato: que não é tarde demais para que eles ainda confiem em Jesus, e que se o fizerem, por mais que tenham demorado, a porta não está fechada. Que eles entrem antes que o Mestre da casa se levante e feche a porta.

Sermão pregado em 1868.

12

CRISTO, O SALVADOR DE QUE VOCÊ PRECISA

*E tendo sido aperfeiçoado, ele tornou-se o autor de
eterna salvação para todos os que lhe obedecem.*
Hebreus 5:9

A GRANDE loucura dos pecadores despertos está em olhar para *si mesmos* quando estão convencidos de que estão perdidos. Quando a lei os condena, quando eles têm a sentença de morte badalando com seu ressoar doloroso através de suas consciências, eles, no entanto, se voltam para si mesmos em busca de ajuda. Eles também podem procurar por vida dentro das entranhas da morte, ou cavar por luz nas catacumbas sombrias da escuridão exterior!

Primeiro, eles tentam o que a reforma *externa* pode fazer, e ficam surpresos quando descobrem sua própria impotência; então, eles voltam seus olhos para seus *sentimentos*, e, ou esforçam-se atrás de lágrimas e torturas mentais até que se tornem presunçosamente miseráveis, ou então rendem-se à desesperança, pois acham que seu coração é como uma pedra extremamente dura! Eles frequentemente correm para cerimônias, e vão longe no formalismo, mas não encontram paz. E muitas vezes, voltam-se para a crença de doutrinas ortodoxas e buscam salvação no mero conhecimento intelectual da Palavra de Deus, esquecendo que Jesus disse uma vez: "Examinai as escrituras; porque nelas pensais que tendes a vida eterna; e são elas que testificam de mim. E não quereis vir a mim para terdes vida" (João 5:39). De uma forma ou de outra, todos os seres humanos naturais buscam refúgio em si mesmos e recorrem a isso repetidamente, embora muitas vezes sejam afastados disso! Fazer isso é inútil e tolo, desonrando a Deus e contaminando a si mesmos. Se os seres humanos apenas cressem na verdade de Deus, eles saberiam que não podem salvar a si mesmos tanto quanto não podem transformar o mal em bem, ou o inferno em céu!

Seria uma coisa grandiosa se pudessem entender que possuem poder abundante para se *destruir*, mas que toda a sua ajuda para a salvação está inteiramente em Jesus Cristo! Quando estiverem convencidos disso, eles se lançarão sobre o Redentor, e a paz e a alegria encherão seus espíritos. Esta é a obra austera que confunde completamente o pregador; é uma obra que somente o Espírito Santo pode realizar. Para desmamar o pecador dos seios do eu, para resgatá-lo de suas ilusões orgulhosas, para fazê-lo ver que a salvação deve vir do alto como o puro dom da graça divina; isso, embora pareça bastante simples, requer um milagre da graça divina! Deus, o Espírito Santo, geralmente usa como cura para esse olhar tolo para si mesmo a apresentação de Cristo Jesus; Cristo suplanta o eu; olhar para Jesus põe fim ao olhar para si mesmo, sentimentos e obras. Ora, eu me esforçarei para pregar Jesus Cristo na plenitude de sua perfeição como Salvador, para que os pobres pecadores não busquem a perfeição em si mesmos, nem busquem qualquer capacidade ou força neles, mas possam fugir para Jesus, em quem tudo o que é necessário para sua salvação é tão ricamente provido!

I

Cinco pensamentos surgem do texto, e o primeiro é este: amado buscador da paz, creia na *indubitável vontade de Jesus Cristo para salvar!*

Onde encontro isso no texto? Encontro logo abaixo da superfície e aqui está: como Deus, o Senhor Jesus é e sempre foi perfeito no sentido mais enfático; como ser humano, o caráter de Cristo também é perfeito desde o princípio, não tendo em si nem deficiência nem excesso. Mas como Mediador (1Timóteo 2:5), Sumo Sacerdote (Hebreus 4:14) e Salvador (Lucas 2:11), Ele teve que passar por um processo para ser perfeitamente qualificado, pois o texto diz: "Tendo *sido* aperfeiçoado, Ele tornou-se o autor de eterna salvação". Agora, se descobrirmos que Ele estava disposto a passar pelo processo que o tornou completamente apto para o ofício de Salvador, podemos certamente concluir que Ele está disposto o suficiente para exercer as qualificações que obteve!

Suponhamos que temos diante de nós uma mulher que está ansiosa para socorrer os doentes. Ela é uma pessoa de caráter excelente; em todos os aspectos impecável, mas ainda não adequada para ser uma enfermeira até que tenha frequentado hospitais. Para fazer isso, ela deve desistir dos confortos do lar, passar por muito trabalho penoso e ver muitas coisas que lhe causarão dor, pois ela deve ver e entender o que é uma doença, ou ela não será útil. Agora, se essa pessoa está disposta, em prol de se tornar uma enfermeira, a passar por desconfortos pessoais e cansaço físico, ter muita abnegação e ter muitos pensamentos de preocupação, e se, de fato, todo o processo preparatório já foi passado, quem duvida, depois, de sua disposição de exercer o ofício de enfermeira para o qual ela se esforçou tanto para se preparar? O caso não fala por si só? Então, transfira-o para o Senhor Jesus. Ele passou por tudo o que era necessário para torná-lo um Salvador completo, em todos os pontos qualificado para sua obra, e ninguém pode ousar insultá-lo, dizendo que Ele não está disposto a exercer seu ofício e salvar os filhos dos homens!

Lembrem-se de que o que o Filho de Deus sofreu para prepará-lo como um Salvador foi extremamente humilhante e doloroso. Ele deixou o trono pela *cruz*, e a adoração dos anjos pela zombaria dos lacaios. Ele veio daquele mundo brilhante, onde não precisam da luz do sol, para visitar aqueles que se permanecem na escuridão (Filipenses 2:6-8) e no Vale da Sombra da Morte (Salmos 23:4)! Ele era tão pobre que não tinha onde reclinar a cabeça (Mateus 8:20); tão desprezado que nem mesmo os seus o receberam (João 1:11), mas esconderam, por assim dizer, seus rostos dele. Ele suportou a morte, em si, nas circunstâncias mais cruéis de ignomínia e dor! Tudo isso foi necessário antes que Ele pudesse ser aperfeiçoado como Sacerdote e Salvador, e tudo isso Ele passou e clamou a respeito de tudo: "Está consumado!" (João 19:30).

O que são aquelas cicatrizes em suas mãos? O que são senão os sinais de sua adequação para seu ofício? O que é aquele corte em seu lado? O que é senão a garantia de que a obra está completa, o que o torna um Salvador perfeito (João 20:27)? E você me dirá, depois de tudo isso, que Ele se recusa a salvar; que Ele se faz de surdo ao clamor de um pecador; que você tem implorado a Ele por meses seguidos, e ainda assim não foi respondido; que você está disposto a vir e se atirar a seus pés, mas Ele não está disposto a recebê-lo? Oh, não diga uma mentira tão infundada, tão desonrosa para Ele e tão profanadora para si mesmo! Jesus está disposto a salvar, ou então Ele nunca teria se submetido a uma preparação tão dolorosa para que pudesse ser instalado em seu ofício como Mediador (1Timóteo 2:5)! Ele não teria trabalhado tão arduamente para alcançar aquela alta posição na qual Ele é capaz de salvar completamente aqueles que vêm a Deus por Ele, se Ele não tivesse uma boa vontade sincera para com os pecadores e uma prontidão para recebê-los!

Pecador trêmulo, se você conclui que Jesus Cristo não está disposto a salvar, você deve supor que Ele se preparou deliberadamente e com um custo doloroso para não fazer nada! Pois se Ele não salva os seres humanos, então Ele veio sem uma missão e morreu sem um propósito! Ele certamente não veio para condená-los — "Porque Deus não enviou o seu Filho ao mundo para condenar o mundo, mas para que o mundo possa ser salvo através dele" (João 3:17). "O Filho do homem veio para buscar e salvar o que estava perdido" (Lucas 19:10). Se, então, Ele não salva o que está perdido, Ele se preparou para nada; viveu em vão, e derramou seu sangue sem propósito! Se você consegue pensar assim dele e de sua obra, eu me maravilho com sua descrença e tremo ao pensar como o pecado cegou seus olhos fatalmente!

Além disso, se vocês acham que Jesus não está disposto a salvar, terão que supor que, tendo passado uma vida em obediência e suportado uma morte de agonia, Ele, afinal, mudou de ideia e renunciou ao objetivo outrora tão caro a Ele! Vocês terão que crer que o coração que sangrou, e mesmo após a morte derramou sangue e água, de repente se tornou petrificado! Que os olhos que choraram por Jerusalém (Lucas 19:41) não retêm mais nenhuma pena pelos filhos dos homens, e que aquele que orou por seus assassinos — "Pai, perdoa-lhes" (Lucas 23:34) —, agora se tornou inflexível em seu espírito, e não terá nada a ver com pecadores quando eles buscam sua misericórdia! Oh, não desonrem meu Senhor tanto a ponto de pensar assim dele! Eis que Ele é "Jesus Cristo, o mesmo ontem, hoje e para sempre" (Hebreus 13:8)!

Interroguem essas cicatrizes, e vejam se há uma mudança nele; olhem para o rosto dele, e vejam se o amor se foi! Ele está no céu hoje, sempre vivo para interceder pelos pecadores (Hebreus 7:25), e eu lhes pergunto: Ele continuaria a interceder se tivesse deixado de amar? Ele não abandonaria o ofício em desgosto se sua natureza fosse tão transformada que Ele não se importasse mais em salvar os perdidos? Livrem-se de seus medos desonrosos! Vocês sonham que Jesus salvou todos que Ele designou abençoar, e que a contagem total de seus remidos foi terminada? Vocês imaginam que o mérito de seu sangue chegou ao fim; que seu poder e disposição para perdoar se foram dele completamente? Não pode ser assim, pois não está escrito: "Pede-me, e eu te darei os pagãos por tua herança, e as partes extremas da terra por tua possessão" (Salmos 2:8)? E, lembrem-se: isso ainda não foi cumprido!

Está escrito: "Pelo seu conhecimento meu justo servo justificará muitos" (Isaías 53:11), mas até agora os muitos não foram justificados, pois o número dos salvos é pequeno comparado à multidão que desceu ao inferno! Jesus não terá a preeminência? Ele não remirá para si um número que ninguém consegue contar? Quando todo o poema da história humana tiver sido escrito, não será encontrado, em honra à graça divina abundante sobre o pecado, Cristo vitorioso sobre Satanás, e a misericórdia triunfante sobre a ira? Jesus e sua semente não superarão em número a semente da serpente? De que outra forma seria verdade que seu calcanhar ferido esmagará a cabeça da serpente (Gênesis 3:15)? Em vez de crer que Jesus deixou de salvar, procuro por uma demonstração mais completa de seu poder em dias alegres, quando as nações nascerão de uma vez! A fonte flui com fluxo inabalável — ó pecador, beba e viva! Você não deve imaginar, pobre e trêmulo pecador, que o querido Redentor passou por todas as agonias dele para prepará-lo para salvar os seres humanos, e ainda assim não está disposto a desempenhar seu ofício sagrado! Tal fantasia perversa será ruína para sua alma e triste para o Espírito dele (Efésios 4:30)! Oh, que você vá e o experimente! Você o encontrará pronto para salvá-lo!

II

O segundo pensamento nos levará mais perto do texto. Considerem, eu imploro, em segundo lugar, *a perfeita adequação do Salvador para sua obra*.

Veremos a adequação *tanto para Deus* quanto para o ser humano. Vejam-na *para Deus*.

Pecador, se alguém pode lidar com Deus por você, de modo a beneficiá-lo, Ele deve ser um dos escolhidos por Deus, pois "nenhum homem toma esta honra para si mesmo, senão quando é chamado por Deus, como o foi Aarão. Assim também Cristo não se glorificou a si mesmo, para se tornar um sumo sacerdote, mas o fez aquele que lhe disse: 'Tu és meu Filho, hoje te gerei'" (Hebreus 5:4,5). Cristo foi ordenado por Deus desde toda a eternidade para se apresentar como o representante de seu povo diante do trono de Deus! "Agradou ao Pai feri-lo" (Isaías 53:10). "O Senhor tem posto sobre ele a iniquidade de todos nós" (Isaías 53:6).

Ele, desde a eternidade pretérita, foi separado para ser o Sumo Sacerdote (Hebreus 4:14), e o Redentor de seu povo (1Pedro 1:18,19)! Vocês não conseguem, nisso, ver motivos para descansar nele? O que Deus designa, deve ser seguro para nós aceitarmos; para que Jesus Cristo, sendo nomeado, fosse adequado para seu ofício, era necessário que Ele se tornasse um ser humano. O ser humano pecou, e o ser humano deve reparar a lei quebrada. Deus não aceitaria um anjo como substituto, pois a lei tinha a ver com *a humanidade*! E como a raça humana se revoltou, deve ser por meio de alguém da raça humana que a justiça de Deus deve ser vindicada.

Mas Jesus era Deus (João 1:1). Como, então, Ele poderia se tornar nosso Salvador? Contemplem o mistério! Deus se manifestou na carne (1Timóteo 3:16); Ele desceu à manjedoura de Belém (Lucas 2:7); Ele se aninhou no peito de uma mulher, pois assim como as crianças eram participantes de carne e sangue, Ele próprio também participou do mesmo.

Pecador, contemple seu Deus encarnado! O Eterno habita entre os seres humanos mortais, velado em sua carne efêmera, para que Ele possa salvá-los! Este é o maior fato já relatado aos ouvidos humanos; nós o ouvimos como algo comum, mas os anjos nunca deixaram de se maravilhar desde que cantaram sobre isso pela primeira vez e encantaram os pastores que os ouviam (Lucas 2:8-14). Deus desceu ao ser humano para elevar o ser humano a Deus! Certamente, cometeremos o mair dos pecados se rejeitarmos um Salvador que se rebaixou dessa maneira a fim de ser perfeitamente qualificado para salvar! "Achado na forma de homem" (Filipenses 2:8), era necessário para Deus que Jesus cumprisse a lei (Mateus 5:17) e efetuasse uma obediência perfeita; a obediência de um anjo não teria satisfeito a questão; era do ser humano que a obediência era exigida, e um ser humano deve cumpri-la.

Eis, então, este segundo Adão (1Coríntios 15:45), este novo cabeça de nossa raça (Colossenses 1:18), prestando a Deus a obediência completa que a lei exigia, amando a Deus de todo o coração e ao próximo como a si mesmo (Marcos 12:30,31). Desde o momento em que Ele disse à sua mãe: "Não sabeis que eu devo estar sobre os negócios de meu Pai?" (Lucas 2:49), até o momento em que Ele exultantemente gritou: "Está consumado!" (João 19:30), Ele era, em todas as coisas, o servo obediente do grande Pai! E agora sua justiça se coloca a nosso favor, e somos "aceitáveis no Amado" (Efésios 1:6). O Sumo Sacerdote que deve interceder por nós (Hebreus 7:25) deve usar em sua testa "Santidade ao SENHOR" (Êxodo 28:36-38), e verdadeiramente tal Sumo Sacerdote nós temos, pois Jesus é "santo, inocente, imaculado, separado dos pecadores" (Hebreus 7:26). E isso não era tudo! O Sumo Sacerdote que deve nos salvar deve ser capaz de oferecer um sacrifício suficiente, eficaz para fazer expiação, de modo a vindicar a justiça eterna e dar fim ao pecado.

Oh, ouçam isto, vocês pecadores, e deixem que soe como música em seus ouvidos: Jesus Cristo não ofereceu o sangue de bois nem de bodes (Hebreus 10:4), mas Ele apresentou *seu próprio sangue sobre o altar*! "Aquele que em seu próprio corpo levou os nossos pecados sobre o madeiro" (1Pedro 2:24). "Mas este homem, havendo oferecido um único sacrifício pelos pecados para sempre, assentou-se à direita de Deus. Deste momento em diante encontra-se à espera, até que os seus inimigos sejam postos por escabelo de seus pés. Porque com uma só oferta ele aperfeiçoou para sempre os que estão santificados" (Hebreus 10:12-14). O sangue de touros e de bodes nunca poderia tirar o pecado, mas o sangue do Filho de Deus tem eficácia infinita — e para cada um por quem o grande fiador morreu (Hebreus 7:22), todo pecado foi afastado, já que Ele suportou sua penalidade! A lei não poderia mais exigir a pena.

Lamentável, de fato, é o caso daquele que não tem interesse no sacrifício expiatório! Seu pecado pesa sobre ele, e a ira de Deus paira sobre ele! Miserável é o pecador que, estando consciente de sua culpa e sendo convidado a crer em Jesus, ainda assim continua a olhar para *si mesmo* — e assim desonra este sacrifício, tão precioso aos olhos do Senhor. O sangue de Jesus fala coisas melhores do que o de Abel (Hebreus 12:24), e ai daquele que despreza seu gracioso clamor!

> Como eles merecem o inferno mais profundo,
> Os quais desprezam as alegrias acima!
> Que correntes de vingança devem sentir,
> Aqueles que quebram tais laços de amor.[1]

Para Deus, então, Cristo se tornou perfeito como nosso Salvador! E quando Ele terminou sua obra, o Senhor certificou a conclusão e aceitação dela, ressuscitando-o dos mortos e dando-lhe um lugar à sua direita (Efésios 1:20). Aquele que, como Juiz, foi ofendido por nossos pecados, agora está satisfeito em seu Filho e estabeleceu uma aliança de paz conosco por sua causa!

Deus está satisfeito com Jesus, e você está insatisfeito? A justiça infinita está contente, e suas dúvidas e medos impedem que você seja reconciliado? Você fica parado, e diz que Jesus não pode salvá-lo, quando a palavra

---

[1] *Frailty and Folly* [Fraqueza e loucura], Isaac Watts, c. 1700.

de Deus declara que Ele é capaz de salvar perfeitamente aqueles que vêm a Deus por Ele (Hebreus 7:25)? Você estipula seus preconceitos e descrença sob o pretexto de humildade, em oposição à declaração de Deus, que não pode mentir? O Senhor declara sua aprovação de seu querido Filho, por que, então, você critica? Que Deus não permita que você se entregue a tal pecado por mais tempo! Em vez disso, acabe com sua oposição, e onde Deus encontra descanso, encontre descanso você mesmo! Se o Senhor está contente em salvar aqueles que obedecem a Jesus, seja obediente com a ajuda do bendito Espírito de Deus!

Mas, amados, eu disse que Cristo Jesus, como nosso Sumo Sacerdote, precisava ser aperfeiçoado *para o ser humano*. Ó pecador, considere as perfeições dele no que diz respeito a você! Para que Ele possa nos salvar, Ele deve ter poder para perdoar e renovar nossos corações. Isso Ele tem ao máximo, pois todo poder é dado a Ele no céu e na terra (Mateus 28:18). Ele dá arrependimento e remissão, mas, ai!, temos medo dele! Nós recuamos de nos aproximar dele, e, portanto, para fazer dele um Salvador perfeito; Ele deve ser terno de coração, disposto a vir até nós quando não vamos até Ele, compassivo com nossa ignorância e pronto para ajudar nossas fraquezas.

É preciso alguém que possa se curvar para curar feridas abertas que não podem se curar; alguém que não se importe em tocar o leproso (Mateus 8:2,3), ou se curvar sobre o febril (Lucas 4:38,39), ou ir ao túmulo onde a decomposição infesta o ar (João 11:38,39); alguém que não peça ao leproso para primeiro se limpar, mas entre em contato com ele em toda a sua imundície e abominação, e o salve!

Agora, irmãos e irmãs, Jesus nos convida a ir até Ele porque Ele é manso e humilde de coração (Mateus 11:29). É dito sobre Ele: "Este homem recebe pecadores, e come com eles" (Lucas 15:2). Ele foi chamado de "amigo dos publicanos e pecadores" (Mateus 11:9). Seu nome é amor, e seu coração é piedade. Para tornar a ternura prática, uma pessoa não deve apenas ter uma natureza gentil, mas deve ter passado pelos sofrimentos dos quais tem pena, para compreendê-los. Podemos tentar, queridos amigos, compadecer-nos das pessoas em certas aflições, mas a tentativa não terá sucesso, a menos que tenhamos andado nos mesmos caminhos.

Agora, pecador, você tem um coração partido? Assim teve Cristo, pois Ele disse: "Afrontas partiram meu coração" (Salmos 69:20). Você está tremendo sob a ira divina? Ele também gritou: "Por que me abandonaste?" (Mateus 27:46). Que fardo você carrega? A carga dele era muito mais pesada do que a sua! Você está ferido? Ele foi *pregado* na cruz! Você se sente extremamente triste até a morte? Assim Ele se sentiu até que o suor sangrento apareceu em sua testa (Lucas 22:44)! Ele é um Salvador fraterno, bem treinado na escola da tristeza, profundamente versado na ciência da consolação.

Jesus conhece os meandros da nossa natureza; Ele sabe o que está dentro do ser humano (João 2:25). Ora, esta é uma grande qualificação. Se você for a um médico, e o seu caso for muito peculiar, você pode duvidar da habilidade dele; mas quando ele mostra que sabe tudo sobre você, descrevendo os sintomas exatamente como eles ocorrem, e acrescenta: "Eu já fui afligido com essa mesma doença", você diz a si mesmo: "Este médico vai servir para mim!". Assim é com Jesus:

> Ele sabe o que significam tentações ferozes,
> Pois Ele sentiu o mesmo.[2]

Até onde é possível para alguém sem pecado fazer, Ele se compadece de toda sua condição (Hebreus 4:15); Ele conhece as lutas internas, os medos, as lágrimas amargas, os gemidos que não podem ser proferidos; Ele

---

[2] *With Joy we Meditate the Grace* [Com alegria, meditamos na graça], Isaac Watts, 1709.

conhece cada letrinha e tracinho da sua experiência e, portanto, é eminentemente qualificado para lidar com o seu caso.

Se você estivesse a bordo de um navio e tivesse perdido o rumo, ficaria bem feliz em ver um piloto próximo. Eis aqui ele a bordo, e você diz:

— Piloto, você sabe onde estamos?

— Sim — ele diz —, claro que sei. Posso dizer com precisão de um metro.

— Está bem, senhor piloto, mas você pode nos levar ao porto que precisamos chegar?

— Claro — ele diz. — Você conhece a costa?

— Se eu conheço a costa, senhor? Conheço cada pedaço de promontório, rocha e areia movediça, tão bem quanto conheço o contorno do meu rosto em um espelho! Passei por cada centímetro dela em todas as marés e em todos os climas; sou uma criança em casa aqui.

— Mas, piloto, você conhece aquele banco de areia traiçoeiro?

— Sim, e eu me lembro de quase encalhar nele uma vez, mas escapamos bem a tempo. Conheço todas essas areias tão bem como se fossem meus próprios filhos.

Você se sente perfeitamente seguro em tais mãos. Tal é a qualificação de Cristo para guiar pecadores para o céu! Não há uma baía, ou um riacho, ou uma rocha, ou uma areia entre o redemoinho do inferno e os belos refúgios do céu que Cristo não tenha sondado todas as profundezas e as águas rasas, medido a força da correnteza e visto a corrente! Ele sabe como conduzir para trazer o navio imediatamente pelo melhor curso para o porto celestial.

Há uma coisa deliciosa na qualificação perfeita de Cristo para salvar, a saber: que Ele "vive sempre para interceder por nós" (Hebreus 7:25). Se Jesus Cristo estivesse morto, e nos tivesse deixado a bênção da salvação para que nós pudéssemos livremente pegá-la, teríamos muito pelo que louvá-lo; mas Ele não está morto, Ele está vivo! Ele nos deixou um legado, mas há muitos legados que são deixados que nunca chegam aos legatários! Eis que o grande feitor do testamento está vivo para executar suas próprias intenções!

Ele morreu, e assim tornou o legado válido! Ele ressuscitou, e vive para ver que ninguém roube de nenhum de seus amados a porção que Ele deixou! O que você acha de Cristo suplicando no céu? Você já estimou o poder dessa súplica? Ele está dia e noite implorando por todos aqueles que o obedecem, implorando pelos pecadores, implorando a Deus para que o perdão seja dado ao maior dos ofensores! E Ele implora em vão? Ele é inaceitável pelo Pai? Isso é inimaginável! Por que, então, ó pecador, você continua a olhar para *si mesmo*? Como seria mais sábio para você voltar seus olhos para seu Senhor! Você diz: "Eu não sou perfeito". Por que você quer ser? A perfeição está nele!

"Mas, infelizmente, eu não sou isso, e eu não sou aquilo." O que isso tem a ver? Jesus é tudo o que é necessário! Se você fosse seu próprio Salvador, você estaria em uma situação ruim, de fato, pois você é todo falhas e fracassos! Mas se *Ele* é o Salvador, por que você fala sobre o que *você* é? *Ele* está totalmente capacitado para o mundo; Ele nunca pediu sua ajuda; é um insulto supor que Ele precise dela! E se você estiver morto em pecado, sim, e podre em imoralidade e corrupção? Ele é capaz de ressuscitá-lo dos mortos, e fazê-lo sentar-se à sua própria direita nos lugares celestiais, pois Ele é um Salvador perfeito, e é capaz de salvar perfeitamente (Hebreus 7:25)!

III

O terceiro ponto é este: quero que vocês observem *a alta posição que nosso Senhor Jesus toma em relação à salvação.*

De acordo com o texto, "Ele tornou-se *o autor* de eterna salvação" (Hebreus 5:9). Ele é o planejador, o criador, o operador e a causa da salvação. Por Ele, a salvação foi realizada — "sua mão direita, e o seu santo braço, lhe deram a vitória" (Salmos 98:1). "Ele pisou o lagar sozinho, e dentre os povos não houve ninguém com Ele" (Isaías 63:3). Ele é o autor da salvação neste sentido: de que toda bênção vem por meio dele; todas as várias áreas da salvação, sejam elas eleição, chamado, justificação ou santificação: todas nos abençoam por meio dele, conforme o Pai nos escolheu nele desde antes da fundação do mundo (Efésios 1:4)! Nele somos chamados, nele preservados, nele aceitos. Toda graça flui dele! Cristo é tudo e em todos (Colossenses 3:11)!

A salvação dentro de nós é toda obra sua; Ele nos buscou e também nos comprou; seu Espírito nos dá o primeiro senso do pecado e nos leva à fé; Ele mesmo nos atrai para si (João 6:44)! Seu nome é Jesus, pois Ele salva seu povo de seus pecados (Mateus 1:21)! Deixe-me comparar a salvação a um livro, do qual Jesus é o único autor. Ninguém contribuiu com uma linha ou um pensamento para ele; Ele nunca pediu a nenhuma mente humana para escrever um *prefácio* para sua obra; a primeira palavra é de sua lavra. Alguns de vocês estão tentando prefaciar a obra de Cristo, mas seu trabalho é infrutífero! Ele nunca vai ligar sua introdução desprezível às linhas douradas de amor dele.

Venham a Ele sem um prefácio, assim como vocês estão mergulhados até a garganta na imundície do pecado, sujos com o lodo de Sodoma! Venham a Ele sem preparação prévia, e coloquem as tábuas do seu coração diante dele para que Ele possa escrever nelas. Ele é um autor tão habilidoso que ninguém jamais descobriu o menor erro em sua obra, pois não há erros, e nenhuma correção é necessária. Quando Ele salva, Ele salva completamente; Ele não nos pede para revisar e aperfeiçoar sua escrita; ela é aperfeiçoada por sua própria mão! Ele é um autor a cuja escrita não há adendo — está terminada, e é amaldiçoado quem adicionar uma linha!

Temos que tomar a salvação terminada e nos alegrar nela, mas nunca podemos acrescentar nada a ela! Cristo é um autor que não precisa do *imprimatur*³ de ninguém. Ele, Ele mesmo, tem dignidade e autoridade o suficiente para tornar sua obra ilustre sem qualquer mecenato. Cristo é o autor da salvação! O que você tem que fazer, pecador, é aceitá-la; não prefaciá-la, melhorá-la ou aumentá-la, mas aceitá-la exatamente como ela é! Aí está ela para você! Ela está disponível para ser tomada. Estenda sua mão trêmula e receba-a! Traga seu copo vazio, segure-o sob a fonte divina e deixe-o ser preenchido!

Fé para aceitá-la é tudo o que é necessário. Por que você adia? Você precisa se tornar melhor antes de crer em Jesus? Ou seja, você quer ser o autor da sua salvação e, assim, tirar Cristo do seu lugar! "Oh, mas", você dirá, "não consigo *orar* como eu preciso". Se você pudesse orar como deve, *então* Cristo seria capaz de salvá-lo? Ele precisa de *suas* orações para ajudá-lo, precisa? "Oh, mas não me *sinto* como deveria." Seus *sentimentos* devem ajudar Cristo, devem? "Oh, mas preciso ser diferente." E se você fosse diferente, *então* Cristo seria capaz de salvá-lo, mas, como você está agora, Ele não consegue?

É isso que você quer dizer? Você ousa dizer que Ele não pode perdoá-lo neste exato momento, enquanto a palavra está saindo da minha boca? Você quer dizer que neste exato instante, assim como você é — um pecador e quase condenado —, que Ele não pode perdoar você *agora* se você confiar nele? Se é isso que você quer dizer, você está enganado, pois Ele é capaz de salvar você *agora*! Tendo sido aperfeiçoado, Ele é o autor de eterna salvação para todos que o obedecem, e Ele é capaz, neste momento, de declarar paz à consciência de qualquer um e todos que agora o obedecem! Deus lhe conceda graça para captar o pensamento que eu sinceramente tentei deixar claro, mas que somente o Espírito de Deus pode levá-lo a entender!

---

³ Permissão concedida por altas autoridades católicas para que seja impresso texto submetido à sua censura, e que passa a figurar no verso da página de rosto ou do anterrosto.

IV

Meu próximo pensamento é este: permaneça por alguns minutos em devota meditação sobre o *caráter notável da revelação que Cristo realizou*.

Ele é o autor de *eterna* salvação. Oh, como eu amo essa palavra, "eterna". "Eterna salvação!" Quando o sumo sacerdote judeu oferecia um sacrifício, o adorador voltava para casa satisfeito, pois o sangue era aspergido, e a oferta aceita. Mas em pouco tempo ele pecava novamente, e tinha que trazer *outro* sacrifício. Uma vez por ano, quando o sumo sacerdote entrava dentro do véu, saía e pronunciava uma bênção sobre o povo, todo o Israel voltava para casa alegre. Mas, no próximo ano, deveria haver a mesma lembrança do pecado, e a mesma aspersão com sangue, pois o sangue de touros e de bodes não poderia realmente tirar o pecado (Hebreus 10:4) — era apenas um tipo.

Como é bendita a verdade de Deus que nosso Senhor Jesus não precisará trazer outro sacrifício em nenhum momento, pois Ele obteve eterna salvação por meio de sua única oferta (Hebreus 9:12)! É uma eterna salvação em oposição a qualquer outro tipo de libertação! Há salvações mencionadas na Bíblia que são transitórias, pois elas lidam apenas com problemas materiais e angústias passageiras. Mas aquele que uma vez é tirado do horrível poço do pecado não perdoado pela mão de Cristo nunca mais ficará naquele lugar horrível! Sendo ressuscitados dos mortos, não morremos mais! Somos efetivamente libertos do domínio do pecado quando Jesus Cristo vem para nos salvar (Romanos 6:14)!

É *eterna* salvação neste sentido, que nos resgata da condenação e do castigo eternos! Glória a Deus; o castigo eterno nunca se abaterá sobre aquele que crê, pois a eterna salvação o afasta! É eterna salvação em oposição ao risco de cair e perecer. Alguns de nossos irmãos e irmãs parecem muito satisfeitos com uma salvação de caráter *temporário*, cuja continuidade depende de seu próprio comportamento; não os invejo, e não tentarei roubar-lhes seu tesouro, pois não teria a salvação *deles* se me pressionassem tanto! Estou muito mais satisfeito em ter a *eterna* salvação — uma salvação baseada em uma obra consumada, levada adiante pelo poder divino e empreendida por um Salvador imutável!

"Oh, mas", ouço alguns dizerem, "pode-se ter a vida eterna hoje e perdê-la amanhã". O que as palavras significam? Como pode ser *eterna* aquela vida que você pode *perder*? Ora, então, a vida não poderia ter sido *eterna*! Sua doutrina é um erro de linguagem, uma contradição de termos. "Aquele que nele crê tem a vida eterna" (João 3:36). "Eu dou às minhas ovelhas a vida eterna, e nunca hão de perecer, e nenhum homem as arrancará da minha mão" (João 10:28). "Porque eu vivo, vós vivereis também" (João 10:19).

Pecador, se você crê em Jesus, Ele não o salvará hoje, e o deixará perecer amanhã! Ele lhe dará *eterna* salvação, que nem a morte, nem o inferno, nem o tempo nem a eternidade jamais destruirão, pois "quem será capaz de nos separar do amor de Deus que está em Cristo Jesus, nosso Senhor?" (Romanos 8:38). Quem crê em Jesus não é tão feliz, mas está tão seguro da condenação final como se já estivesse no céu:

> Tua honra está comprometida em salvar
> A mais humilde de tuas ovelhas!
> Tudo o que teu Pai celestial deu,
> tuas mãos guardam com segurança!
>
> Nem a morte nem o inferno jamais tirarão
> teus favoritos de teu peito,
> No querido seio de seu amor
> Eles devem descansar para sempre.[4]

---

[4] *Firm as the Earth, Thy Gospel Stands* [Firme como a terra, permanece teu evangelho], Isaac Watts, 1707.

Se esta doutrina não é ensinada nas Escrituras, nada é ensinado ali, e as palavras não têm significado! De forma bem destacada nas Escrituras está escrito: "Quem crer [...] será salvo" (Marcos 15:16). Deus nos conceda graça para concretizar essa promessa! Quando o texto diz "eterna salvação", significa que ela amadurecerá em bem-aventurança eterna! Vocês são salvos do sofrimento eterno; vocês são preservados pela vida eterna de cair de volta em sua vida antiga, e vocês serão levados à bem-aventurança eterna! Quem quer que Cristo salvar verá a face de Deus com alegria para sempre, tão certo como tal nasceu! Cristo foi aperfeiçoado de propósito para que Ele pudesse ser o autor da eterna salvação!

V

O último pensamento é: *as pessoas abrangidas nessa salvação*. "Para todos que lhe obedecem". A palavra "obedecer", aqui, de acordo com a admirável tradução do dr. Owen[5], significa "obediência ao ouvir". E ele muito corretamente diz que isso indica *fé*. Obedecer a Cristo é, em sua própria essência, *confiar* ou crer nele. E poderíamos ler nosso texto como se dissesse: "O autor da eterna salvação para todos os que nele *creem*". Se vocês querem ser salvos, seu primeiro ato de obediência deve ser confiar em Jesus total, simples, sincera e unicamente! Reclinem sua alma totalmente sobre Jesus, e vocês estão salvos *agora*! "Isso é tudo?" Certamente, isso é tudo! "Mas o texto diz 'obedecem'". Exatamente isso, e vocês não sabem que todo aquele que confia em Cristo lhe obedece?

Acabei de dar a ilustração de um piloto. O piloto sobe a bordo e diz: "Se eu for guiá-lo para o porto, deve confiar em mim com o comando do navio". Isso é feito, e ele dá ordens: "Recolham essa vela!". Suponha

---

[5] John Owen (1616-1683) foi um líder inglês puritano não conformista, teólogo e reitor da Universidade de Oxford. Foi um dos teólogos mais proeminentes na Inglaterra durante sua vida.

que o capitão diga ao marinheiro: "Estou mandando você deixar essa vela quieta". Não está claro que *ele* não confia no piloto? Se ele confiasse, obedeceria as ordens do piloto. Suponham que o piloto grite para o engenheiro: "Alivie o leme!", e o capitão dá uma contraordem? É evidente que não há confiança no piloto, e se o navio encalhar, não será culpa dele.

Assim é com relação ao nosso Senhor. No momento em que vocês se colocam em suas mãos, devem obedecê-lo, ou vocês não confiaram nele. Para mudar a figura: o médico sente seu pulso.

— Vou lhe prescrever um remédio — ele diz — que será muito útil, e, além disso, você deve tomar um banho quente.

Ele volta no dia seguinte. Você lhe diz:

— Doutor, pensei que você fosse me curar. Não estou nem um pouco melhor.

— Porque você não confia em mim — ele diz.

— Eu confio, senhor! Tenho certeza de que tenho total confiança em você.

— Não — ele diz. — Você não acredita em mim, pois ali está aquele frasco de remédio intocado! Você não tomou uma gota dele. Você tomou banho?

— Não, senhor.

— Bem, você está me fazendo de tolo! Olha, não voltarei aqui; você não acredita em mim. Você não me respeita como médico.

Todo aquele que crê em Cristo lhe obedece. Crer e obedecer sempre andam lado a lado.

Vocês não sabem que Cristo não vem apenas para apagar o passado; Ele vem para nos salvar de ser o que somos, para nos salvar de um temperamento difícil, de um olhar orgulhoso, de um olhar lascivo, de um coração corrupto, de desejos cobiçosos, de uma vontade rebelde e de um espírito indolente? Ora, isso não pode ser feito a menos que obedeçamos, pois se continuarmos a viver em pecado, salvação é uma mera *palavra*, e vangloriar-se disso seria ridículo! Como podemos ser salvos do pecado se estamos vivendo em pecado? Alguém diz: "Cristo me salvou, e ainda assim eu fico bêbado". Caro, você mente! Como você pode ser salvo *da* embriaguez quando está vivendo *na* embriaguez? "Mas Cristo *me* salvou", diz outro, "embora eu seja mundano, licencioso e frívolo".

Como Ele salvou você? Por favor! Você me diz que o médico o curou da lepra, enquanto ela ainda está branca em sua testa? Como você pode dizer que ele o curou do resfriado enquanto você está, agora mesmo, tremendo? Certamente você não sabe do que está falando! Cristo vem para nos salvar de viver como vivíamos antes; Ele vem para fazer-nos novas pessoas; para nos dar novos corações e espíritos retos. E quando Ele fizer isso, Ele não nos deixará voltar aos nossos velhos pecados novamente, mas nos guiará adiante no caminho da santidade.

Observem bem que todo aquele que obedece a Cristo será salvo, não importa qual tenha sido sua vida passada! Cada um de vocês, não importa qual seja sua condição atual, será salvo se obedecer ao Redentor, pois "Ele tornou-se o autor de eterna salvação para todos os que lhe obedecem". Mas observem, que não é para mais ninguém: nenhuma alma que se recuse a obedecer Cristo terá qualquer parte ou sorte neste assunto! As pessoas podem professar qualquer credo que quiserem, mas nunca ganharão a eterna salvação a menos que obedeçam Jesus. Aqueles portões que se abrem para deixar entrar os obedientes, fecham-se rapidamente para excluir os incrédulos e desobedientes!

"Deus amou tanto ao mundo que ele deu o seu Filho unigênito, para que todo o que nele crê não pereça, mas tenha a vida eterna" (João 3:16). A extensão do amor de Deus ao mundo é esta: Ele o ama tanto o Salvador a ponto de salvar todos os que creem em Jesus, mas Ele nunca salvará uma alma que morre incrédula e desobediente. Se vocês rejeitam Cristo, fecham na sua própria cara a única porta de esperança, pois "quem não crê já está condenado" (João 3:18).

Às vezes, sou confrontado com esta declaração — que a fé é o dom de Deus e é operada no ser humano pelo poder do Espírito de Deus; portanto, não tenho o direito de ordenar e suplicar às pessoas que creiam. Não sou lento em responder aos meus opositores, pois em minha alma interior sei que a fé salvadora é sempre dom de Deus, e em todos os casos é obra do Espírito Santo! Mas eu não sou, ainda, um idiota e, portanto, também sei que *a fé é ato humano*! O Espírito Santo não crê *por* nós! O que Ele tem para crer? O Espírito Santo não se *arrepende* por nós! Do que Ele tem para se arrepender? Vocês devem, vocês mesmos, crer, e isso deve ser seu próprio ato pessoal, ou vocês nunca serão salvos! Eu os exorto diante de Deus: não deixem que a grande verdade divina, de que a fé é o dom de Deus, os leve a esquecer que vocês nunca serão salvos a menos que *vocês mesmos creiam* em Jesus!

Se vocês crerem no Senhor Jesus Cristo, vocês serão salvos, pois eis aqui a boa-nova: "quem crer e for batizado será salvo". E eis aqui a grave penalidade anexada a ela: "quem não crer será condenado" (Marcos 16:16). Pecador, nunca houve um Salvador como Cristo! Ele é o completo Salvador para você — Ele está disposto, e é capaz de salvar e sabe como fazer isso! Ele prometeu salvar todos os que nele confiam. Vá e experimente-o, e se nesta manhã você confiar nele, e ele o repudiar, venha e me diga, e eu deixarei de pregar! Quando eu descobrir que meu Mestre expulsa aqueles que vão a Ele, eu fecharei minhas janelas e terminarei com esse negócio de evangelho!

Eu só posso falar do que conheço. Eu fui até Ele tremendo e consternado, e eu pensei que Ele nunca me receberia; mas eu recebi isso como minhas boas-vindas: "Entre, você bendito do Senhor, por que você está do lado de fora?". Ele me lavou dos meus pecados na mesma hora, e saí dali regozijando! E aqui estou eu, nestes 23 anos, pregando a graça livre e o amor que morre, e nunca ainda me deparei com um pecador que Jesus expulsou! E quando eu encontrar tal caso, eu deverei ter muita vergonha de ter pregado! No entanto, não tenho medo, pois tal caso nunca será ouvido neste mundo! Não, nem nas profundezas infernais jaz uma única alma condenada pelo pecado que ousaria dizer: "Busquei o Senhor e Ele não me ouviu; confiei em Cristo e Ele não me salvou; supliquei a promessa, mas ela não se cumpriu".

Não, isso nunca acontecerá! Enquanto Deus for verdadeiro, nenhum dos que creem perecerá! Eis aqui a promessa: "O que vem a mim, de modo algum o lançarei fora" (João 6:37). Feliz é o pregador que tem uma boa-nova para pregar como a que preguei a vocês! Mas não posso *fazê-los* recebê-la; posso levar o cavalo até a água, mas não posso fazê-lo beber. Deus deve fazer isso. Oh, que Ele possa levá-los a receber a eterna salvação por Jesus Cristo, para a glória do seu nome! Amém!

Sermão proferido em 1874.

SOBRE O AUTOR

CHARLES Haddon Spurgeon nasceu em 19 de junho de 1834, em Kelvedon, Inglaterra, e morreu em 31 de janeiro 1892, em Menton, França. Foi um ministro religioso inglês de tradição reformada. Ele foi pastor do Metropolitan Tabernacle, uma igreja batista de Londres, durante quase quarenta anos. Ele é conhecido mundialmente como "o Príncipe dos Pregadores". Seus sermões inspiradores, além de livros e meditações sobre as Escrituras, têm sido traduzidos para vários idiomas.

Conheça outros livros de Spurgeon publicados pela Hagnos:

- *O Evangelho Segundo Mateus: a narrativa do Rei*
- *Esperança, o perfume do coração*
- *Fé, o alimento da alma*
- *Filhos da promessa*
- *Milagres e parábolas do Nosso Senhor*
- *Perguntas para a mente e o coração*
- *O Grande Deus*
- *A beleza da vida cristã: 10 sermões sobre o nosso dia a dia com Deus*
- *O maior presente de todos: 10 sermões sobre a salvação*
- *O grande exército de Deus: 10 sermões sobre anjos*

Sua opinião é importante para nós.
Por gentileza, envie-nos seus comentários pelo e-mail:

editorial@hagnos.com.br

Visite nosso site:

www.hagnos.com.br